Histoire secrète de l'Occupation

Du même auteur

Lyon 40-44, Plon, 1985.
Lyon des années bleues : Libération, épuration, Plon, 1987.

Documents Payot

Gérard Chauvy

Histoire secrète de l'Occupation

Introduction

Un jour de printemps de l'année 1943, Hitler reçoit sur son bureau un rapport détaillé sur l'organisation de la Résistance française signé Ernst Kaltenbrunner, chef de toutes les polices du Reich.

Il découvre le fonctionnement de l'Armée secrète avec la liste de tous les responsables qui la composent, leurs pseudonymes, leurs activités et leurs fonctions. Autant d'éléments qui prouvent que les Allemands n'ignorent pas grand-chose de la Résistance.

Forte de ce rapport, la répression nazie s'intensifie. Aux coups durs qui déciment « l'armée des ombres » s'ajoute une irrémédiable opposition entre deux grands de la Résistance : Jean Moulin, le représentant de De Gaulle en France, et Henri Frenay, le fondateur de Combat.

Les Allemands utilisent tous les moyens dont ils disposent. En priorité, les hommes. Tous ne sont pas aussi célèbres que Barbie.

A Lyon, par exemple, Robert Moog, un agent français, véritable chef d'orchestre de l'espionnage, infiltre les rangs de l'Armée secrète. A Marseille, Dunker dit « Delage » s'active avec l'appui de Multon, le traître parfait. A Dijon, un certain Kramer tire les ficelles du jeu. A Paris, un responsable de la Gestapo, Kieffer, récupère les fruits de leur travail.

D'une ville à l'autre, les résistants sont traqués, filés, arrêtés.

Grâce à ces opérations – pour la première fois révélées – les nazis atteignent au sommet ceux qui les combattent. Le 21 juin 1943, à Caluire, l'arrestation de Jean Moulin et de ses compagnons, piégés ou démasqués, prouve que les Allemands en savent long.

Comment étaient-ils arrivés là ? Qui les avait aidés ? Pourquoi ce coup de filet, encore aujourd'hui, nourrit-il tant de polémiques ?

CHAPITRE PREMIER

De Vichy à Lyon

La France continue

« ... L'année 1940 a pris fin. Tournons-nous maintenant vers l'avenir. L'année 1941 sera difficile. Elle doit être celle du relèvement de la France [...]. Nous aurons faim. La guerre nous a enlevé une partie importante de nos récoltes [...]. La guerre continue, ainsi que le blocus : il ne dépend pas de nous de les faire cesser. N'écoutez pas ceux qui cherchaient à exploiter nos misères pour désunir la nation. Les mêmes procédés vous ont conduits hier à la guerre et à la défaite. Demain, nous remporterons une première victoire : nous remplacerons la critique par l'effort. L'année 1941 doit être une année de travail acharné [...]. Je me suis promis à moi-même de ne connaître, en France, ni parti, ni classe. Je vous appelle tous à sortir de vos cadres, de vos routines, de vos préjugés, de vos égoïsmes, de vos rancœurs, de vos défiances et je vous exhorte à vous grouper en Français solides qui veulent défendre leur terre et leur race [...]. La France continue. »

Un an plus tard, ces vœux de Philippe Pétain, chef de l'État français, sont repris par l'organe mensuel de la Légion française des combattants qui se charge de répandre auprès des Français la « pensée du maréchal ». Une pensée féconde puisque, précise cette revue, même si, « à certains aveuglements, le bilan de la reconstruction française peut ne sembler aujourd'hui que provisoire, il contient, en réalité, l'essentiel car les pièces maîtresses sont en place ou sur le point de l'être ». Bref, la « Révolution nationale » est en marche, en bonne marche.

1942 n'apparaît pourtant guère favorable à ce qui n'était, au mieux, qu'illusions. Pour ne considérer que la zone sud de la France – le véritable royaume du maréchal –, en se reportant à la *synthèse des rapports des préfets* diffusée en septembre de cette année-là par le ministère de l'Intérieur, on mesure le fossé qui sépare les pieuses intentions sans cesse rabâchées de l'opinion publique. Si les termes sont soigneusement pesés – diplomatie préfectorale oblige –, ils ne trompent pas :

« A l'inverse du mois dernier, une notable évolution est à signaler dans l'état d'esprit de la population. Si de nombreuses indications font apparaître dans bien des cas des tendances incohérentes et diverses qui dénotent le manque d'équilibre d'une opinion désorientée, et la subsistance d'une grande nervosité, la passivité d'esprit qui caractérisait le mois d'août a disparu dans la majorité des départements [...]. Vivant de plus en plus dans l'espoir d'une défaite allemande, accordant une confiance sentimentale dans la future intervention américaine, la population dans sa majorité *subit sans accepter* et réagit diversement suivant les régions.

Dans certains départements, le pessimisme et le découragement se sont accrus au cours du mois, laissant craindre des réactions dans la mesure où les nouvelles hostiles au Gouvernement trouvent un facile crédit (*cf.* les rapports des préfets de la Haute-Vienne, Vaucluse, Dordogne, Indre, Var et région de Marseille). Ailleurs, en revanche, l'opinion saisit toute l'importance des sacrifices demandés, les difficultés auxquelles se heurte le président Laval et les efforts qu'il déploie pour défendre les intérêts français. Par suite de cette discrimination, la confiance à l'égard du président grandit considérablement et son gouvernement améliore progressivement sa position (*cf.* les rapports des préfets de la Dordogne, Hautes-Alpes, Creuse, Corrèze, Corse et Indre)[1]. »

Ces dernières lignes rassurantes n'estompent pas l'embarras évident pour décrire une situation qui se dégrade. Il y a pire en la matière. Une ville comme Lyon dont la position, à tous points de vue, s'affermit au sein de cette zone dite libre donne bien du souci. Plus que physique, comme les attentats contre l'occupant perpétrés à Paris, à Nantes ou à Bordeaux, il s'y développe une résistance intellectuelle :

« ... De novembre 1940 à fin 1941, plusieurs périodiques naissent ou circulent à Lyon : *Liberté* fondé par François de Menthon et ses amis démocrates chrétiens ; *Petites Ailes* et *Vérités*, les bulletins d'Henri Frenay et Berty Albrecht ; *Libération* d'Emmanuel d'Astier de la Vigerie et Jean Cavaillès ; les *Cahiers du Témoignage chrétien* dont un jésuite, le père Pierre Chaillet, est le fondateur ; le *Coq enchaîné*, organe d'une équipe de Lyonnais radicaux et socialistes ; *Franc-Tireur* qui édite aussi *Le Père Duschesne*, etc. »

Ces mouvements qui ont pour principaux piliers *Combat*, *Libération* et *Franc-Tireur* passent de la parole aux actes :

« 1942 confirme Lyon dans sa fonction de capitale. Y prolifèrent réseaux de la France libre et services de renseignements britanniques. S'y recrutent des militants des syndicats, des partis politiques de toutes les familles d'esprit. Les états-majors de multiples services mis en place concentrant une densité exceptionnelle de clandestins et une « monstrueuse agglomération de responsables [2]... »

Quelle fièvre endémique menace de s'étendre dans cette ville, de gagner un corps entier? Certains s'en inquiètent...

Un Lyonnais courroucé

La santé des Lyonnais ne laisse pas de préoccuper. Physiquement, la population est soumise chaque jour davantage à un régime alimentaire fort pauvre, mille raisons peuvent justifier, après plusieurs mois d'exercice, le manque d'enthousiasme que rencontre la politique du maréchal et de son gouvernement. Nul ne songerait à contester l'unanimité de l'accueil réservé, en novembre 1940, à Philippe Pétain à Lyon. Mais, au-delà du charisme, savamment entretenu, du « vainqueur de Verdun », la population, aux yeux des partisans convaincus de la Révolution nationale, semblerait retenir qu'il existe surtout – pénible constatation – un « vaincu de 40 ». Les réformes entreprises par le nouveau régime se heurtent à une ignorance, quand ce n'est pas à une hostilité difficile à entamer.

Connaissez-vous le docteur Ménétrel? Médecin du maréchal, il jouerait, d'après les rumeurs qui courent dans les allées du pouvoir, le rôle d'une éminence grise, entretenant correspondants et informateurs. Bernard Ménétrel reçoit en tout cas d'un « maréchaliste » lyonnais éprouvé des éléments de réflexion, comme cette longue lettre du 1er août 1941 qui en dit beaucoup sur le désenchantement de purs et inflexibles partisans de Vichy. De cette lecture ressort aussi un credo politique que partage plus d'un engagé dans la « remise en ordre » du pays, dans la voie de la collaboration :

« Cher Monsieur,

Ce n'est pas à l'homme officiel que j'écris, mais à l'ami pour lui demander conseil et appui. D'abord conseil : comment arriver à juguler cette propagande gaulliste dont j'ai eu, ce matin, un exemple frappant : une dame bien, bourgeoise moyenne, chez un marchand de primeurs qui n'avait pas encore reçu sa provision journalière car il était 7 heures du matin. Arrive une seconde dame :

– Vous n'avez, de nouveau, rien à vendre aujourd'hui ?

Commentaire de la première dame :

– Naturellement, ce sont les boches qui ont tout ramassé au marché de gros, et patati et patata...

J'interviens et je me fais recevoir. Et finalement, je lui dis :

– Madame, vous avez raison, mais le Maréchal ne vous connaît pas. Allez vite à Vichy, il vous nommera à la tête du ravitaillement et tout sera parfait.

Réponse : « Ah ! non. Rien avec le maréchal. Si nous avions de Gaulle à la tête du gouvernement, vous verriez comme tout marcherait mieux. »

J'ai filé rapidement à la recherche d'un agent, mais la dame avait filé et personne ne la connaît, paraît-il...

Voilà de quoi provoquer le désespoir de notre maréchaliste que nous ne pouvons nous empêcher de comparer au « comte Adhémar » cher au caricaturiste Sennep [3]. Mais ici cet homme courroucé, à la limite de l'exaspération, ne rencontre que des gens « défaitistes », même dans les milieux où l'on ne s'attend pas à leur présence. Cet homme enfin défend un programme : « Nous avons l'estimable bonheur de posséder à la tête du pays un être d'une valeur incomparable. Il a voulu faire la Révolution nationale. Il faut que cette révolution se fasse et complètement. Soyez du reste assuré que, vis-à-vis de l'Allemagne, plus nous montrerons de force, plus nous lutterons contre ces ennemis de la France : les Francs-Maçons, les Juifs, les Communistes, les Gaullistes, plus nous serons estimés et plus notre force sera grande. Plus nous pourrons causer d'égal à égal avec le vainqueur, le seul vainqueur [...]. Gagnons les masses et nous le pouvons si nous voulons. Appliquons des sanctions, alors tout ira bien et ensuite nous travaillerons aux États-Unis d'Europe... »

Une année révélatrice

1942, tournant de la guerre : « La question de la " Relève ", écrit un observateur officiel, est donc la pierre d'achoppement sur laquelle bute le gouvernement. C'est si vrai que le pressant appel du président Laval, adressé par radio le 20 octobre, n'a suscité qu'un sentiment d'indifférence dans la classe laborieuse. Malgré la franchise avec laquelle s'est exprimé le chef du gouvernement, malgré sa ferme résolution de faire respecter ses ordres en brisant les résistances ouvrières et patronales, les ouvriers ne sont pas plus décidés aujourd'hui qu'hier à partir pour l'Allemagne. »

C'est le constat d'un échec patent qui provoque le doute. Même les industriels lyonnais ont tendance à former deux camps face à la Relève : « ... Les uns, travaillant pour l'Allemagne et ayant, en général, la hantise du communisme, sont disposés à aider le gouvernement de tout le poids de leur autorité sur le personnel. Les autres, représentant le petit patronat, ne demandent qu'à se tenir éloignés du mécanisme qui sera employé pour faire partir les ouvriers pour l'Allemagne en laissant à l'administration, l'Inspection du travail en l'occurrence, la responsabilité des désignations. »

Et s'il n'y avait que cela. Voici un rapport rédigé en octobre 1942 [4]. La césure va jusqu'à opposer certaines fractions de la population, en évoquant le monde paysan : « ... Certains ne semblent pas comprendre les difficultés que traverse la population citadine au point de vue du ravitaillement, étant donné qu'eux-mêmes ne sont nullement touchés par les restrictions alimentaires et n'ont pas dû modifier leurs conditions d'existence. Aussi désertent-ils de plus en plus les marchés, préfèrent-ils vendre au prix fort et à domicile tous leurs produits. Les agriculteurs font montre d'un égoïsme un peu exagéré qui dresse les populations urbaines contre eux, d'autant plus que jusqu'à ce jour, les pouvoirs publics ont fait preuve de la plus grande bienveillance à leur égard... »

Au reste, l'opinion publique est travaillée par de mauvais courants qui nuisent, selon les vues officielles, à un bon état d'esprit. Le déroulement de la guerre à l'Est illustre à la perfection les sentiments antiallemands dominants. Certes, sans approuver en majorité le régime soviétique, beaucoup se réjouissent des « difficultés croissantes que rencontre l'armée du Grand Reich devant Stalingrad ». Nous sommes alors en octobre 1942 et « chacun souhaite que la résistance russe fasse subir de très lourdes pertes aux Allemands, ce qui, à leur avis, diminuera leur prestige et affaiblira leur moral ». Encore rit-on sous cape de l'« Europe nouvelle » qui ne se découvre des adeptes que chez les ultras de la collaboration. Des ultras qui pourraient en revanche espérer glaner le renfort de quelques mécontents qui commencent « à s'émouvoir du nombre des victimes dues aux bombardements de la RAF ». L'anglophobie conserve des points d'ancrage... Quant à la question juive, elle se pose à l'ordre du jour de façon plus accrue, avec des mesures qui ne se contentent plus d'être administratives. Les rafles de la zone libre d'août 1942 réveillent ou agitent davantage certaines consciences : « Bien qu'aucune manifestation n'ait eu lieu, écrit dans son rapport le préfet lyonnais Angéli *, une importante fraction du public, notamment dans les milieux catholiques, témoigne une certaine irritation. Le départ de quelques centaines de Juifs en Allemagne, qui a eu lieu le 27 août, n'a pas passé inaperçu à cause d'eux. Un rapport vous a été adressé, à cet égard, à la suite de l'envoi en résidence surveillée du directeur des Amitiés chrétiennes, le RP Chaillet [5]... »

Résistance

En fait, les analyses des autorités lyonnaises sont depuis plusieurs mois concentrées sur ce phénomène que l'on va finir par appeler, bientôt avec une majuscule, la Résistance. Ces autorités cherchent à savoir, à percer les secrets et les rouages de son organisation. Bien sûr, en cette zone encore libre (une liberté illusoire et très surveillée), il se déroule des manifestations publiques, interdites mais mobilisant, à l'occasion par exemple d'une fête populaire naguère célébrée, une partie de la population. Le 14 Juillet 1942 a servi de support « aux militants gaullistes et communistes » qui ont organisé, dans Lyon, une démonstration de rues. Les services préfectoraux la minimisent au possible en soulignant les mesures de rétorsion adoptées : « ... Les participants effectifs n'ont vraisemblablement pas dépassé deux mille cinq cents. Seuls, les nombreux promeneurs qui, en ce jour de Fête nationale, circulaient dans les principales artères de la ville où des cortèges avaient été organisés per-

* Nommé par Vichy, en 1940, en remplacement d'Émile Bollaert.

mirent à certains d'avancer un nombre plus élevé [...]. Un certain nombre de manifestants ayant été arrêtés, ils furent déférés au tribunal répressif qui en condamna plusieurs, environ cinquante. Mais les peines prononcées, généralement huit à quinze jours de prison, ont été à mon sens insuffisantes. Aussi ai-je décidé d'envoyer dans des centres de la mission de restauration paysanne la plupart des manifestants condamnés ou encore prévenus... »

Le préfet Angéli ne se hasarde pas à apprécier le succès de l'appel, venu de Londres, à célébrer la Fête nationale. Des résistants estiment quant à eux pleinement cette journée : « La réussite des manifestations du 14 Juillet, écrira Alban-Vistel, futur responsable régional des FFI, nous avait convaincus de l'efficacité de notre action. Désormais, nous n'étions plus seuls; nous avions la certitude que les hésitants, les tièdes, sortaient peu à peu de leur sommeil, que, parmi eux, quelques-uns nous rejoindraient tout au long de la course [6]... »

Mais ce qui dérangeait évidemment le plus consistait en cette action souterraine, clandestine, irritante et désormais quasi permanente. Elle agaçait monsieur le préfet qui demandait à son intendant de police de compléter sa copie sur l'activité de ses services durant le mois d'octobre. Un mois chargé, à la vérité. Outre les grèves « anti-Relève » qui ont affecté et paralysé, pendant plusieurs jours, les grands établissements industriels lyonnais et les ateliers de la SNCF à Oullins, une série d'attentats – dont Angéli réclame avec précision et insistance la liste – a agité la vie quotidienne locale. A seize reprises, des engins explosifs ont provoqué des dégâts matériels contre les sièges d'organes dévoués à Vichy et à la collaboration (la Légion des combattants, rue d'Aguesseau, le journal *L'Union française*, rue du Plat, etc.) et infligé quelques dommages à des pylônes ou transformateurs électriques. Les explosions qui avaient déjà secoué l'été lyonnais de 1942 connaissaient donc un prolongement. Plusieurs parachutages d'avions anglais – cordons ombilicaux de ces opérations – ont de plus été repérés ou saisis par la police [7]...

A qui attribue-t-on toutes ces actions? Les communistes figurent en bonne place parmi les soupçons regroupés par les Renseignements généraux. Ces derniers confirment, en mai 1942, que « le comité central souligne l'urgence qu'il y a à développer partout et dans tous les milieux le front unique de lutte contre le nazisme. Il conseille de rassembler dans les groupes d'" OS * " tous les éléments susceptibles de jouer un rôle actif important. Il recommande de ne pas se préoccuper de la nationalité ou des origines politiques des recrutés et de porter leurs efforts de recrutements dans tous les milieux français et étrangers [8]... ».

Des renseignements sur la Résistance? Le recensement des tracts ou mots d'ordre lancés à la population lyonnaise rend familiers, aussi bien à cette dernière qu'à la police, quelques noms de mouvements clandestins : un bulletin des RG évoque ainsi l'activité assez soutenue de « La France au combat », de « Libération », du « Coq enchaîné ». Il parle aussi de l'effet produit par *Franc-Tireur* avec la publication sauvage des lettres de protestation du président du Sénat, Jeanneney, et du maire de Lyon, déchu également, président d'une Assemblée fantôme, Edouard Herriot, adressées à Pétain à propos de la dissolution des bureaux du Parlement français [9]...

Mais les arrestations ouvrent plus crûment une brèche dans le « secret » du résistant. En janvier 1942, un certain nombre de personnes se retrouvent aux pri-

* Organisation spéciale, élément de la lutte armée communiste qui précéda les FTP.

sons Saint-Paul ou Saint-Joseph : Chevance-Bertin, Marcel Peck-« Battesti », Emmanuel Mounier, Demachy... Un coup de filet – une quarantaine d'arrestations dues à l'imprudence d'un agent de liaison – venait de décimer « Combat », le mouvement de résistance le plus important de la zone sud dirigé par Henri Frenay. D'autres coupes sombres, malheureusement, atteindront Combat. Le 28 septembre 1942, les hommes de la Section spéciale de la police judiciaire opèrent au n° 7 de la rue Bourgelat à Lyon, aux établissements de bains de la dame Drouet. S'y trouvent les éléments des « Groupes Francs » dirigés par un certain Raymond Nourri, tombé ce jour-là dans la souricière tendue, avec d'emblée dix-sept de ses comparses, hommes et femmes.

Le jeu du chat et de la souris, qui se déroule alors « entre Français » commence. Les documents saisis sont évidemment accablants et ces hommes au fil des interrogatoires, ne peuvent nier leur appartenance à un groupe subversif : Combat. Ils finissent par avouer qu'ils ont été les maîtres d'œuvre de nombre de ces attentats qui visent depuis trois mois les magasins ou les locaux tenus par des « collaborateurs » ou leurs organisations. Néanmoins, les masques dressés par les pseudonymes résistent parfois aux investigations : « Lorsque j'ai pris la direction du mouvement à Lyon, déclare Nourri, j'ai succédé à un prénommé Pierre ; je crois qu'il se faisait également appeler " Ricard ". J'ignore où est parti " Pierre " en quittant Lyon dans la période du 16 août. Je n'ai jamais eu de ses nouvelles... »

« Pierre » ou « Ricard » aurait pu grandement intéresser les policiers lyonnais : il s'agissait de Jacques Renouvin, organisateur à Lyon des Groupes-Francs de Combat...

Mais Nourri est tout de même obligé, devant le

commissaire Antoine Pitiot, le 4 octobre, de reconnaître qu'il s'appelle véritablement Roger Nathan dit « Murat ». Pour le reste, on se perd dans une foule de personnages aux pseudonymes souvent multiples, sauf le nom du chef de Combat qui résonne presque familièrement aux oreilles des enquêteurs : « J'ai vu à Marseille, reconnaît Nathan, le capitaine Fresnay [*sic*], au bar des " Danaïdes " après une réunion qu'il avait eue et à laquelle je n'étais pas présent. Je l'ai également vu deux fois en compagnie de " Berger ", à Lyon, place Bellecour. Ainsi que je l'ai précédemment déclaré, rajoute Nathan, il était hostile aux attentats [10]... »

A Lyon, la connaissance de certains faits ou de certains hommes pourtant voués à une totale discrétion finit par s'étendre dans une atmosphère étrange de rencontres fortuites ou forcées, dans un périmètre qui semble se restreindre chaque jour davantage. L'un des animateurs de l'Armée secrète de Combat, Morin-Forestier, est vite effrayé par « la monstrueuse agglomération des responsables qu'il y a à Lyon où on ne peut pas faire dix mètres sans se heurter à un autre camarade de clandestinité qu'il faut ignorer, jusqu'à ce qu'on se précipite sur lui comme un frère une heure après... »

Les lieux de rencontre, dépourvus d'originalité, font se croiser des hommes ou des femmes qui par sécurité auraient dû s'éviter. Les restaurants en particulier ne sont pas sûrs, pis encore ceux « qui fournissent, relatera Claude Bourdet, une nourriture à peu près correcte à un prix raisonnable puisqu'ils sont rares... et très vite découverts par toutes les équipes de la Résistance. Il y a ainsi, cours La Fayette, dans l'ennuyeux quartier des Brotteaux, la brasserie La Fayette dont le patron est certainement fort honnête car on y mange presque bien à un prix dérisoire pour l'époque. J'ai été un des premiers à l'utiliser mais je voyais chaque jour, avec compréhension mais inquiétude, le nombre de têtes connues s'y multiplier. Il y a toujours quelqu'un qui, ayant une commission urgente à faire, « reconnait » soudain une personne qu'il n'a pas paru voir en entrant. Il fallut abandonner l'excellente brasserie [11]... ».

Le danger s'accentue encore par la rigueur avec laquelle, comme le dit le préfet Angéli, il s'avère nécessaire de condamner les trouble-fête. Et d'imposer l'« ordre nouveau ». A toutes extrémités on s'évertue à proposer des solutions radicales, chacun à sa manière. L'Action française et Charles Maurras devisent, le 26 octobre 1942, salle Molière, devant trois cents personnes environ, sur le thème : « Comment se réveille la France. » Le lendemain le groupe lyonnais bien nommé, Collaboration, s'est assuré le concours d'un docteur allemand, Arnold Jessen, qui, au palais du Commerce, devant un auditoire modeste, entend démontrer « comment est financée la guerre, imposée par la ploutocratie ». Il y parvient en affirmant que « la presque totalité de l'économie privée allemande est au service de l'armée et que c'est grâce à son système économique que l'Allemagne a pu briser l'élan formidable des forces motorisées et blindées des hordes bolcheviques qui s'apprêtaient à déferler sur l'Europe ». Sans l'ombre d'un complexe, Arnold Jessen...

Le PSF (Parti social français), lui, est en crise et le colonel de La Rocque, espoir des nationalistes dans les années trente, se demande à une réunion de cadres tenue rue du Bât-d'Argent pourquoi son ex-président, Charles Vallin, est passé à Londres...

Le PPF (Parti populaire français) ne se pose certes pas les mêmes questions. « Doriot au pouvoir », tel est l'objectif. On prépare le congrès national de Paris en novembre prochain, et le secrétaire du parti, Barthélemy, est venu renforcer l'ardeur des troupes sous couvert d'une grande réunion privée organisée par les Cercles populaires français. Cercles qui, publiquement cette fois, le 26 septembre, ont péniblement réuni cent cinquante auditeurs, salle Molière – pour cinq mille invitations distribuées – autour d'un conférencier évoquant le « problème juif ».

Il y a enfin, après les forts en thème, les fonceurs. La Légion des combattants, courroie de transmission du maréchal, en regroupe peu. Joseph Darnand le sait. Son opinion revient à dire qu'il ne s'agit là que d'une assemblée de « vieux cons ». Avec le SOL (Service d'ordre légionnaire), les choses prennent meilleure tournure. Le 22 octobre 1942, salle Béal à Lyon, l'ex-membre émérite des corps-francs de 1940 vient le rappeler. Même si ce SOL aux yeux de la population ne suscite guère l'enthousiasme et passe souvent pour une fabrique de « provocateurs ». Enfin, Darnand détient le mérite d'un franc-parler et des mots, ce soir-là, passent bien par l'oreille de l'inspecteur des RG chargé de couvrir la manifestation : « Le gouvernement actuel, dit Darnand, représente exactement celui que nous voudrions mettre en l'air [12]... »

L'avenir se meuble d'un étrange mélange de craintes et d'espoirs. L'incertitude est reine dans ce royaume du maréchal où chaque sujet pressent qu'une seule chose est sûre : la lutte pour la victoire, quels que soient le camp ou les intérêts que l'on revendique, sera impitoyable. Il ne manque plus que le 11 novembre 1942 pour assister à l'occupation de la zone libre par les Allemands. Et de Lyon, évidemment, dont le visage se ferme un peu plus. Dans l'ombre, la partie va se durcir : « ... Dès la fin de 1942, de nombreux renseignements s'accordaient à signaler que les différents mouvements importants de la Résistance s'étaient mis directement sous les ordres du général de Gaulle et qu'ainsi se trouvait réalisée l'unité de la Résistance en France : au début de 1943, un de nos agents spéciaux confirmait qu'un tel rassemblement avait été largement réalisé. C'est ainsi qu'est née l'Armée secrète... »

Ces lignes sont les toutes premières d'un rapport allemand de vingt-huit pages, plein d'organigrammes et de plans : ce rapport Kaltenbrunner, Adolf Hitler, un beau jour, le voit arriver sur son bureau...

Notes *

1. Synthèse des rapports de préfets de la zone libre pour septembre 1942. Ministère de l'Intérieur, Vichy, 15 octobre 1942.

2. R. Bédarida, « Lyon, capitale de la Résistance », *L'Histoire*, n° 80.

3. J. Sennep publia aux éd. Franc-Tireur un album, *Dans l'honneur et la dignité, souvenirs de Vichy*, narrant les contorsions d'un pétainiste bon teint, le « comte Adhémar »...

4. Il s'agit du rapport mensuel des Renseignements généraux au préfet Angéli, n° 13120 du 24 octobre 1942, ADR, archives préfectorales.

5. Rapport préfectoral (juillet-août 1942), ADR.

6. « Alban » Vistel, *La Nuit sans ombre*, Paris, Fayard, 1970.

7. Notes mensuelles de l'intendant de police au préfet, du 31 octobre 1942, ADR.

8. A la lecture des Mémoires du responsable des Francs-Tireurs et Partisans, C. Tillon, on s'aperçoit que ces commentaires lyonnais correspondent à de profondes transformations dans l'organisation communiste. La source des renseignements, quant à elle, semblait assez fiable. C. Tillon, *On chantait rouge*, Paris, Laffont.

* Abréviations utilisées :
AN : Archives nationales.
ADR : Archives départementales du Rhône.
C d J : Cour de Justice.

9. Bulletin hebdomadaire des RG du 14 septembre 1942. ADR, archives préfectorales.

10. Procès-verbaux d'interrogatoires. Instruction du dossier Nathan. ADR.

11. Témoignages de Morin-Forestier, in *Histoire de la Résistance en France*, d'H. NOGUÈRES, Paris, t. 2, Laffont, et C. BOURDET, *L'Aventure incertaine*, Paris, Stock.

12. Bulletins hebdomadaires des RG du Rhône à la direction des RG à Vichy (octobre 1942) (hôtel du Tessin), ADR, archives préfectorales.

Chapitre II

Résistance : union, désunion... et traque

L'organisation de la Résistance

Au moment où Hitler prend connaissance de ce rapport, la Résistance travaillait depuis des mois à son organisation.

La nécessité de l'union apparaissait au plus haut niveau. A Londres, on en avait pleinement conscience et un homme s'apprêtait à remplir cette mission : « ... Cet homme, jeune encore, mais dont la carrière avait déjà formé l'expérience, était pétri de la même pâte que les meilleurs de mes compagnons. Rempli jusqu'aux bords de l'âme de la passion de la France, convaincu que le " gaullisme " devait être non seulement l'instrument du combat, mais encore le moteur de toute une rénovation, pénétré du sentiment que l'État s'incorporait à la France libre, il aspirait aux grandes entreprises [...]. Homme de foi et de calcul, ne doutant de rien et se défiant de tout, apôtre en même temps que ministre, Moulin devait, en dix-huit mois, accomplir une tâche capitale. La résistance dans la Métropole, où ne se dessinait encore qu'une unité symbolique, il allait l'amener à l'unité pratique [1]. »

De Gaulle en effet choisit Jean Moulin pour jouer le rôle de l'« unificateur » de la Résistance française. En zone sud, investi par le général des pleins pouvoirs, l'homme de Londres s'emploie surtout à amener au rapprochement total, à la fusion, les trois grands mouvements et leurs chefs qui revendiquaient, chacun à leur façon, une place légitime dans ce combat qu'ils avaient entrepris avec les moyens du bord. Ce n'est donc pas sans difficultés qu'en janvier 1943 les MUR (Mouvements unis de résistance) sont portés sur les fonts baptismaux. L'enfant porte la marque d'un précurseur : Combat, dont la structure, souligne Henri Frenay, « est adoptée pour la nouvelle organisation ». Quel aspect, dans les grandes lignes, présentent les MUR ? A leur tête un comité directeur dirigé, sans surprise, par Jean Moulin avec Frenay (Combat), d'Astier de la Vigerie (Libération), et Jean-Pierre Lévy (Franc-Tireur). Pour le reste, « chaque mouvement avait un représentant, sans tenir compte des effectifs de chacun, difficiles à évaluer. Il fut entendu que d'Astier s'occuperait de tout le secteur des Affaires politiques, tandis que Frenay prendrait la direction des Affaires militaires avec les quatre branches (Armée secrète, Groupes-Francs, Maquis et Parachutages) ; J.-P. Lévy serait responsable de la section propagande et des relations avec les mouvements annexes, Forces unies de la jeunesse et Mouvement national des prisonniers de guerre et déportés. Un secrétariat général, dont le premier responsable fut Jacques Baumel (Combat), était chargé de tous les contacts intérieurs à la Résistance. Des services nationaux furent créés. Ce sont, dans l'ordre de leur constitution : Armée secrète et Groupes-Francs, NAP *, maquis, service social, liaisons avec les régions, trésorerie, service de renseignements [2] ».

Aux échelons régionaux, les organes de commande-

* « Noyautage des administrations publiques » (Police, Fer, PTT, etc.).

ment sont également soumis à l'autorité d'un triumvirat. En « R 1 » *, le premier chef de région est Malleret-Joinville de Libération, assisté de Peck (Combat), et Marc Bloch (Franc-Tireur). Au centre de ce dispositif, une épine dorsale : l'armée secrète (l'AS). C'est Henri Frenay, au sein de son mouvement, qui en a conçu l'idée puis la formation : « Dès 1940, écrira-t-il, sous le nom de " Choc ", j'ai prévu la formation d'éléments paramilitaires destinés à intervenir, les armes à la main, contre l'occupant. A cet effet, nous avons mis sur pied avec un bonheur inégal des dizaines et des trentaines [3]... »

Pour l'action immédiate, ce sont les Groupes Francs. Pour la préparation des opérations liées à la libération du territoire, l'Armée secrète. Or cette AS subit des avatars décisifs en septembre 1942, lorsque les chefs des trois mouvements, Frenay, d'Astier et Lévy, décident d'unir leurs groupes paramilitaires. « Cette fusion, précise Alban-Vistel qui détiendra un poste clé à la tête des FFI en 1944, ne posa aucun problème aux échelons régionaux et départementaux [...]. Quant à la base, elle attendait avec impatience cette fusion. » Tout cela répondait, en outre, au désir de Jean Moulin. « Mais au sommet, admet " Alban ", il n'en sera pas de même, le rythme sera plus lent, des conflits vont se produire. Qui sera le chef de cette Armée secrète ? »

A priori, Frenay se trouve le mieux placé : « Officier de carrière, breveté d'état-major, il possède au plus haut degré un tempérament de chef, le don du commandement, même si parfois il l'extériorise avec excès [4]... » Mais les autres mouvements voient d'un œil

* La zone sud était divisée en six régions : « R 1 » (Centre Lyon), « R 2 » (Centre Marseille), « R 3 » (Centre Montpellier), « R 4 » (Centre Toulouse), « R 5 » (Centre Limoges) et « R 6 » (Centre Clermont-Ferrand).

fort réticent Frenay prendre pied ainsi dans une place qu'ils savaient d'importance. Il suffisait au chef de Combat de représenter, légitimement d'ailleurs, le premier mouvement, par ordre d'importance et d'organisation. Et puis « Moulin et les services de Londres ne tenaient pas non plus à confier l'AS à un chef qui pouvait avoir des velléités d'indépendance. Pour s'attacher plus étroitement l'AS, Londres préférait mettre à sa tête un homme qui ne soit pas lié aux Mouvements. Certains désiraient même un personnage " décoratif " et, de préférence, un officier général [5]... »

L'AS installe finalement à sa tête le général Delestraint, un officier qui démontre une volonté certaine mais qui bénéficie d'une expérience moindre au sein de la Résistance par rapport à Frenay et d'un manque de pratique dans la clandestinité. Comme pour accentuer les controverses, les antagonismes, le capitaine « obtient » d'être nommé directement en fonction aux côtés du général : « ... Pour le général Delestraint, la nomination d'Henri Frenay comme commissaire aux affaires militaires ne pouvait qu'aggraver une situation déjà tendue et difficile, Frenay exerçant sans indulgence son esprit critique au détriment du chef de l'Armée secrète à qui il reprochait son ignorance des hommes et des réalités de la Résistance [6]... »

Cette question n'est pas malheureusement le seul sujet de friction entre les responsables de la Résistance. Faut-il juger cela avec la sévérité, fin 1942, de Rémy Roure, journaliste du *Temps* et membre de Combat, dans cette lettre à de Gaulle où il ne mâche guère ses mots :

« Une somme énorme de dévouements et de sacrifices a été dépensée non certes en pure perte, mais sans qu'elle ait produit ce que l'on espérait. Cet échec tient essentiellement à la naissance même des groupements. Ceux qui en prirent l'initiative et dont le mérite est indéniable s'accoutumèrent trop bien à les tenir pour leur propriété propre, ils furent en quelque sorte des " chefs de bande " peu disposés à s'incliner devant une discipline commune, tentés d'exploiter pour leur ambition personnelle ce qu'ils estimaient être leur œuvre, et peu enclins à une unification qui, décidée en principe, ne pouvait se réaliser véritablement en fait. Ajouter à cela une inexpérience politique évidente, une étroitesse d'esprit et une présomption qui a fait écarter les élites par crainte d'être débordé par elles, et parfois une étonnante puérilité dans la pensée et l'action [7]... »

A ce jugement très sec doit-on ajouter une évidente constatation : la détermination politique se glisse, ouvertement ou non, dans ce décor qui ne peut ignorer, au niveau de ceux qui prétendent incarner la représentation d'une force ou d'un pouvoir au sein de la France « combattante et résistante », que, demain, cette même France aura à se rétablir avec des institutions nouvelles, un régime nouveau, conçus par des hommes neufs...

Jean Moulin, l'envoyé de De Gaulle, avait fait irruption dans ce décor avec la volonté farouche non seulement d'unir, dans ses moyens, ses forces, la Résistance, mais aussi de lui donner un sens politique qui ne devait pas échapper à l'autorité de Londres. Le CNR (Conseil national de la Résistance), constitué officiellement en mai 1943, représentera l'aboutissement de ses efforts. La motion adoptée à cette occasion ne laisse planer aucun doute, tout en émettant le souhait de voir s'aplanir les différends qui opposaient le monde résistant, notamment le duel, à sa tête, entre de Gaulle et Giraud :

« [...] La France ne peut concevoir que la création d'un véritable gouvernement, provisoire certes, mais en ayant toutes les formes et toute l'autorité, répudiant une fois pour toutes, officiellement et dans les faits, la dictature de Vichy, ses hommes, ses symboles, ses prolongements. Elle entend que ce gouvernement – c'est le devoir du Conseil de l'affirmer avec netteté – soit confié au général de Gaulle qui fut l'âme de la Résistance aux jours sombres et qui n'a cessé depuis le 18 juin 1940 de préparer en pleine lucidité et en pleine indépendance la renaissance de la Patrie détruite, comme des libertés républicaines déchirées. Elle souhaite ardemment que le général Giraud, qui a préparé et assuré avec les Alliés la victoire en Afrique du Nord, prenne le commandement de l'armée française ressuscitée. Ainsi seront réalisées techniquement et moralement les conditions nécessaires à l'unité de toutes les forces françaises combattantes, instrument indispensable de la libération et de la résurrection de notre pays. »

Certes, comme le souligne Henri Michel, « à la fin du mois de mai 1943, Jean Moulin a gagné la rude partie que, conformément aux directives du général de Gaulle, il a joué avec opiniâtreté. L'unité de la Résistance est réalisée, avec une ampleur et une variété de ses éléments composants qu'on n'aurait pas osé imaginer deux ans auparavant [8]... »

L'optimisme se nuance cependant fortement au contact des réactions virulentes suscitées très tôt par l'élaboration du CNR. Réunir les forces nouvelles – se voulant pour la plupart novatrices – issues de la Résistance et les partis et syndicats traditionnels d'avant la guerre sur lesquels beaucoup jettent le discrédit allume un foyer de discorde supplémentaire.

L'abondance des contradictions, des oppositions entraîne de fâcheuses conséquences sur le cloisonnement, l'étanchéité de l'action clandestine, face à un adversaire qui s'organise progressivement et avec des moyens disproportionnés en regard de ceux dont dispose la Résistance. Michel Garder, auteur d'un ouvrage sur les *Services spéciaux français*, a parfaitement raison d'écrire :

« Les services de répression allemands, un instant débordés par l'ampleur du phénomène de la Résistance, se préparent en effet à agir d'une façon plus méthodique que dans les premiers mois de 1943. Le SD a beaucoup appris en un an. Tous ses membres ne sont d'ailleurs pas des brutes bornées, comme le veut la légende. Certains sont des policiers de métier, ayant une longue pratique du contre-espionnage, d'autres des néophytes qui ont eu le temps de s'affirmer. Les zizanies avec l'*Abwehr* n'empêchent pas les services du colonel Knochen de travailler en liaison avec les collaborateurs du lieutenant-colonel Reile *. L'implantation des services de sécurité en zone sud a été étoffée. La collaboration d'une partie de la police française leur est acquise. Les " traîtres " sont malheureusement aussi nombreux dans le sud que dans le nord. Quelques arrestations heureuses ont permis dès le début de l'année de récupérer des archives en tout genre, car s'ils parlent beaucoup, les résistants français écrivent encore plus ! Des interrogatoires sérieux et quelques prisonniers retournés donnent aux Allemands une série de clés et de fils conducteurs [9]... »

Le hasard voulut que le jour de la première réunion du « Conseil national de la Résistance », le 27 mai 1943, rue du Four à Paris, un officier allemand appose un point final sur un document. Ce que vient de parapher le SS Ernst Kaltenbrunner, chef du RSHA **, a trait directement à l'organisation de l'Armée secrète

* Reile est l'un des hauts responsables du renseignement militaire allemand en France, souvent en concurrence avec le *Sipo-sd* de Knochen et Oberg.

** *Reichsicherheitshauptamt* : « Organisation centrale des services de police et de sûreté » du IIIe Reich.

en France. Plusieurs pages dévoilent même avec des détails d'une clarté troublante ce que sait à ce propos la *Sicherheitspolizei*...

Aux origines d'un rapport...

Comment ont-ils su? Dans les vastes locaux du 8 de la Prinz-Albrecht Strasse à Berlin, celui qui a succédé depuis peu à Reinhard Heydrich peut se féliciter de l'action de ses services. L'*Obergruppenführer* Kaltenbrunner possède tout ce qu'il y a de mieux sur les structures de la Résistance française. Il manque encore des pièces déterminantes au puzzle mais les nazis détiennent une mine d'informations parce que se sont ouvertes de larges brèches dans un dispositif bien infiltré. Les deux premières pages du « rapport Kaltenbrunner * » éclairent autant qu'elles angoissent :

« I – Première intrusion de la *Sicherheitspolizei* dans l'Armée secrète.

Dès la fin de 1942, de nombreux renseignements s'accordaient à signaler que les différents mouvements importants de la Résistance s'étaient mis directement sous les ordres du général de Gaulle et qu'ainsi se trouvait réalisée l'unité de la Résistance en France ; au début de 1943, un de nos agents spéciaux confirmait qu'un tel rassemblement avait été largement réalisé. C'est ainsi qu'est née l'Armée secrète, dans laquelle notre agent avait obtenu en qualité d'ancien officier français un poste important.

Le 1er février 1943, on réussit à arrêter à Lyon deux membres importants de l'Armée secrète. Au début de

* Il existe deux « rapports Kaltenbrunner » : celui du 27 mai 1943 puis celui du 29 juin 1943 qui évoquera d'autres événements...

février 1943, l'exploitation de certains renseignements permit l'arrestation de 18 autres membres de l'Armée secrète qui appartenaient aux organisations secrètes :

COMBAT

LIBÉRATION

FRANCS-TIREURS ET PARTISANS et " 93 ".

Les membres de l'organisation Francs-Tireurs et Partisans, organisation à caractère purement communiste, et ceux de " 93 " qui ont été arrêtés, avaient été détachés comme agents de liaison de ces organisations auprès de l'Armée secrète.

Les déclarations des inculpés, les papiers capturés et surtout les quinze dossiers qui avaient été saisis le 13 février 1943 par la police française lors d'une perquisition chez des membres de l'Armée secrète à Lyon, documents qui avaient été laissés provisoirement à la disposition du détachement SD de Lyon, permettent de dresser le tableau suivant... »

Qui est ce mystérieux agent, « ancien officier français » occupant un poste important dans la structure de l'AS, décrit comme un *Vertrauensmann*, littéralement comme un « homme de confiance » selon une expression couramment employée dans les services spéciaux allemands, notamment au sein de l'*Abwehr* (le renseignement militaire) où ils sont désignés, en abrégé, comme « VM * »... ? L'auteur du rapport se garde de le préciser.

Quant à la double arrestation du 1er février 1943, elle concerne deux responsables résistants de la région lyonnaise...

* L'*Abwehr*, précisément, classait ainsi ses agents *non immatriculés*, par ordre d'importance : 1° Le *Zubringer*, le *Spitzel*, mouchard sans importance. 2° Le *Gelengenheits-Vertrauensmann* : homme de confiance occasionnel, parfois même plus ou moins conscient (en abrégé : *Gelegenheit-V. Mann*). 3° Le *Vertrauensmann* (VM), homme de confiance, qui n'a pas encore fait ses preuves (*uner probter*).

Geissler : premiers pièges

Les coups tombaient, redoublaient :

– Tu es « gaulliste », alors? et ton chef, Billon, qu'en fais-tu? Il a été arrêté lui aussi. Il a tout avoué, tu peux parler sans craintes.

« Toi, pensai-je, tu prêches le faux pour savoir le vrai. Mais je ne serai pas dupe. Je connaissais trop bien Billon pour admettre ses aveux. Cela commençait à se gâter. Jusqu'à présent, on m'avait toujours dit " vous ". Voilà maintenant qu'on me tutoyait. Les coups n'allaient pas tarder à pleuvoir! Je répondis cependant à la question qui m'avait été posée.

– Billon, connais pas!

– Tu mens. Tu connais très bien Billon, ainsi que Baugé. C'est avec eux que tu avais des rendez-vous à Lyon où vous vous retrouviez tous. Ils étaient tes chefs, ils ont été arrêtés tous les deux par nos services!

Et les coups, sur Alfred Salvatelli, alias « Emler », chef de l'Armée secrète de Combat pour la Haute-Loire, pleuvent à nouveau. Celui qui frappe est l'*Hauptsturmführer* Georg Geissler, responsable de la « délégation de la police allemande à Vichy ». Un titre assez pompeux pour une mission qui couvrit des opérations de chasse aux résistants où la fin justifiait tous les moyens. L'homme n'était guère du genre diplomate : « Début novembre 1940, évoquera son cousin et subordonné à Vichy, Robert Roth, Geissler, commissaire de la police criminelle à Kolin, en Bohême, et qui avait reçu son affectation pour le SD de Paris, vint nous rendre visite et lorsqu'il fut nommé à Vichy, il me fit affecter à son service en qualité d'interprète. » D'une activité restreinte, selon Roth qui perdra de toute façon fort à propos une partie de la mémoire, la délégation changea un beau jour de visage. « A partir de novembre 1942, quelques jours après l'occupation de la zone sud, le service fut renforcé par des fonctionnaires venus de Paris et il prit le nom de " Kommandeur de la Police de sûreté et du SD à Vichy ". C'est à cette époque que les opérations de police allemande ont commencé... »

Cela sous la direction de Geissler, sans doute le premier officier de ces Kommandos régionaux du « Sipo-S D » quadrillant la France entière à se montrer redoutablement actif à Lyon, et dans la région lyonnaise particulièrement. Preuve en est son acharnement à faire parler Alfred Salvatelli car il possède de bonnes raisons de croire qu'il détient l'un des maillons de la chaîne qui le relie au capitaine Billon.

La capture des chefs de l'AS

Le capitaine Billon? Henri Frenay le décrit ainsi : « A Lyon, l'AS de "R 1 " est dirigée par le capitaine Billon. Pilote de chasse, il est petit et maigre comme un jockey. Son regard brûlant est révélateur de la passion qui l'anime. Sous les ordres de Marcel Peck, chef de région, il deviendra quelques mois plus tard le chef incontesté de l'AS unifiée par fusion des éléments paramilitaires des trois mouvements... »

Le personnage est unanimement reconnu pour ses mérites. Engagé dans l'aviation dès 1914-1918, puis officier au Maroc, il s'illustra durant la courte guerre de 1939-1940 en combat aérien, abattu et grièvement blessé. C'est à la base de stockage de Lyon-Bron, « où les complicités ne lui manquaient guère », qu'il passa très tôt à l'action clandestine, en même temps d'ailleurs que le capitaine Albert Chambonnet, futur chef de la Résistance. Pour Combat et l'Armée secrète, les talents d'organisateur de Billon se révélèrent précieux...

Il fallait compter avec l'efficacité de l'adversaire.

Un terrible cercle devait se refermer sur l'officier d'aviation. Le 1er février 1943, place Raspail à Lyon, Billon, alias « Buisson », tombe entre les mains des Allemands. Avec lui est arrêté son adjoint, Pierre Lavergne dit « Baugé ». Conséquence de ces deux prises : une série de coups durs va s'abattre sur la Résistance...

Saint-Étienne, le 3 février 1943. Une passation de pouvoir doit se dérouler entre deux combattants de l'ombre : Gaëtan Vidiani est appelé à succéder à Roger Laporte à la tête de l'Armée secrète de la Loire. Ces deux hommes se connaissaient grâce à une rencontre organisée en janvier 1943 par « Baugé », l'adjoint de Billon. Or, quarante-huit heures après l'arrestation à Lyon de ces derniers, Vidiani et Laporte ne sont pas les seuls à se retrouver à leur rendez-vous stéphanois : les Allemands aussi sont de la partie. Transférés à Montluc, les deux clandestins seront déportés et seul Laporte reviendra des camps de la mort...

Un autre résistant connaît un funeste sort : Alfred Salvatelli, celui que l'Allemand Georg Geissler s'efforce de faire parler.

Responsable départemental de la Haute-Loire, il connaissait bien Billon puisqu'il était dépendant de lui, en « R 1 », pour l'AS. Il a appris à Lyon sa capture. Il regagne Le Puy le 9 février au soir. Pour se retrouver le lendemain matin avec d'étranges visiteurs sur le pas de sa porte : « Ce n'est pas sans une ironie amère que je voyais le célèbre Geissler, chef de la Gestapo – zone sud – et ami intime d'Himmler, venir procéder lui-même à mon arrestation ! Il était flanqué, il est vrai, d'un seigneur de moindre importance en la personne d'un Français authentique celui-là, du nom de Batissier (“ capitaine Schmidt ”)... »

Le traître de service, en quelque sorte. Chaque arrestation avait presque le sien, plus ou moins attitré. Mais ce dénommé Batissier a peut-être servi, auprès de Geissler de lien comme de poisson pilote. Ce qui est assuré, c'est que l'Allemand, de Billon et Lavergne à Salvatelli, a bouclé une belle boucle. A Lyon surtout, ce 1er février, la moisson a consisté en une série de découvertes, tragiques pour la Résistance. Salvatelli, conduit au 127, boulevard des États-Unis à Vichy, siège des activités de Geissler, parvient, entre deux interrogatoires musclés, à communiquer entre les geôles sinistres avec Billon qui vient d'être transféré de la prison de Montluc. Plusieurs échanges lui font comprendre les graves conséquences qui découlent de l'arrestation du chef de l'AS : « Billon, après avoir manifesté son remords d'avoir provoqué par son imprudence mon arrestation, m'annonça l'exécution sommaire, dans sa cellule, de notre ami Lavergne dit " Baugé " [...]. Mes regrets allèrent à Lavergne, dont le sort tragique constituait d'ailleurs la préfiguration de celui qui nous attendait nous-mêmes. Quant à ce pauvre Billon, je ne pouvais, tout en maudissant l'initiative malencontreuse *qui lui avait fait conserver sur lui la liste des chefs départementaux de l'AS régionale*, que lui accorder mon pardon... »

Cette initiative malencontreuse vaut à Billon – et à Lavergne –, bien contre leur gré, de figurer, anonymement, dans le rapport Kaltenbrunner du 27 mai 1943, désignés comme les « deux membres importants de l'Armée secrète arrêtés à Lyon le 1er février 1943 ». « Somme toute, précisera Salvatelli, seule la précipitation des événements due à la trahison dont il (Billon) avait été la victime, en l'empêchant de détruire à temps des pièces que, en toute bonne foi, il destinait à ses chefs, formait le véritable élément de notre malheur commun. »

Ce malheur crée le bonheur allemand en fournissant des informations capitales. Quant à Billon, la trahison s'est acharnée sur lui. Arrêté le 1er février, il parvient à s'échapper le 3 ou le 4 : il feint d'accepter de conduire les Allemands à des rendez-vous avec d'autres résistants dans l'espoir de profiter d'un régime de semi-liberté. Après les avoir promenés à Lyon du côté du parc de la Tête d'Or, il les entraîne jusqu'à la place de la Comédie. Là, il remarque, en un coup d'œil, deux tramways qui arrivent en sens inverse. D'un coup de reins, il s'engouffre, vif comme l'éclair, entre les deux véhicules et s'enfuit à toutes jambes en direction de la rue du Griffon; il sème ses poursuivants. Pour peu de temps. Le 7 février, son point de chute du nº 96 de la rue Garibaldi à Lyon se révèle être un nouveau traquenard : Billon cette fois-ci n'échappera plus aux Allemands. Après avoir été roué de coups, torturé, il laisse entre leurs mains sa vie dans des circonstances qui méritent d'être relatées. Ce vendredi 19 février 1943, un des prisonniers de la Gestapo de Vichy, un dénommé Perrier, sert, comme à l'habitude, un semblant de café aux autres détenus. Parvenu devant une cellule qui venait de s'entrouvrir, il ne peut retenir un cri d'horreur. Alfred Salvatelli le voit venir à lui, le visage décomposé : « J'entendis vaguement que Billon s'était pendu à la canalisation de chauffage central et n'en demandai pas plus. Quel choc terrible! Quelle triste fin! Mais tout de suite, me ressaisissant, j'enviais presque le sort de mon ami. Lui, au moins, était maintenant sorti de la tragique impasse! Je me remémorais les derniers termes de notre dialogue de la nuit : " Bonne nuit, bon courage. Je vais essayer de m'endormir [10]!... " »

Ce tragique épisode, qui s'achève sur le martyre du capitaine Billon, ne mérite, dans le rapport Kaltenbrunner, que la sèche et anonyme mention d'une double arrestation de « deux chefs de l'AS », présentée comme l'une des sources d'inspiration de l'occupant. Il en existe d'autres. Si l'on poursuit la lecture de ce texte signé par le maître des polices nazies, on fait une autre découverte : celle de « 15 dossiers », riches d'enseignements, dont la police lyonnaise s'est emparée, le 13 février 1943, pour les communiquer ensuite aux Allemands. Quels nouveaux éléments viennent s'ajouter ?

Rendez-vous de mars...

François Morin (alias « Forestier » ou « Méchin ») assure depuis décembre 1942 les fonctions de « chef d'état-major de l'AS unifiée », sous l'autorité du général Delestraint. Le 14 mars 1943, il rentre de Savoie et regagne Lyon. Le lendemain, il a un rendez-vous : « Au début de l'après-midi, je me rendis dans un appartement au 5e étage du 7, rue de l'Hôtel-de-Ville. Je n'en connaissais pas les locataires et je ne fus donc pas étonné de voir un inconnu m'ouvrir la porte. Par la porte d'entrée, je pouvais voir dans la salle à manger, à droite, Raymond Aubrac et Kriegel " Valrimont ", tranquillement assis à une table. J'allais les rejoindre, suivi de l'inconnu, lorsque celui-ci me dit brutalement : " Police. Sortez ce que vous avez dans les poches " !... »

Le rendez-vous est une souricière dans laquelle est également tombé Raymond Aubrac, responsable de l'Armée secrète de Libération. Sur lui, les papiers qu'il porte sont au nom de François Vallet. Après avoir tenté, comme Morin, de s'enfuir alors qu'on l'emmenait à son domicile de la Croix-Rousse – heureusement existant – qui figurait sur sa carte d'identité, Aubrac, alias Vallet, persiste, comme les autres, dans un système de défense : tous se sont retrouvés là pour traiter de marché noir. L'ennui, c'est que les documents trouvés, à l'occasion de ces arrestations et des perquisitions qui suivirent, ne plaident guère en faveur de cette version : « Notre juge d'instruction a été relativement bienveillant, relatera Aubrac, il a retenu un vague délit de marché noir pour trois d'entre nous. Pour Morin-Forestier, arrêté avec sa secrétaire, son planton et ses archives, c'était plus coton ! Il a signé en blanc notre détention, façon de minimiser le cas de Morin. Pourquoi la Gestapo ? Il y a eu sans doute un flic français zélé qui a été en rapport avec les Allemands ! Un jour un policier allemand et deux inspecteurs français sont arrivés à la prison. Ils ont dit : " La police allemande veut interroger trois détenus. " Ils ont donné les noms sous lesquels nous étions inscrits sur le registre d'écrou : Asher, c'est Ravanel ; Kriegel, c'est Valrimont ; et Vallet, c'est moi. Ils ont d'abord emmené Ravanel. Ils l'ont interrogé très longuement. Il avait sur lui, au moment de l'arrestation, des cartes Michelin avec des annotations de lieux d'accueil pour les réfractaires du STO. Nous avons été soulagés et heureux de le voir revenir au bout de trois heures. Puis ça a été notre tour à Valrimont et à moi [...]. Dans le bureau du chef de la police allemande, ils étaient trois. Nous avons soutenu nos personnages de trafiquants. Valrimont, qui comprend l'allemand, les a entendus discuter entre eux : " Nous perdons notre temps avec ces types, ils ne sont pas intéressants. On va les renvoyer chez les Français. " Une fois de retour dans notre cellule de la prison Saint-Paul, nous avons fait ouf ! »

De son côté, Ravanel (Asher) témoigne dans le même sens : « Je dois dire que nous étions passés entre-temps à l'hôtel Terminus de Lyon, à la Gestapo. Mais ça n'avait pas été grave. On avait réussi, au demeurant, à faire pression sur la police française pour ne pas être livrés aux Allemands. La Résistance commençait à pouvoir faire pression et la police s'est battue pour nous. J'ajoute que la plupart de mes camarades avaient été arrêtés pour des motifs plus ou moins futiles. J'étais l'un des seuls à avoir été arrêté avec une carte Michelin portant des indications d'aérodromes en vue de parachutages. J'étais par conséquent l'un des plus marqués, mais les fameux Valrimont et Aubrac prétendaient s'être rencontrés pour se vendre quelques kilos de sucre : ils étaient donc inculpés de marché noir, ce qui constituait un motif pour que la police française réclame de les garder [11]. »

Ce n'est pas le point de vue de la police lyonnaise, ravie de mettre la main sur de nouveaux documents qui lui permettent de connaître le fonctionnement de la Résistance grâce à ceux qui viennent d'être arrêtés, dont les pseudonymes constituent l'ultime rempart. « Marchal », c'est Morin-« Forestier », professeur de mathématiques à Lyon, Steele, mécanicien, Denoyer Christine, secrétaire d'un groupe de résistance, Hego, ouvrier agricole à Mausan (Bouches-du-Rhône), Morandat, employé à Lyon, « Asher »-Ravanel, « Fouquet »-Kriegel-Valrimont et Penthanne, tous trois étudiants à Lyon, « Vallet »-Aubrac, ingénieur dans la même ville. « Quinze dossiers contenant chacun de dix à cent pièces ont été saisis. L'intendant de police fit remettre à la Gestapo les détenus et leurs dossiers [12]... » Grâce à ces données, Kaltenbrunner va rédiger son rapport qui commence par la création de l'Armée secrète :

« A la suite de longues négociations, Fresnay [*sic*] réussissait, en septembre 1942, à rassembler les groupes paramilitaires des organisations :

Combat, Francs-Tireurs et Libération pour la mise sur pied d'une Armée secrète sous la direction d'un

Comité de coordination, composé des délégués de chacune de ces organisations. La section paramilitaire de Combat qui auparavant était déjà désignée par le terme Armée secrète conserva, en raison de sa supériorité numérique (80 %), la prédominance au sein de la nouvelle Armée secrète.

En janvier 1943, Frenay réussit à subordonner l'ensemble des organisations : Combat, Francs-Tireurs et Libération, à un Comité directeur qu'il dirigeait en tant que chef de Combat et auquel appartenaient les chefs des deux autres organisations : Gilles pour Francs-Tireurs et Darthez pour Libération, ainsi qu'un représentant, dont le nom n'est pas connu, du Comité national du général de Gaulle à Londres. »

Voilà un excellent préambule. Même si le nom du représentant du général de Gaulle « n'est pas connu » – il s'agit bien sûr de Jean Moulin. A une importante exception près, les Allemands vont ignorer les identités réelles * mais ce qu'ils écrivent découle directement de leurs prises de ce mois de mars 1943. Il n'est que de lire le compte rendu très détaillé du procureur de la République de Lyon, M. Ducasse, rédigé le 30 mars 1943, à propos de cette affaire dont la justice française est évidemment saisie, pour être édifié sur la provenance de toutes ces données rassemblées par les services nazis :

« De l'ensemble des documents saisis sur ces inculpés, il a été possible de reconstituer l'organisation du groupement des Mouvements unis dénommé aussi Forces françaises combattantes composé des groupes Libération, Combat, Patrie, Franc-Tireur et un cinquième groupe sans désignation officielle.

Elle comprend les services suivants : l'unité des mou-

* Mais les hommes sont situés à leur juste place, ainsi « Gilles » (Jean-Pierre Lévy de Franc-Tireur) et « Darthez » (Emmanuel d'Astier de la Vigerie de Libération).

vements de résistance a été définitivement établie le 5 mai 1942 sur le programme suivant : libération du territoire, renversement du régime de Vichy, restauration de la République et recouvrement des anciennes libertés. Le comité directeur est composé de trois membres : " Darthez ", " Gilles " et " Lefevre " qui n'ont pas été identifiés. Il commande à tous les chefs de région... »

Il est précisé, deux pages plus loin, que « d'après les documents découverts, " Lefevre " (ou " Lefebvre ") serait le pseudonyme du capitaine Frenay ». Ce qui est vrai et constitue dans ce texte la seule importante exception concernant l'identification des résistants impliqués dans cette opération. Mais ce qu'écrit le procureur Ducasse paraît comme une première mouture du rapport Kaltenbrunner. A cela rien de surprenant puisque les Allemands ont eu en communication la plupart des papiers recueillis par la police puis la magistrature lyonnaises. La plupart mais non tous si l'on en croit la relation du chef de la Sûreté de Lyon à Vichy qui dit transmettre, dans un important courrier, « copies des documents saisis au cours des diverses perquisitions effectuées et qui n'ont pas été remis aux autorités allemandes ». Ces dernières en récupéreront cependant suffisamment pour leur information. En se procurant parfois des lectures inespérées. Lucie Aubrac, dans son ouvrage *Ils partiront dans l'ivresse*, a raison d'écrire que « pour Morin-" Forestier ", arrêté avec sa secrétaire, son planton et ses archives, c'était plus coton ». Christine Denoyer, la secrétaire du chef d'état-major de l'AS, n'a pu en effet éviter de voir une précieuse valise tomber entre les mains de la police... et parvenir très probablement jusqu'aux Allemands [13]. Pour nous en convaincre, il n'est que de placer en parallèle des extraits d'instructions secrètes contenues dans ce bagage malencontreusement saisi et quelques lignes du rapport Kaltenbrunner, à propos du rôle de l'Armée secrète :

Document « Denoyer » sur l'AS	Rapport Kaltenbrunner
« La mission confiée à l'AS est double : 1° Aider par les armes un débarquement allié en France. Son action étant inscrite dans l'espace et dans le temps dans le cadre des plans d'opérations interalliés. » 2° En liaison avec les organismes d'action politique des mouvements de résistance, concourir par une action insurrectionnelle au renversement du régime de Vichy et à l'installation du gouvernement de la libération [...] Il résulte des missions dévolues à l'AS que son caractère est double. Si elle est un instrument militaire, elle est aussi un instrument révolutionnaire. »	« AS : Possibilités d'emplois : L'Armée secrète a mission d'entrer en action en cas d'invasion par les troupes anglo-américaines [...]. En cas de débarquement des forces alliées dans un secteur et de repli de l'Axe, les formations de l'AS devront se mettre à la disposition de l'état-major. » « ... En cas d'insurrection l'Armée secrète est appelée à s'emparer du pouvoir en usant au besoin de procédés révolutionnaires. »

Troublantes similitudes. En fait, ce que nous appellerons les « documents Denoyer » fournissent une matière essentielle au rapport Kaltenbrunner. Dont le chapitre v, intitulé « Considérations finales », est quasiment une copie conforme. Il y est écrit ceci :

« Le commandant en chef de l'Armée secrète avait déconseillé, au début tout au moins, d'opérer des actes de sabotages isolés ; cependant, depuis le 19.02.1943, il a prescrit l'exécution de certaines missions, compte tenu en particulier du degré d'avancement du plan de destruction des liaisons ferrées. C'est ainsi que depuis cette date les objectifs suivants peuvent être pris à partie :

a) Trains transportant des troupes ou des permissionnaires.

b) Trains de marchandises à destination de l'Allemagne (dans ce cas il faut opérer la destruction du matériel roulant et non des rails – contrairement aux méthodes préconisées en cas d'invasion).

c) Usines travaillant pour le compte de l'Allemagne.

d) Agents de la Gestapo et surtout agents secrets à l'égard desquels aucune réserve n'est imposée... »

Il s'agit là, ni plus ni moins, de la reproduction, presque mot pour mot, de la directive adressée le 19 février 1943 par Morin-« Forestier », chef d'état-major de l'Armée secrète, aux chefs régionaux de l'AS, dont voici les grandes lignes :

« Note sur les actions immédiates :

[...] 1 – Pourront être attaqués :

a) En tant qu'objectifs de chemins de fer, les trains de troupes ou de permissionnaires allemands, les trains de marchandises à destination de l'Allemagne. Diriger l'attaque contre le train lui-même et non contre la voie ferrée, contrairement à ce qu'il y aura lieu de faire le jour J...

b) Les usines travaillant pour le compte de l'Allemagne.

c) Les agents de la Gestapo et évidemment avant tout autre les agents allemands. Aucune restriction n'est à apporter à ce genre d'action [14]... »

La moisson de documents clandestins effectuée lors de ces arrestations de la mi-mars [15] apporte donc une contribution capitale à la confection du rapport Kaltenbrunner du 27 mai 1943.

Cela vient s'ajouter à une masse de documentation qui confère à la Résistance un visage d'ailleurs plus redoutable qu'il ne l'est en réalité. Des chiffres gonflés *, des directives souvent emphatiques impressionnent les nazis qui, outre des représentations graphiques saisissantes de Combat et de l'Armée secrète jointes au rapport, concluent de la sorte :

« VI – *Dispositions adoptées*

Le chef de la *Sicherheitspolizei* et du SD à Paris, de même que les chefs qui lui sont subordonnés et les détachements d'intervention sont appelés à prêter la plus grande attention à la lutte contre l'Armée secrète. Des dispositions importantes ont été prises en liaison avec la *Wehrmacht*, en particulier la *Luftwaffe*, pour pouvoir intervenir sans tarder en cas d'annonce d'envois d'agents ou de matériel par la voie aérienne.

J'ai également envoyé en France, précise Kaltenbrunner, un *Kommando* spécial du Service central de la sûreté du Reich appelé, en liaison étroite avec l'OKW *(Funkabwehr)*, le service de surveillance des ondes courtes ouest à Paris et les services locaux de la police du SD, à assurer l'examen effectif des postes émetteurs repérés. Il a en outre à examiner les groupes de personnes qui s'y rattachent pour préciser leurs rapports avec l'Armée secrète et contrôler les messages captés par radio-détection.

Je rendrai compte en temps opportun du résultat obtenu dans l'action contre l'Armée secrète.

Signé : Kaltenbrunner [16]. »

* Les Allemands citent, pour l'AS, les chiffres, exagérés, de « 80 000 hommes pour la zone nouvellement occupée » et de « 25 000 hommes pour l'ancienne zone occupée ». Ils lui attribuent, en armement, « 6 000 tonnes d'armes et de munitions et des « mortiers, pièces de DCA et chars légers »!!!

Des inculpés de choix

Après l'exploitation des archives de la Résistance, que deviennent ceux qui en étaient les détenteurs?

Côté français, le procureur Ducasse, chargé du dossier, écrit dans son exposé du 30 mars 1943 :

« ... Ces inculpés * sont uniquement des agents de liaisons chargés d'aller relever le courrier dans des boîtes aux lettres disséminées dans des immeubles de la ville et à le porter à un autre agent avec lequel ils avaient rendez-vous à certaines heures de la journée, soit dans la rue, soit dans un café, et à rendre le courrier qui leur était remis au cours de ce rendez-vous pour le déposer dans une boîte aux lettres. Étant donné le rôle secondaire qu'ils ont joué dans l'organisation, j'ai retenu uniquement contre eux l'infraction prévue et réprimée par l'Article 38 du Code pénal modifié par le décret du 3 novembre 1939, me réservant de les inculper d'atteinte à la sécurité intérieure et extérieure de l'État, si un ou plusieurs chefs de l'organisation étaient arrêtés avant la clôture de l'information et si des faits plus graves que ceux résultant de l'enquête préliminaire étaient révélés contre eux par la suite... »

Si cet exposé se borne à situer les inculpés comme de simples « agents de liaison », il apparaît peu probable que leur rôle puisse être présenté comme celui de « trafiquants de marché noir ». L'historien Henri Noguères écrit cependant :

« ... Néanmoins, l'inculpation pour marché noir était maintenue ce qui, on va le voir, présentait un avantage certain. Au cours de leur séjour en prison, les inculpés de l'affaire de la rue de l'Hôtel-de-Ville avaient été, comme il était de règle, présentés à la police allemande à l'hôtel Terminus. Mais que l'on ne s'y trompe pas : il s'agissait de trop menu fretin pour que le chef de la

* Ils sont au nombre de 14 dans un premier temps.

IVe section en personne – c'est-à-dire Klaus Barbie –, qui, d'ailleurs, était installé à l'École de santé militaire, s'intéresse à eux [17]. »

Côté allemand, qui sera véritablement investi de l'examen de cette affaire ? Klaus Barbie ? Les autorités lyonnaises livrent leur version par l'intermédiaire du procureur lyonnais Ducasse :

« Tous ces documents, sur instructions de l'intendant de police, ont été communiqués aux autorités allemandes qui avaient d'abord manifesté l'intention de se saisir de cette affaire car de nombreuses pièces saisies concernaient des mouvements de troupes d'opérations dans la zone libre. Finalement, elles y ont renoncé mais elles ont demandé à interroger individuellement chacun des inculpés. J'ai cru devoir le leur accorder sous condition que cet interrogatoire serait fait en présence d'un inspecteur de police français et qu'il aurait lieu dans les locaux de la police judiciaire française. Un membre important de la Gestapo est venu de Vichy pour procéder à cet interrogatoire. »

Si le lieu de l'interrogatoire semble, comme le confirmeront les inculpés, avoir débordé le cadre des « locaux de la police judiciaire française » pour gagner celui des locaux allemands, le « membre important de la Gestapo de Vichy » pouvait fort bien être Geissler, qui possède déjà à son actif le « traitement » du dossier du chef de l'AS, Billon.

Le « KDS-Lyon », récemment formé, après l'invasion de la zone libre, comme dans d'autres grandes villes, aurait été jugé immature et le « grand frère de Vichy » l'aurait ici supplanté, en « chasseur » plus confirmé. Il n'empêche que les Allemands, tout en utilisant la documentation amassée grâce à ces arrestations de mars, laissent le soin au juge d'instruction lyonnais Cohendy de conclure l'information.

Une décision heureuse en apparence pour les résistants inculpés puisque, fin juillet 1943, faisant le point sur leur renvoi devant la section spéciale, le procureur général de Lyon résume ainsi la situation des vingt-huit poursuivis, dans une note au « ministre, secrétaire d'État à la justice de Vichy » : « 1° Steele, détenu, 2° Curtil, détenu, 3° Morandat Roger, détenu, 4° Baumier, détenu, 5° Sombsthay, détenu, 6° Guillemot, détenu, 7° Raust, détenu, 8° Banthman, détenu, 9° Hego, détenu, 10° Bon (Claudine) détenue, 11° Torkey, détenu, 12° Denoyer (Christine), évadée, en fuite, mandat d'arrêt, 13° Marchal, évadé, en fuite, mandat d'arrêt, 14° Fouquet, évadé, en fuite, mandat d'arrêt, 15° Asher, évadé, en fuite, mandat d'arrêt, 16° Billon, en fuite, mandat d'arrêt *, 17° Morandat Léon, en fuite, mandat d'arrêt, 18° Stephens, en liberté provisoire, en fuite, mandat d'arrêt, 19° Vidal, en liberté provisoire, 20° Vallet, en liberté provisoire, 21° Morand, en liberté provisoire, 22° Morandat Roger, en liberté provisoire, 23° Biard, libre, 24° Genevois, libre.

Quatre inculpés sont appelés à bénéficier d'une ordonnance de non-lieu : 25° Vernet Céline, 26° Voyant, 27° Maudray, 28° Grandchamp. »

On dénombre, à l'évidence, beaucoup de défections. Parmi lesquelles celles de plusieurs résistants qui ont profité, en mai 1943, d'une opération de sauvetage inespérée dont les autorités lyonnaises ne peuvent que constater la réalité :

« Lyon, le 26 mai 1943

Le Procureur de la République à Lyon
à Monsieur le Procureur Général »

J'ai l'honneur, comme suite à mon rapport du 1er avril 1943, concernant les nommés Curtil et autres, inculpés

* La mort du chef de l'AS est confirmée dans un autre document.

d'actes de nature à nuire à la défense nationale, de vous rendre compte de l'évasion de Denoyer Christine, Marchal François, Fouquet Maurice et Asher Serge.

Denoyer Christine, enccinte de 6 mois des œuvres de Marchal, avait été transférée de la maison d'arrêt à l'hôpital de Grange-Blanche.

Le 21 mai elle reçut la visite de Visniansks Janine, âgée de 14 ans, et quelques instants après d'une autre personne non identifiée qui lui remit un sac de voyage. L'agent Dulys préposé à la garde de cette inculpée, contrairement à la consigne qui lui avait été donnée, laissa cette dernière s'entretenir avec ces deux personnes qui n'avaient pas de permis de visite.

Christine Denoyer * sortit de sa chambre accompagnée de la jeune Visniansks soi-disant pour se rendre dans le bureau de la Sœur Mère. Le garde ne crut pas devoir l'accompagner et elle profita de ce défaut de surveillance pour prendre la fuite.

Visniansks put seule être arrêtée.

Cette dernière, bien qu'âgée de 14 ans, avait déjà été écrouée pour détention de tracts d'inspiration étrangère et elle fut condamnée par jugement du tribunal correctionnel de Lyon le 18 mai à 6 mois d'emprisonnement avec sursis. Elle avait fait à la prison la connaissance de Christine Denoyer. Une information pour infraction à la loi du 3 décembre 1942 concernant l'évasion des détenus a été ouverte contre l'agent Dulys et Visniansks Janine. Tous deux ont été écroués.

Les nommés Marchal, Fouquet et Asher avaient été hospitalisés à l'hôpital de l'Antiquaille pour les motifs suivants indiqués par le médecin de la maison d'arrêt :

Asher, fièvre d'origine inconnue.

Fouquet, état fébrile grave et prolongé.

* Christine Denoyer est la secrétaire du chef d'état-major de l'AS, Morin dit « Forestier », ici évoqué sous le nom de « Marchal ». « Fouquet » est Kriegel dit « Valrimont », Asher est Ravanel.

Marchal état fébrile prolongé.

Le 24 mai quatre individus se disant de la police allemande dont l'un tenait en main une mitraillette se présentèrent à l'hôpital pour réclamer ces 3 inculpés. Ils leur furent remis. Le commissaire divisionnaire des services de police judiciaire s'étant mis en rapport à ce sujet avec les autorités de police allemande apprit qu'il s'agissait de faux policiers... »

Cette constatation amène le procureur à conclure que l'on a affaire à une « organisation dangereuse » et que le régime des détentions, pour ces cas spécifiques, laisse visiblement à désirer :

« ... Les diagnostics ci-dessus indiqués qui ont motivé l'hospitalisation paraissent avoir été rédigés trop succinctement par le médecin de la prison. Tout au moins ils n'indiquent pas une maladie d'une gravité telle qu'elle n'aurait pas pu être soignée à l'infirmerie de la prison.

Pour éviter le retour d'évasions semblables qui sont de nature à créer de graves difficultés, M. le Préfet Régional a décidé que dorénavant, en ce qui concerne les détenus inculpés de délit à caractère politique, hors le cas de maladie mettant leur vie en danger, les transferts à l'hôpital ne seraient plus autorisés qu'après examen du malade par un médecin désigné par le juge d'instruction pour dire si les soins dont a besoin le détenu nécessitent obligatoirement ce transfert.

Afin de rechercher les individus ayant facilité cette évasion, une information a été ouverte contre inconnu [18]. »

Pour un autre de ces inculpés, « VALLET », pseudo derrière lequel se cache Raymond Aubrac, les portes se sont déjà ouvertes, le 14 mai 1943. Des pressions exercées sur le procureur lyonnais et l'avis de mise en liberté provisoire se retrouve signé en un rien de temps [19].

Pour Edwin Stephens, pris dans le même filet, chef de l'AS pour la Savoie et chargé de missions de liaison avec l'état-major de cet organe, le paiement d'une caution de 20 000 F lui permet de recouvrer la liberté le 17 juin 1943. Stephens avait pourtant été entendu lui aussi par les Allemands – Barbie en personne, précisera l'intéressé – et inculpé, par la justice lyonnaise, « d'actes de nature à nuire à la défense nationale et de complicité d'infraction à la loi portant création du Service Obligatoire du Travail [20] ».

Malgré cela, cette même justice lyonnaise « pointe », en juillet 1943, Edwin Stephens alias « Ratier », « en liberté provisoire »... puis « en fuite » après « mandat d'arrêt »...

Le bilan apparaît en demi-teinte. Les Allemands ont incontestablement tiré grand profit de ces opérations du mois de mars 1943. Le rapport Kaltenbrunner du 27 mai en est la preuve. Par ailleurs, les confrontations avec les résistants, finalement confiés aux autorités françaises, ont laissé, au moins, autant d'informations à l'occupant que le long document établi le 23 juillet 1943 par le procureur de la République lyonnais a pu en recenser *. Les services allemands ont puisé aux mêmes sources. Ils possèdent désormais l'essentiel des articulations de l'Armée secrète et la connaissance, sous leurs pseudonymes, de la plupart des personnages qui les actionnent.

Quant aux hommes qui ont eu la chance d'être libérés, la clandestinité devient, pour eux, terriblement dangereuse.

Des heures difficiles s'annoncent : les arrestations se multiplient, les dissensions internes se renforcent.

Une certaine partie de la Résistance se trouve alors engagée dans des situations dramatiques qui longtemps après demeurent sujettes à polémique.

* *Cf.* l'essentiel de ce rapport en annexe.

Le dossier Technica

En cause : les services secrets sous l'Occupation. Le scandale éclate... en mai 1987, en plein procès Barbie. Un scandale qui tourne court, une affaire en « provenance » d'outre-Atlantique, avec pour auteur John Loftus. L'homme n'était pas vraiment un inconnu pour les Français puisqu'un livre, deux ans auparavant, était paru, *L'Affreux secret. Quand les Américains recrutaient des espions nazis : de Gehlen à Klaus Barbie* *. L'auteur s'appuyait sur ce qu'il avait amassé en tant qu'ancien enquêteur du bureau d'investigations spéciales du ministère américain de la Justice. Mais cette fois, l'Américain jette un pavé dans la mare française. Par l'intermédiaire de l'hebdomadaire ouest-allemand *Stern*, il accuse, ni plus ni moins, certains hommes politiques français d'avoir protégé, après-guerre, la fuite de Klaus Barbie. Loftus désigne, nommément, André François-Poncet, ancien ambassadeur à Berlin jusqu'en 1938, puis à Rome jusqu'en 1940, pour avoir été parmi ceux qui, durant l'Occupation, étaient impliqués dans le fonctionnement de « deux grandes organisations de services secrets anticommunistes : la Technica et l'Intermarium ». La première voit ses activités ainsi décrites : « ... Avant même l'occupation nazie, Technica s'est infiltrée dans le parti communiste et a réuni des dossiers conséquents. » Or, ajoute Loftus, elle « a pu continuer à travailler sous l'occupation allemande sans être dérangée. Les agents français livraient au parti conservateur de la Résistance et aux alliés occidentaux des informations sur les Allemands. En même temps, beaucoup d'officiers de cette organisation collaboraient avec les nazis dès qu'il s'agissait d'éliminer la gauche. Les conservateurs français haïssaient également les occupants allemands mais

* Éditions Plon.

leur ennemi principal restait encore le communisme ». Or Loftus entend démontrer – mais sans le démontrer vraiment ! – que Barbie a eu connaissance de Technica. C'est ainsi que peuvent s'expliquer, en déduit-il, les grands succès qu'il a obtenus sur l'aile gauche de la Résistance française... »

Ces déclarations soulèvent un tollé quasi général et Jean François-Poncet, le fils du diplomate incriminé et décédé depuis plusieurs années, oppose un démenti formel à ces propos. Mais à vrai dire le doute demeura quand à l'existence et au rôle de Technica et d'Intermarium. Or, si la seconde organisation rejoignait des filières soutenues par le Vatican [21], la première plantait ses racines à Lyon. Exactement, au 36, du quai Saint-Vincent...

Un homme, un officier, en avait pourtant décrit, quelque temps auparavant, à grands traits, la raison d'être. Il s'agit du général Henri Navarre qui, avec le général Paillole, a été sans doute, au cours de la Seconde Guerre mondiale, l'un des éléments les plus en vue du renseignement français. Technica regroupait des éléments clandestins du 2e bureau qui participa jusqu'en novembre 1942 à des activités ainsi résumées : « Établissement et tenue à jour de l'ordre de bataille allemand le long de la ligne de démarcation et, en profondeur, dans la partie est et nord-est de la zone occupée ; surveillance des mouvements par voie ferrée d'unités venant au repos en France ou repartant pour d'autres fronts ; nombreux renseignements sur la composition, l'organisation et les transformations d'unités allemandes de diverses sortes, etc. »

« Technica, précise Navarre, était constituée par les anciennes sections allemande et italienne du 2e bureau, et fut successivement dirigée par le commandant Serre puis, après juin 1942, par le capitaine de Cossé-Brissac. Le capitaine Garond, puis le capitaine Maire furent successivement les chefs de la section allemande : le commandant Begue, de la section italienne [22]. »

Le capitaine de Cossé-Brissac, en 1954, devenu colonel et directeur du Service historique de l'Armée à Vincennes, précise à l'historienne Marie Granet qu'il vivait clandestinement à Lyon sous le pseudonyme de « Camille Bareil ». Après novembre 1942 et la dissolution de l'armée de l'armistice, le capitaine continua son travail clandestin au 2e bureau. Il habitait Lyon et son bureau était situé quai Saint-Vincent [23]...

Où, en fait, à cette adresse figure l'enseigne « Technica », une société-couverture innocemment enregistrée dans la catégorie « vente de matériaux de constructions ».

Une couverture qui ne suffit pas à la protéger des investigations allemandes. Car, pour une officine, à en croire Loftus, qui leur aurait rendu de précieux services, elle va connaître un destin pour le moins contraire à une telle vocation. Et Barbie, dans cette affaire, n'y sera qu'un « second couteau »...

L'agent Merk

Un ex-agent des services secrets américains, Erhard Dabringhaus, a brossé le portrait d'un intéressant agent de l'*Abwehr* :

« ... Merk était arrivé en France, en tant qu'agent de l'*Abwehr*, en novembre 1940. Son premier emploi là-bas avait été d'abord la supervision des douanes françaises dans la région de Colmar mais il eut tôt fait de mettre sur pied un important réseau d'informations et de collaborateurs. En février 1941, on le retrouve à Dijon [24]... »

Dijon a été, dès l'été 40, le centre d'une *Ast* * qui

* Abrégé de *Abwehrstelle*, poste de l'*Abwehr*.

a détaché, dès l'occupation de la zone sud, une formation sur Lyon où s'installe aussitôt le même type d'organisation. Rien d'étonnant donc à ce que l'on retrouve le lieutenant Kurt Merk dans cette mission qui va le conduire à Lyon, bien qu'il soit, comme se le rappellera assez fidèlement le major Gleichauf qui travaillait à ses côtés, « membre du service III F * de l'*Abwehr* de Dijon, sous les ordres du colonel Ehinger ».

L'affaire Technica, le général Navarre l'a racontée, en respectant toutefois l'anonymat pour les protagonistes français, ce qui donnait à son récit un aspect inachevé et gênant :

« Merk, écrivait-il, avait comme agent et maîtresse à Dijon une certaine Mme R. , française, dont un oncle, C. M., commissaire de police à Lyon, venait d'être mis à la retraite. Or C. M. était un ami personnel du commandant Schmidt, de " P 4 ", et du fait de ses fonctions avait rendu au SR certains services. Il connaissait l'existence de " P 1 ", de " P 4 " ** et de Technica. Merk demanda à sa maîtresse de le mettre en rapport avec C. M. qui, d'abord réticent, accepta de collaborer. Il parla à Merk d'un certain M. dont la situation lui paraissait assez trouble : besoins d'argent, animosité contre ses chefs, etc. M. était un ancien sous-officier qui assurait avec sa femme le secrétariat de Technica. Il habitait l'appartement même du quai Saint-Vincent où les officiers du 2e bureau se réunissaient pour travailler [25]. »

Pour Merk, il existe deux personnages centraux dans ce dossier qu'il va traiter avec efficacité : le commis-

* Section « recherches des agents ennemis et pénétrations dans les services spéciaux adverses ».

** Postes du SR français clandestin créés après l'armistice. « P 1 » était une branche « Recherche » dirigée par le commandant Pélissier, « P 4 » le SR de Lyon dirigé par le commandant Lombard.

saire C. M. et sa nièce, Mme R. Respectivement, Charles Merlen et Andrée Rivez. Le commissaire Merlen avait connu diverses affectations après la défaite de 1940. Il venait de Perpignan, où il était chef de service aux RG lorsqu'en 1942 il est nommé sur Lyon, pour devenir « chef du service des délégations judiciaires ». Il dispose cependant rapidement d'utiles connaissances, parmi les officiers du SR notamment. Ainsi avec le commandant Schmidt, de « P 4 », avec lequel il a travaillé avant la guerre, tant sur la frontière allemande que sur la frontière belge. C'est en 1945, avec la découverte et le dépouillement d'archives allemandes par le 2e bureau français à Stuttgart, que son rôle ressort : Merk avait laissé derrière lui quelques rapports où il était fait mention du commissaire, son informateur, agissant sous le pseudonyme de « Charles », de sa femme Ghislaine, des époux Monniez (le « certain M. » cité par Navarre), tous piégés et utilisés par Merk, lequel avait bénéficié des services d'Andrée Rivez, devenue sa maîtresse et une précieuse courroie de transmission avec l'oncle policier.

Le 16 février 1943, au soir, l'Allemand investit discrètement le nº 36 du quai Saint-Vincent. Grâce au sous-officier Monniez qui habitait les lieux avec sa femme, il lui restait à faire entrer le lendemain matin dans la trappe chacun des membres de Technica. « Le scénario accepté, Merk, raconte Navarre, éloigne le ménage M. (Monniez), que son chauffeur emmène dans la nuit à Dijon, puis va chercher deux policiers, pour l'assister et procéder aux arrestations. A partir de 8 heures, comme annoncé, les officiers se présentent à un quart d'heure d'intervalle et sonnent deux fois. Merk les déleste de leur serviette et les met en état d'arrestation. Grâce à la clef trouvée sur l'un d'eux, il ouvre le coffre et s'empare de nombreux documents. Peu après, les archives du 2e bureau, camouflées à l'Hôtel-Dieu, sont saisies. A 11 heures, les cinq membres de la section allemande de Technica (capitaine de Cossé-Brissac, capitaine Barral, Beson, Denis et Ambs) sont transférés à Dijon pour y être interrogés par le SD [26]. »

Deux procès retentissants

A la Libération, l'affaire prend une autre tournure lors de deux procès. Les époux Merlen, retirés dans l'Ain, et Monniez, après la découverte, en Allemagne, des archives de l'*Abwehr*, sont arrêtés en 1945. Les deux autres protagonistes principaux, Merk et sa maîtresse Andrée, sont absents. Pourquoi? Dabringhaus, agent du CIC *explique : « ... Le fait que personne au CIC ne se soit intéressé aux activités de Merk en France, et surtout à celles d'Andrée Rivez, est tout à fait inusuel et difficile à expliquer. En principe personne ne cherchait à envenimer nos relations avec les Français ou à susciter prétexte à friction. Pour nous, Merk n'était vraisemblablement pas sur la liste des gens qu'ils voulaient arrêter. Mais on savait en revanche que sa maîtresse s'y trouvait. Et Barbie aussi. Non seulement nous protégions donc un nazi notoire mais également une Française traître à son pays [27]. »

Merk mène donc le bal. Dans son sillage apparaît Barbie qui, face au juge d'instruction Riss chargé de son dossier, ne cherchera pas à dissimuler, en 1984, qu'il avait noué de bons rapports avec lui : « ... A Dijon, il y avait pendant la guerre un capitaine de l'*Abwehr* qui s'appelait Kurt Merck [*sic*]. Il était venu souvent à Lyon, et nous avions travaillé ensemble contre la Résistance. Après la guerre, j'ai entendu parler de lui à Mar-

* *Counter Intelligence Coup*, service de contre-espionnage US de l'après-guerre.

burg. Il habitait Memmingen en Bavière et voulait me voir. Je suis allé le retrouver en train et il m'a dit : " Klaus, je suis avec les Américains, je travaille avec le CIC. " C'est lui qui m'a ensuite présenté à ce M. Taylor qui m'a employé [28]... »

On travaillait donc en famille, un peu de chaque côté d'ailleurs. Les deux procès qui, en 1948 et 1951 *, mettent sur la sellette les couples Merlen et Monniez gênèrent tout autant certains témoins que les accusés. En 1948, le colonel Faure, qui soutient l'accusation, réclame d'emblée le huis-clos. Malgré l'opposition de la défense, il l'obtient. Ce n'est pas du tout pour couvrir des « secrets-défense » mais pour éviter d'étaler publiquement des faits peu glorieux. Un chroniqueur judiciaire, à l'instar de ses collègues, note à la fin d'une audience :

« N'a-t-on pas dit que les fameuses archives de l'Hôtel-Dieu étaient restées longuement exposées sur un trottoir lyonnais, avec des inscriptions ne laissant aucun doute sur leur nature ? La fausse agence Technica n'était-elle pas surveillée depuis longtemps par Lacombe, agent au service des Allemands ? Enfin, un officier du 2e bureau entretenait avec Ghislaine Merlen des relations extra-professionnelles. Tout ceci laisse à penser quels ravages pouvait commettre Andrée Rivez, belle femme, intelligente et sans scrupules, parmi les membres d'un réseau [29]... »

Cossé-Brissac, interrogé en 1954 par l'historienne Marie Granet, l'admet lui-même : « ... Il a, sous sa direction, quelques officiers étourdis, mais sûrs, et un personnel subalterne fort inégal, parmi lequel se trou-

* En février 1948, les avocats de la défense demandèrent un supplément d'information et la comparution de Merk. Le tribunal militaire de Lyon ordonna le renvoi du procès et les inculpés furent mis en liberté provisoire le 27 mars 1948.

vait un adjudant-chef (Monniez) qui le trahit, lui et ses camarades [30]... »

Au procès de 1951, Merk et sa maîtresse (l'agent « E 72 24 » de l'*Abwehr*) ne comparaissent pas, toujours sous la protection américaine. Les débats mettent surtout en évidence les « imprudences » de plusieurs officiers. Le général Lombard, chef de « P 4 », reconnaît que des officiers, en particulier le colonel Schmidt, entrent en rapport avec la nièce de Merlen et ne se méfient pas d'elle. Elle sert également d'agent au commandant Halt. Il y aurait eu aussi rivalités entre diverses branches du SR mais décidément cette Andrée Rivez ne sort pas des esprits : « Le commandant Dulac précise dans quelles conditions il avait rencontré Merlen et sa nièce à Chalon. Il demande le huis-clos pour préciser pourquoi il écrit par la suite à la fille Rivez [31]. » Le secret-défense devient « secret d'alcôve ».

Au cours du procès, on évoque enfin l'action de Technica et les conséquences de sa chute. Le colonel Bègue s'en charge et précise l'importance des archives cachées à l'Hôtel-Dieu. Seuls les officiers Monniez et Denis étaient au courant de cette cachette. Parmi ces archives se trouvait une caisse dite « caisse du chef » qui permit de nombreuses arrestations dans les pays d'Europe centrale, en Scandinavie et en Turquie [32].

Très vite, cela entraîne la disparition de nombreuses antennes des SR. A Lyon les arrestations du 17 février 1943 – complétées d'un second coup de filet le 11 mai, place Bellecour – devaient conduire à la déportation nombre d'officiers. Mais Cossé-Brissac, responsable de Technica, se console au moins en constatant : « ... Je me rendis compte que les Allemands ignoraient les rapports que nous avions eus avec les services américains de Berne et de Genève, et avec Valette d'Osia et le général Frère... »

Technica a donc travaillé avec et pour beaucoup de monde. Pour la Résistance, Combat et Frenay en particulier, lequel raconte dans ses *Mémoires* : « ... La source d'informations que représentaient pour moi mes contacts et entretiens dans les ministères est désormais tarie et le travail de nos hommes à Vichy ne comblera pas ce vide. Nos bulletins d'information et de propagande ne seront plus que médiocrement alimentés. Le remède est dans une entente avec le quai Saint-Vincent à Lyon. Là, sous la couverture d'une société commerciale, le 2e bureau a installé sa section allemande. Comme dans le passé, c'est-à-dire au mépris des Conventions d'armistice, elle recueille le maximum de renseignements sur l'Allemagne et son armée. Je connais bien les officiers qui en font partie et ils me connaissent. Il est urgent que je prenne contact avec eux [33]... »

Avant même de rencontrer Paillole, chef du contre-espionnage français à Marseille en 1941, Frenay, confirme Henri Navarre, se trouvait « déjà en contact avec le poste SR de Lyon, et avec la section clandestine Technica du 2e bureau, installée à proximité ». Outre les renseignements nombreux que Combat en tirait, ils lui assuraient dans les premiers temps la liaison avec Londres car les moyens de communication du mouvement étaient assez limités.

Quant aux Américains, on sait que le SR français établit avec eux des liaisons, des transmissions. A Berne, au poste d'attaché militaire adjoint à l'ambassade, Gaston Pourchot entretient plus que d'excellentes relations avec son homologue, le général Bromwell Legge. C'est vraisemblablement de ce canal dont fait état Cossé-Brissac à propos de Technica. On connaît l'existence d'autres rapports avec les Américains : à Vichy par exemple, alors que leurs « tout jeunes services secrets ne disposaient d'encore aucun réseau d'espionnage en France. Au printemps 1941, leur seule source d'information restait l'attaché militaire américain à Vichy, le colonel Robert Schow, qui envoyait régulièrement à Washington de longues synthèses nourries des informations recueillies par le SR de l'armée française [34] ».

Au contraire de ce qu'avance John Loftus qui prétend que Technica a pu continuer à travailler sous l'Occupation sans être dérangée, au profit des Allemands, le SR lyonnais – malgré la qualité parfois discutable de ses agents ou l'engagement douteux de quelques-uns ainsi que le révèlent les procès de l'après-guerre [35] –, ne paraît guère entretenir un foyer de manigances pro-nazi, même par anticommunisme. En revanche, les liens secrets ou susceptibles de poser problèmes reviennent à ces contacts avec les services de l'oncle Sam. Si ces derniers sont à éclaircir, c'est que, d'une façon plus générale, au sein de la Résistance intérieure française, ces rapports vont créer de graves points de friction...

L'Affaire américaine

Certains l'appellent « l'Affaire suisse ». A juste titre, puisque le territoire helvétique en est le théâtre. Mais les accessoires déterminants sont fort éloignés du lac Léman. Henri Frenay, l'un des premiers concernés, l'a ainsi résumée :

« ... Ce fut là le début de ce que l'on a appelé l'Affaire suisse : notre recherche auprès des Services secrets américains établis à Berne des ressources indispensables qui nous étaient refusées. L'Affaire, qui déclencha une crise grave entre Moulin et nous, a été abondamment décrite par de nombreux auteurs.

[...] Sans entrer dans le détail, rappelons ce que nous avons obtenu :

– une promesse de fonds pratiquement illimités, concrétisée par un versement important immédiat;

– la mise au point d'un ingénieux système de virement de fonds permettant, malgré l'Occupation et en secret, de percevoir des sommes considérables aux banques des principales régions françaises;

– la disposition des moyens radio de l'OSS * en nous servant de notre propre code;

– la promesse de livraison d'armes en grande quantité; promesse si sérieuse qu'il nous était demandé de rechercher immédiatement 100 terrains de parachutage.

De notre côté, nous nous engagions à fournir à l'OSS en même temps qu'au BCRA les renseignements militaires que nous pourrions recueillir.

De l'argent, des liaisons, des armes...! Voilà bien ce dont nous manquions si cruellement. Pouvoir donner aux maquis les moyens de vivre et de se battre! Les avantages obtenus en Suisse par Bénouville et notre délégation étaient inappréciables : pour les fonds, plus de parachutages ni de distributions si aléatoires et dangereux, c'est-à-dire l'existence même de la Résistance assurée; grâce aux messages radio qui passeraient sur les ondes de l'OSS, les risques mortels supprimés pour les “ pianistes ”. Le remède à tous nos maux était enfin trouvé... Il ne fut jamais administré [36]! »

Telle est la version de Frenay. Comment ses relations s'étaient-elles nouées?

Grâce à un homme qui fait bénéficier d'une de ses connaissances américaines. Philippe Monod, avocat démobilisé en juillet 1940, replié sur Cannes, a noué plusieurs contacts avec la Résistance encore tâtonnante : le général Cochet, le général de La Laurencie;

* *Office of Strategic Services.*

mais c'est grâce à Morin-« Forestier » qu'il se dirige, début février 1942, vers Claude Bourdet et le mouvement Combat. Une rencontre inattendue avec un dénommé Max Shoop, qui l'avait dirigé au sein du grand cabinet d'avocats new-yorkais « Sullivan et Cromwell » dont il était le collaborateur français, constitue le début de l'histoire :

« Je ne fus pas peu surpris, confiera Monod, de recevoir en novembre 1942 un coup de téléphone de Marseille qui m'annonçait son retour en France " pour affaires " et me fixait un rendez-vous à Cannes... »

Celui-ci se déroule le 7 novembre, veille du débarquement en Afrique du Nord : « ... C'est quand je lui parlai de la Résistance que je sentis s'éveiller en lui un intérêt passionné et que je découvris en même temps combien les Américains les mieux informés connaissaient mal l'évolution de l'opinion française [...] Je n'oubliai pas de parler de notre pauvreté. Je citai des chiffres. Je lui demandai s'il pouvait faire connaître nos besoins en Amérique [37]... »

La promesse d'une réponse fut faite à Monod. « Le lendemain 8 novembre, les Alliés débarquaient en Afrique du Nord et Max Shoop (je l'appris par la suite) franchissait la frontière quelques heures avant sa fermeture. Son arrivée chronométrée n'était pas aussi miraculeuse qu'on pouvait le croire, et en disait long... »

Pourtant, à suivre la relation des protagonistes, trois longs mois passent avant que les choses ne s'établissent vraiment. « Au retour d'une de mes navettes entre Lyon et Cannes, dira Monod, je trouvai chez moi un vieil ami de Genève, Michel Pérez – Micha – marié à une Française, ingénieur dans une affaire industrielle franco-suisse, qui avait un bureau d'études à Annemasse ; il devait à ce fait et aussi aux services bénévoles qu'il rendait au SR de l'armée suisse la possession d'une carte frontalière qui lui permettait de circuler librement entre Genève et Annemasse [...] Micha, qui était aussi devenu le bras droit de Max Shoop, m'apporta un message verbal de ce dernier qui, malgré sa généralité, était parfaitement clair [...] [Il] me posait une série de questions sur les effectifs de l'AS et son organisation. Il ajoutait que " ses amis " comptaient être bientôt en mesure de nous apporter l'aide demandée [38]... »

Les amis de « Micha », Monod, alias « Martel », n'allait pas tarder de les connaître. Auparavant, il fait un vaste rapport aux dirigeants de Combat : « Au début de mars, Frenay organisa à Lyon, dans une maison de Caluire, appelée le point A *, une conférence à laquelle assistèrent Claude Bourdet (" Aubin "), Michel Brault (" Jérôme "), François Morin (" Forestier "), Aubry et surtout Bénouville (" Barrès ")... »

Guillain de Bénouville est en effet celui qui va assister Monod dans ses futures démarches car il possède, en matière de contacts avec la Suisse, une indiscutable expérience : « ... Pierre de Bénouville, précise Claude Bourdet, était, en 1941 et 1942, l'un des adjoints du peintre Girard, chef de l'organisation " Carte ", directement rattachée aux services britanniques. Pour " Carte ", Bénouville avait passé déjà plusieurs fois la frontière suisse, et avait établi des liaisons avec les Britanniques à Genève. L'organisation " Carte ", malgré l'aide abondante des Anglais, était partie sur une mauvaise pente... » Bénouville avait fini par rompre avec ce réseau et « son ami Jacques Renouvin, chef de nos groupes francs, originaire comme lui de l'Action française, nous l'amena [39]... »

Venue à Combat, la nouvelle recrue fut d'emblée

* Le « point A » est situé par Frenay à Saint-Clair, en banlieue lyonnaise, chez M. Mallen. Les deux autres lieux de réunion habituels fixés par Frenay étaient le « point B », chez Mlles Buisson, rue d'Enghien, à Lyon, et le « point C », chez le Dr Dugoujon à Caluire où se déroulera la rencontre fatale à Jean Moulin.

« employée » par Frenay qui le charge, dès fin janvier 1943, de passer en Suisse pour essayer d'obtenir l'appui des services anglais : « Depuis longtemps déjà, Bénouville, pour le compte de " Carte " et de " Radio-Patrie ", avait établi avec les services britanniques résidant en Suisse les meilleures relations, organisé des filières de passage de frontières... » Il était naturellement désigné pour épauler Monod dont la mission prit bientôt corps : « Vers le milieu de mars, je passai la frontière de nuit, près de Machilly, par un passage que " Micha " avait préparé avec un officier du SR suisse. Le lendemain, j'avais un long entretien à Genève avec M. Shoop, et le même jour, il m'emmenait à Berne où j'eus la surprise de trouver dans une maison de la Herrengasse dominant une boucle de l'Aar un autre Américain de grande classe, A. Dulles, que je connaissais depuis longtemps [40]... »

Précieux amis. Allan Dulles avait, comme Shoop, soudainement marqué son intérêt pour la France en novembre 1942, peu après le débarquement en Afrique du Nord. Il avait failli rester bloqué sur le territoire français que les Allemands occupaient désormais en totalité. Mais lui, le chef de l'OSS, avait pour destination finale la Suisse ; Berne précisément. Non loin de la cathédrale, au 23 de la Herrengasse où Monod le rencontra en ce mois de mars, Dulles, sans trop chercher à passer inaperçu, planta son repaire. Un vrai nid d'espions, mais le sérieux efface l'aspect décontracté familier aux Américains, même agents secrets. Bénouville le constate sans réticence : « Il suffisait, en effet, au cours de nos conciliabules dans une maison luxueuse dont les fenêtres s'ouvraient sur le lac, de voir les délégués américains prendre attentivement des notes pendant que nous exposions nos plans et nos idées ainsi que les réalisations déjà obtenues pour comprendre qu'ils étaient infiniment intéressés par l'important contingent de parachutistes, déjà à terre et en action, que nous représentions. Ils nous demandèrent d'établir un rapport leur donnant un schéma exact de la Résistance. Nous le fîmes. Ils nous félicitèrent vivement de l'union qui venait de se réaliser au sein des mouvements. Ils comprirent toutes nos positions, ne s'étonnèrent pas d'un gaullisme qui ne voulait pas transiger avec le giraudisme qu'ils avaient favorisé en Afrique du Nord [41]. »

Tout cela conduit à un accord « parfait » et débouche sur les points que Frenay a énoncés, non sans une certaine fierté et, finalement, avec une pointe d'amertume très prononcée. Car cet accord, en dépit des assurances reçues des Américains par les hommes de Combat, passe outre l'autorité de Londres et, par conséquent, celle de Jean Moulin.

Le triangle suisse

Une véritable « délégation suisse » est formée. Pour renforcer ce que Bourdet nomme une « tête de pont », le général d'aviation Davet, relation de Bénouville, est désigné comme une sorte d'ambassadeur officieux, tandis que Monod continue un « travail politique et diplomatique ». Bénouville, Davet, Monod, voilà le « triangle suisse ». Son objectif principal : former un cordon ombilical pour écouler la manne américaine, ce dont la Résistance française a le plus grand besoin. La source financière en provenance de Londres semblait se tarir et Frenay – il n'était pas le seul mais s'exprimait avec plus de virulence – n'hésitait pas à le souligner.

Daniel Cordier, sur cette question épineuse, a apporté des explications sur les attributions de fonds versés au profit des MUR. Face à la situation critique dans laquelle se trouvait de Gaulle, en butte à une hostilité anglaise croissante et, bien davantage, à celle des Américains qui jouaient la carte Giraud à Alger, il était prudent d'envisager une coupure possible des vivres par les Alliés, de mettre, dans cette hypothèse, « un peu d'argent de côté ». Seuls, mais parcimonieusement, des versements destinés à aider la lutte contre la Relève qui commençait, en France, à alimenter sérieusement des maquis, furent autorisés [42].

Pour regarder les choses en face, le facteur politique, dépassant les simples exigences de la Résistance, imprégnait de son venin l'ensemble de cette querelle qui allait naître et s'élargir. Jean Moulin, dans un rapport en date du 7 mai 1943, en distille, sans complaisance et avec l'intention bien déterminée de convaincre son destinataire (de Gaulle), une dose suffisante pour tenter d'écarter la menace Frenay. Les grands mots sont lâchés, de part et d'autre. Pour Moulin :

« ... Qu'on le veuille ou non, le fait de donner des sommes de l'ordre de plusieurs dizaines de millions par mois, il est question de 40 millions, est considéré par les Américains comme mettant les mouvements qui, jusqu'à ce jour, ne voulaient traiter qu'avec de Gaulle, à la disposition de Giraud... »

La remarque est sans ambages, même si, plus loin, Moulin admet la nécessité de procéder rapidement à des attributions « aux mouvements de zone sud comme à ceux de zone nord, des sommes sinon équivalentes, du moins assez sensiblement rapprochées de celles promises par les Américains... ».

Pour ce qui est des relations avec ces derniers, aucune équivoque ne doit subsister : il faut « qu'elles soient exclusives de toutes questions militaires qui doivent rester entre vos mains et celles de votre représentant qualifié en France... ».

Frenay reçoit cette attitude « exclusive » comme la démonstration d'un abus d'autorité intolérable et, plus tard, il portera ce jugement :

« ... Pourtant, les résultats que nous avons obtenus à Berne étaient essentiels pour la Résistance tout entière, nous l'avons vu, mais, pour Moulin, accepter la poursuite de ces entretiens signifiait la fin de son monopole sur les armes, les liaisons et l'argent ; monopole qui lui permettait non seulement de régner sur la Résistance mais aussi d'influencer puissamment de Gaulle et ses services. Cela il ne l'a pas toléré et il nous a impitoyablement combattus [43]. »

En dessous du duel de Gaulle-Giraud se situait le duel Moulin-Frenay. Encore faut-il laisser de côté les accusations, portées *a posteriori*, par le chef de Combat, concernant le rôle de « crypto-communiste » prêté à Jean Moulin. Le fossé se creuse alors sur un autre terrain. A d'autres échelons, les tiraillements et les sourdes oppositions politiques ou les rivalités de personnes battent leur plein. Pascal Copeau, membre du comité directeur des MUR, adresse, le 11 mai 1943, ces lignes à d'Astier de la Vigerie, le chef de Libération également membre de ce comité :

« ... Il semble, en effet, y avoir autour de cette affaire de Berne une conjonction d'éléments passablement suspects. Vous savez, en effet, que le commandant Faure (Valette d'Osia), qui a, pour une bonne part, monté l'affaire des maquis de Savoie, et qui, il y a quelques semaines encore, ne se cachait pas d'être giraudiste, a été le premier à obtenir une aide de Suisse. Le commandant Faure est un réactionnaire déclaré, dont l'entourage est ouvertement d'AF [Action française].

[...] Ce qui est troublant, c'est que B...i (Battesti, Marcel Peck) paraît avoir joué et joue toujours un certain rôle dans l'affaire des contacts avec Berne, et il n'est pas douteux qu'il a été ou est toujours de l'AF (Action française). D'autre part, Lahire (Bénouville) ne se cache pas d'être un homme de droite, ancien collaborateur de l'*Alerte*, et lui aussi probablement de l'AS [*sic*]

(Action française). Enfin, le général (Davet), que vous avez accepté comme notre représentant à Berne, est plus ou moins cagoulard et également ancien collaborateur de l'*Alerte*[44]. »

Jean Moulin ne dit pas autre chose dans son rapport du 7 mai en écrivant « que le représentant proposé par " Nef " * et désigné par le CD (Comité directeur des MUR) appelle quelques réserves étant donné qu'il s'agit du général Davet, il y a peu de temps encore collaborateur régulier de *L'Alerte* de Léon Bailby... »

Ce qui se déroule en Suisse intrigue et choque Jean Moulin qui sent lui échapper une situation difficile à maîtriser. A Berne, comme à Genève, les jeux étaient loin d'être clairs. Le colonel Groussard, observateur installé aux premières loges – il travaille avec les Britanniques et entretient de bons rapports avec Bénouville ** –, a l'occasion de rapporter les difficiles lois de l'équilibre que tente de maintenir le représentant – officiel celui-là – de De Gaulle en Suisse, Pierre de Leusse, coincé entre les injonctions de Londres et les initiatives des hommes de Frenay. Un des agents de Groussard, André Devigny, se montre pour sa part dégoûté du climat qui règne à Genève et dans « l'abri helvétique », où se mêlent « l'ambition personnelle, les intrigues, les rivalités de clans et de personnes, les bavardages de tous ces gens qui ne risquaient rien tout en tentant de faire croire qu'ils risquaient quelque chose[45]... ».

* Un des pseudonymes de Frenay.

** Le portrait de Groussard est bien tracé dans *Le Sacrifice du matin* de G. de Bénouville.

Une procédure de divorce

Dans cette atmosphère délicate, l'opposition Moulin-Frenay va croissant. La correspondance entre Combat en France et la délégation en Suisse révèle ce qu'il y avait d'irréductible ou d'insoluble dans les relations entre les deux hommes. Frenay, dans une mise au point en date du 27 avril 1943 transmise à Monod, rappelle tout l'intérêt qui existe dans le maintien avec « Balaguy » (Pierre de Leusse), le représentant de Londres en Suisse, de bonnes, voire de franches et cordiales relations, en soulignant auprès de lui une indéfectible fidélité envers de Gaulle... tout en récusant fermement les prétentions de son délégué, Jean Moulin! La contradiction touchait à l'ambiguïté. Ce texte de Frenay à sa délégation en Suisse l'illustre parfaitement :

« ... Je n'ai aujourd'hui pour ambition que d'attirer votre attention sur la nature des relations qui doivent exister entre la délégation et Balaguy (= P. de Leusse). Ce papier sera naturellement à montrer à Dunoyer (= Davet) dès son arrivée auprès de vous.

Vous connaissez les raisons qui nous ont amenés à rechercher un contact direct avec les Alliés en Suisse. Je vous les rappelle succinctement. C'est, d'une part, la difficulté d'avoir des relations normales et rapides avec Londres et éventuellement les autres capitales étrangères, l'impossibilité où nous nous trouvons d'avoir le matériel et les sommes nécessaires au développement de notre entreprise, notre volonté de faire entendre notre voix sans aucun intermédiaire et sans modifier en rien la position que nous avons prise depuis longtemps. En adoptant une semblable attitude nous avions l'espoir que notre force en serait accrue et que notre voix, devenue plus puissante et libre, pèserait d'un poids plus grand auprès des Alliés en faveur de De

Gaulle lui-même et du Comité national français. Or, ces contacts [...] ont violemment choqué Max qui, comme vous le savez, représente en France le général de Gaulle. Malgré les explications que j'ai pu lui donner, il interprète nos démarches comme un changement d'attitude à l'égard du gaullisme en général. Il s'agit donc de l'en détromper, ainsi que Londres, non seulement par des paroles, mais par des faits.

Vous devez donc, et j'insiste sur l'importance de cette question, entretenir avec Balaguy les relations les plus cordiales et les plus confiantes. Lui prouver à chaque instant, en provoquant au besoin les occasions, qu'auprès des Américains nous jouons le jeu de De Gaulle, que nous n'avons pour lui aucun secret. Il faut lui apporter toute l'aide que vous pouvez lui fournir, travailler avec lui en équipe, mais en conservant jalousement notre indépendance. Il faut lui représenter que cette indépendance sert sa cause qui est la même que la nôtre.

Si vous faites de Balaguy un ami, il est certain qu'il enverra à L. (= Londres) des rapports qui nous seront favorables et fourniront les preuves en notre absolue loyauté. Ainsi les rapports tendancieux que Max ne manquera pas d'établir trouveront dans les siens une juste et nécessaire contrepartie.

. . . .

« Xaintrailles *. »

« Balaguy »-de Leusse devient, aux yeux de Frenay, une sorte de pion dans le jeu londonien utilisable contre Moulin. Le lendemain 28 avril, « Xaintrailles »-Frenay consacre une partie de sa correspondance à « Dunoyer » (le général Davet) au cas de « Max » (Moulin). Il se montre catégorique avec le passage suivant :

* Un des pseudonymes de Frenay.

« 1° Partie confidentielle.

a) Rapports avec Max :

[...] Max nous accuse actuellement de trahir le gaullisme alors que celui-ci n'a qu'à y gagner. Il va sans doute soumettre le cas à Londres et manœuvre ici pour maintenir sa position de prééminence sur nous. Nous ne céderons pas et, au contraire, emporterons la partie. Par ce même courrier, j'écris à Martel (Monod) pour lui demander d'entretenir avec Balaguy les meilleures relations et lui en donner les raisons. Je vous informe que deux membres du CD des MU (Comité directeur des mouvements unis) sont actuellement à L (Londres) où ils doivent défendre auprès du CNF (Comité national français) le même point de vue que nous défendons ici auprès de Max [46]... »

Jean Moulin possède lui-même des échos assez précis sur ce qui se déroule en Suisse : « Lorsqu'on met le doigt dans un engrenage, on ne peut pas savoir où l'on s'arrêtera. J'ai appris en effet que le samedi 8 mai devait avoir lieu à Berne une réunion des attachés militaires où sont convoqués les représentants de " Nef " (maintenant du CD des MU), le chef du 2e B de Vichy et celui de Giraud. La pente est dangereuse *... »

Et où mènerait-elle? Difficile de savoir le contenu exact de cette réunion du 8 mai, bien que Daniel Cordier, l'ex-secrétaire de Moulin, avance qu'il a été convenu ce jour-là, avec la bénédiction américaine, de prévoir une rencontre, en France, entre Moulin, Delestraint, Frenay et des représentants de Giraud dont il fallait envisager la participation à l'Armée secrète [47]. De Gaulle aurait même, à la connaissance de ces faits, télégraphié en personne à Jean Moulin... Un Jean Moulin qui ne pouvait plus passer, en l'état actuel des discussions avec Frenay et consorts, comme un interlocuteur valable, qui n'hésitait même pas à jeter le dis-

* Rapport du 7 mai.

crédit sur ses contradicteurs. C'est ce qui ressort de l'échange suivant. Le 31 mai, Davet-Monod communiquent ceci à Bénouville :

« ... Toutes les indications recueillies montrent que le centre du séisme est à " Liliane " (Londres) et que c'est bien là-bas que se jouent nos têtes. Pourtant, j'ai obtenu ici d'une source très sûre... la preuve qu'une offensive très nette est partie de France et qu'elle a dû avoir une influence marquée sur les discussions de " Liliane "... »

Quarante-huit heures après, le 2 juin, Bénouville répond avec ces précisions à Davet et Monod :

« ... La campagne portée contre " Xaintrailles " (Frenay) est bien partie de France. Elle a eu pour auteur Boissières (= Moulin) d'abord, et ensuite nos camarades de FT (Franc-Tireur) qui, minoritaires avant la Résistance, se retournent toujours automatiquement vers " Liliane ". J'ajoute que FT est une réunion de petits politicards que l'unité fait un peu trembler car, à chaque moment, dans les régions, lorsque l'heure est venue de montrer le fond de son sac, il apparaît que leur sac est vide. Libé (Libération), avec lequel nous entretenons de bien meilleures relations, n'est pas moins (un peu) du même tonneau.

[...] J'ai cependant la conviction que tout s'arrangera car le CD est unanime... »

Bénouville mentionne : « ... On prétend accuser Henri (= Frenay) de " fascisme ". »

Puis il ajoute : « [...] La question est de régler à " Liliane " (Londres) les attributions de Boissières (Moulin) et tout rentrera dans l'ordre [48]. »

Envisageait-on de provoquer le remplacement de « Max » ? Le nom du capitaine Dunoyer de Segonzac, camarade de promotion de Frenay, était-il dans la poche de celui-ci ? Daniel Cordier le croit et l'explique, documents à l'appui, dans la préface de son *Jean Moulin*. Toujours est-il que « Max », pressentant un danger imminent de rupture, dépêcha à Berne le commandant

Gastaldo auprès des Américains, afin de leur demander de cesser d'entretenir des relations avec le triumvirat « Monod-Davet-Bénouville ». A la vérité, on se demande toujours « qui joue quel jeu »? Après son retour de déportation, Gastaldo raconte sa version des faits qui laisse perplexe sur son rôle exact. Il le fait, confidentiellement, à l'occasion d'un rapport rédigé pour le ministère de la Guerre, où il reprend également ses états de service : « ... Commandant de l'escadron blindé du 3e dragons, à Castres (armée d'armistice) en septembre 1940 », relevé de son commandement le 20 septembre 1941 pour « sympathies gaullistes », le 16 février 1942, il était « affecté au 2e bureau de la 7e DM à Bourg-en-Bresse ». Ayant pris contact avec Henri Frenay, chef de l'organisation Combat, « qui me demanda de continuer mon action de résistance dans les milieux militaires, j'organisai, précise-t-il, un service de renseignements sur l'armée d'occupation et sur l'Allemagne. »

Gastaldo devient ensuite chef du 2e bureau de « Vidal » (Delestraint) et prend en main le service des renseignements de l'AS. « Je fus amené, à partir de février 1943, à me rendre en Suisse et je franchis plus de vingt fois la frontière, clandestinement mais non sans incidents. C'est ainsi que je fis personnellement la liaison à Berne avec le général américain Leegg * et le général anglais West, puis à partir de mai 1943 avec le général Davet, que nous venions de placer comme représentant à Genève. »

Gastaldo poursuit sur ses contacts helvétiques : « J'avais également des contacts avec le SR suisse et le SR du général Giraud (commandant Pourchaud **). Je fus ainsi un des premiers à parler au

* Il s'agit du général Bromwell Legge, attaché militaire US à Berne.

** Il s'agit de Gaston Pourchot, chef du SR français à Berne.

nom des Mouvements unis, et à faciliter l'œuvre de leurs émissaires ultérieurs auprès de l'attaché militaire américain [49]... »

Gastaldo apparaît ici non pas comme envoyé mandaté par Jean Moulin mais plutôt comme un représentant de Frenay. Quelle était la nature exacte de ses démarches?

« ... Pourquoi Gastaldo est-il entré en relation avec le service de renseignements américain en Suisse? Le service américain était très fort et il s'intéressait beaucoup à la Résistance française. Tant le général Delestraint que Gastaldo voulaient faire cesser la dualité Giraud-de Gaulle. Ils sentaient qu'il fallait faire l'union par l'extérieur, afin que la fusion puisse se faire dans la Résistance intérieure, et voulaient expliquer aux Alliés ce besoin d'unité. Ce n'était que par la Suisse qu'ils pouvaient atteindre les réseaux alliés qui pourraient influencer la politique américaine. Gastaldo prit donc contact avec le général Leegg [*sic*], qui fut très intéressé par son exposé et lui dit :

" Je suis tout disposé à aider la Résistance française. " Le général Leegg (Legge) voulut même de suite remettre une somme importante à Gastaldo qui refusa, n'étant pas chargé de la question trésorerie. Ce fut Guillain de Bénouville, chargé par les MUR, qui eut à s'occuper de cette question [50]. »

Où l'on apprend donc que Guillain de Bénouville aurait été précédé par Gastaldo dans ces opérations qui ne relevaient certes pas d'instructions de Londres et encore moins de Jean Moulin mais se conformaient aux orientations prises à l'initiative de Frenay au nom des MUR. Cela faisait, décidément, beaucoup de monde employé aux contacts avec les Américains. Autrement dit, se développait là, parallèlement aux conséquences que ces comportements pouvaient avoir sur le « duel » de Gaulle-Giraud, un détournement assez remarquable : l'emprise que tentait d'obtenir l'OSS sur la Résistance française en recrutant, tous azimuts, collectivement ou individuellement. D'autres exemples renforcent cette constatation.

L'aimant américain

Valette d'Osia, responsable de la formation des maquis en « R 1 » (pour la Haute-Savoie) a été cité, à la même époque, parmi les bénéficiaires de l'aide financière américaine. Il en décrit lui-même les origines dans un ouvrage consacré à sa vie militaire : « ... Je filai en Suisse et pris le chemin de Berne. Par Pourchot, je demandai une audience à l'attaché militaire américain, le général Legge, déjà rencontré précédemment. Il nous reçut très aimablement et j'exposai mon problème, demandant l'aide matérielle sans laquelle je ne voyais pas la possibilité de trouver une bonne solution. Legge se montra compréhensif, mais dit ne pas disposer de l'argent nécessaire ; il fallait remonter plus haut. Il nous conduisit chez Allan Dulles (le futur chef de la CIA, frère de Foster Dulles), représentant personnel de Roosevelt à Berne. Je savais les Américains très méfiants, sollicités de tous côtés et déjà échaudés par des personnages avides de dollars. Mais la caution de Pourchot était bonne. Les Américains me demandèrent le montant de ce que j'estimais nécessaire... »

Et, notera Valette d'Osia satisfait, « quatre jours plus tard, j'avais en poche cinq millions en coupures de cinq mille francs, avec lesquels je repassai la frontière [51] ».

Confirmant ces propos, Monod relève, lors de la prise de contact avec les Américains à Berne, que « c'est sur le maquis que se fixa l'attention de mes interlocuteurs. Dulles connaissait l'existence des premiers maquis de Haute-Savoie et l'attaché militaire à Berne, le général Legge, avait déjà établi un contact régulier avec le commandant Valette d'Osia [« Faure »] qui, après avoir commandé la garnison d'Annecy, était maintenant à la tête d'un ensemble assez hétérogène de militaires et de partisans [52] ».

Autres approches, celles visant Max Heilbronn. Directeur des Galeries Lafayette, il est devenu, grâce à son poste occupé en 1939 dans le Génie, chargé d'études techniques sur « les ruptures de voies ferrées », un membre du « Nap-Fer », où son rôle consiste à étudier les possibilités de sabotage du réseau SNCF. Or, en mars 1943, il est « influencé par une offre que lui font les Américains » et ce par l'intermédiaire du père Chaillet de « Témoignage Chrétien » avec qui il était en étroite relation, et qui lui révèle avoir « reçu pour lui un message venant de Suisse [...] Les Américains lui proposent de travailler en liaison avec eux, sous le nom de " commandant Hennequin " [...] Le message dit à peu près : " Le commandant Hennequin est-il toujours dans les mêmes dispositions? Veut-il agir immédiatement? En octobre prochain? Ou au printemps 44? Si oui, qu'il se tienne prêt et qu'il dise quel argent et quel matériel lui sont nécessaires. " »

Les Américains sont ainsi bien renseignés sur les travaux entrepris par Heilbronn concernant les sabotages de voies ferrées en France. « Il comprend alors que son plan avait été communiqué aux Américains par Bénouville et une jeune fille (qui plus tard rejoignit Londres) que lui-même ne connaissait pas encore... »

Pour Heilbronn, la réponse repose sur les possibilités d'entente avec un autre responsable du Nap-Fer issu de Combat : René Hardy, avec lequel il était entré en désaccord sur les méthodes à appliquer en matière de destruction des lignes de chemin de fer. Heilbronn répond au père Chaillet « qu'il reprendra sa liberté et travaillera avec les Américains si Hardy ne joue pas franc-jeu avec lui [53] ».

C'est l'arbitrage de Frenay qui met fin au différend entre les deux hommes. Heilbronn ne travaillera donc pas pour les Américains...

Mais René Hardy mène fort probablement, de son côté, des activités qui le mettent en rapport avec la Suisse et les services américains. Alban-Vistel, qui devait prendre la direction des FFI en région lyonnaise, dans son livre *La Nuit sans ombre*, le souligne de façon presque anodine. Évoquant l'action d'une des pièces maîtresses du Nap-Fer, Charles Thévenon, il écrit ceci :

« ... Mais voici que R. Hardy lui confie une mission très particulière. Il devra périodiquement aller en Avignon récolter le résultat d'écoutes téléphoniques qui révèlent rien de moins que le mouvement des troupes allemandes en zone sud. Les comptes rendus sont remis au seul Hardy qui réserve le monopole de leur transmission à l'antenne suisse du SR américain. Les Allemands démasquèrent l'équipe d'écoute, tous ses membres furent fusillés; on ignore leurs noms [54]. »

René Hardy ne s'est jamais étendu sur cette « mission très particulière ». Dans l'une de ses nombreuses dépositions d'après-guerre, celle effectuée en mars 1947 devant la DST, il fournit seulement ces quelques précisions :

« ... Au moment des événements de juin 1943, je suis le chef d'une organisation qui couvre une centaine de gares importantes en rapport avec les chefs régionaux des mouvements unis et des chefs de l'AS ainsi que dans un certain nombre de départements [...] Enfin, en dehors de mon service dont je peux joindre les responsables des gares et les régionaux, j'ai deux sources de renseignements particulièrement importants : interceptions téléphoniques sur le QG allemand d'Avignon et censure télégraphique et postale du gouvernement de Vichy. Au 8 juin, j'ai également des liaisons avec l'état-major : zone nord. Voilà ce que je connais parfaitement [55]... »

Mais sur la Suisse, rien... En revanche, Charles Thévenon, que Vistel dit chargé par Hardy de la récolte des renseignements, s'est expliqué à ce sujet : « ... J'étais, pour le compte de Hardy, en relation avec le commandant Comte occupant une fonction officielle à la Commission de contrôle postal et téléphonique d'Avignon au cours du deuxième trimestre 1943. J'ai appris après la Libération que le commandant Comte avait été inquiété ainsi que certains agents sous ses ordres dont quelques-uns auraient été fusillés. Le commandant Comte a réussi à se réfugier en Suisse [...]. [Il] procurait à Hardy des renseignements militaires de premier ordre qu'il obtenait par l'écoute téléphonique sur l'état-major allemand stationné à Avignon. Je crois que Hardy communiquait ces renseignements aux Alliés par l'intermédiaire des missions militaires à Berne (Suisse); j'ignore par quels moyens ces renseignements passaient en Suisse [56]... »

En réalité, Hardy, plutôt que d'avoir à s'expliquer sur son travail en faveur des Américains, eut surtout à se justifier... de n'avoir pas travaillé pour les Allemands...

Son exemple est un des maillons de cette chaîne qui démontre jusqu'à quel point cette collaboration – cette « collusion » pour certains – avec les services secrets américains s'est étendue, détournant le potentiel d'une partie de la Résistance, et augmentant les divergences entre Frenay et ses partisans d'une part, Londres et Jean Moulin d'autre part. Grave crise qui risque de conduire à une « sécession » et qui passe, aux yeux de certains, pour une querelle de chefs. Et l'Affaire américaine, après tout, ne s'était-elle pas dénouée après l'intervention de De Gaulle qui impose comme condition à la poursuite de cette aide venue d'outre-Atlantique qu'elle se déroule désormais uniquement par l'intermédiaire de son représentant en Suisse? Du coup, l'aide se tarit, ce qui, selon Daniel Cordier, en dit long sur les intentions profondes de l'OSS et de M. Dulles.

Mais la crise était trop profonde pour s'apaiser du jour au lendemain. Un fossé s'était creusé, en contradiction profonde avec l'unité apparemment réalisée de la Résistance française. Cela survenait au moment où les Allemands passaient à l'offensive...

Notes

1. Général de Gaulle, *Mémoires de guerre, l'Appel 1940-1942,* Paris, Plon 1954.
2. H. Michel, *Histoire de la Résistance en France,* Paris, PUF, 1980.
3. H. Frenay, *La nuit finira,* Paris, Laffont, 1973.
4. « Alban »-Vistel, *op. cit.*
5. M. Granet, H. Michel, *Combat,* Paris, PUF, 1957.
6. H. Noguères., *Histoire de la Résistance en France,* t. III, *novembre 1942-septembre 1943,* Paris, Laffont, 1982.
7. Lettre citée par D. Cordier, in *Jean Moulin, l'inconnu du Panthéon,* t. I, Paris, J.-C. Lattès, 1989.
8. H. Michel, *Jean Moulin, l'unificateur,* Paris, Hachette, 1971. Les signataires de cette motion « inaugurale » du CNR étaient : « Ceux de Libération » : Lenormand (Coquoin); « Ceux de la Résistance » : Mathieu (Jacques Lecompte-Boinet); « Front national » : Colbert (Pierre Villon); « Libération Nord » : Charles Laurent; OCM : Sermois (Jacques-Henri Simon); « Combat » : Aubin, Lorrain (Claude Bourdet); « Franc-Tireur » : Claudius (Petit); « Libération Sud » : Salard (Pascal Copeau); Parti communiste : Guilloux (André Mercier); Parti socialiste : André Le Troquer; Radicaux-socialistes : Marc Rucart; Démocrates populaires : Anselme (Georges Bidault); Alliance démocratique : Joseph Laniel; Fédération républicaine : Jacques Debû-Bridel; CGT : Louis Saillant; CFTC. : Gaston Tessier.
9. *La Guerre secrète des services spéciaux français,* Paris, Plon, 1967.
10. Sur les arrestations de Billon-Lavergne, le précieux

livre d'A. SALVATELLI, *Un homme enchaîné s'évade*, publié en 1959 aux Nouvelles Éditions Debresse. Le témoignage et les documents de Maurice Picard (membre fondateur de Combat en « R 1 », responsable du NAP et membre de la Commission d'histoire de la Seconde Guerre à Lyon). Lettre de Roger Laporte du 20 juillet 1978 sur les circonstances de son arrestation et de celle de Vidiani. Sur Geissler : déposition de Robert Roth, du SD de Vichy, à l'inspecteur Garnavot de la BST de Lyon (Documentation de l'auteur).

11. Témoignage de Morin-Forestier, in *L'Histoire de la Résistance en France...*, *op. cit.* Ceux de Raymond Aubrac et de Ravanel proviennent respectivement de *Ils partiront dans l'ivresse*, de L. AUBRAC, Paris, Seuil, 1984, et de *La vérité aura le dernier mot* d'H. NOGUÈRES, Paris, Seuil, 1985.

12. Un document du Parquet de Lyon précisera, le 23 juillet 1943, les circonstances qui ont conduit à ce coup de filet. Le dénommé Curtil était arrivé chez « Stephens » (du mouvement Franc-Tireur) le 12 mars, à Chambéry. Le 13, il y rencontra « Gaillard » (autre pseudo de Kriegel, ignoré de la police) « qui lui remet un pli avec mission de le porter à Lyon. Il partit le soir même mais fut arrêté à Bourg. Le pli qu'il transportait fut trouvé dissimulé dans sa chaussette » (ADR, Parquet, série 3 U 2010). Voir en annexes, les extraits de ce document.

13. Le 30 mars 1943, le procureur Ducasse écrira : Christine Denoyer « remplissait les fonctions de dactylographe auprès de " Méchin " non identifié (autre pseudo de Morin qui est arrêté, ce 15 mars, sous le nom de " Marchal "), chef administratif à l'état-major de l'Armée secrète. Elle était également en relation avec le capitaine Billon. Ce dernier, arrêté par les autorités allemandes, s'est suicidé dans leurs locaux [...]. Les documents trouvés dans la valise saisie [...] lui avaient été remis par " Méchin " avant son départ pour un voyage devant entraîner son absence pendant quelque temps. Elle prétend ignorer la nature de ces documents. Elle recevait de " Méchin " un salaire mensuel de 3 500 F ». Ultérieurement, le même procureur ajoutera : « Elle put se rendre compte de la nature de ces documents puisqu'elle les sortit de la valise que lui avait remise " Méchin " pour les mettre dans une autre valise. » ADR, *op. cit.*

14. Le document de Morin-Forestier est cité par H. NOGUÈRES, *Histoire de la Résistance... op. cit.*, p. 213-214.

Plusieurs copies des documents saisis ont été déposées à l'IHTP (Institut d'histoire du temps présent).

15. Notons que la date du « 13 mars » qui figure sur le rapport Kaltenbrunner est apparemment en décalage de quarante-huit heures par rapport à la date indiquée sur la plupart des documents de la police et de la magistrature lyonnaises qui parlent des arrestations du « 15 mars 1943 »; mais les sources de renseignements obtenues proviennent bien de ce coup de filet.

16. Le lecteur trouvera en annexe la traduction intégrale du rapport Kaltenbrunner du 27 mai 1943.

17. H. Noguères, *La vérité aura le dernier mot, op. cit.*

18. Parquet de Lyon, ADR (3 U 2010).

19. Cf. L. Aubrac, *Ils partiront dans l'ivresse..., op. cit.* Mentionnons qu'il intervint une polémique lourde d'arrière-pensées, créée – ou prolongée – par maître Vergès, lors du procès Barbie, en ce qui concerne les arrestations de résistants du 15 mars 1943. Lors de l'audience du 9 juin 1987, l'avocat interpella Maurice Kriegel-Valrimont : « ... Ces résistants prétendent qu'ils ont pu s'en sortir en faisant passer leur action pour du marché noir. Une note du procureur de la République de Lyon fait pourtant état de la découverte, lors de ces arrestations, d'importants documents sur l'organigramme de la Résistance, sur l'arsenal de celle-ci et d'argent en billets neufs. Or je m'étonne que Barbie, qu'on dit présent partout, ne se soit pas déplacé. Le fretin était-il si menu, à lire de tels documents ? » Kriegel-Valrimont réagit aussitôt avec fermeté et rétorqua que « comprenant l'allemand, il avait pu mesurer que les hommes de Barbie ne disposaient pas contre lui d'éléments sérieux, et il put faire admettre qu'il se livrait seulement à de menues opérations de marché noir sur le sucre ». Il précisa qu'il n'avait pas de documents sur lui. Qu'Aubrac avait eu, lors de l'interrogatoire, une attitude vraiment exemplaire de dignité. Il n'en rajouta pas plus sur son camarade. Et conclut en guise d'avertissement : « Après, nous nous sommes évadés et je ne connais pas la suite à Caluire. » (Comptes rendus d'audience de F. Rolland, *Le Progrès*, et de J.M. Théolleyre, *Le Monde*, des 10 et 11 juin 1987).

Les allusions étaient nettes. Elles ne constituaient que le pendant de ce qui avait déjà été avancé par l'avocat dans un film à prétention historique réalisé par C. Bal, *Que la vérité est amère,* où Aubrac était insidieusement soupçonné d'avoir été mis en liberté provisoire après son arrestation de mars. En fait de liberté provisoire (sous-entendu, dans cette version, sous contrôle allemand), le 4 mai 1943, sur demande de son avocat, maître Fauconnet, Raymond Aubrac, sept jours plus tard, fera l'objet d'un « avis de mise en liberté » dûment autorisé, le 8 mai, par le juge d'instruction (documents reproduits par H. NOGUÈRES, in *La vérité aura le dernier mot, op. cit.)*

20. Le récit de l'audition par Barbie de Stephens est donné dans C. RICKARD, *La Savoie dans la Résistance,* éd. Ouest-France. « Je roulai Barbie, conclut Stephens, sinon j'eusse probablement été déporté. » Sur la libération de Stephens, rapport du procureur général de Lyon à Vichy le 30 juin 1943 (ADR, 3 U 2010).

LE DOSSIER TECHNICA :

21. Loftus, à ce sujet, évoquait le rôle du père Draganovic ; celui-ci, exilé croate, était l'homme de confiance d'Aloïs Hudal, évêque autrichien, recteur du collège allemand à Rome ; pronazi actif dès les années 30, il fournit en particulier de faux papiers de la Croix-Rouge aux fuyards nazis, notamment à Klaus Barbie.

22. H. NAVARRE, *Le Service de Renseignements, 1871-1944,* Paris, Plon, 1978.

23. Témoignage de Cossé-Brissac recueilli les 10 et 15 juillet 1954 par M. GRANET (AN, 397 AP 2).

24. E. DABRINGHAUS, *L'Agent américain Klaus Barbie,* Pygmalion, 1986.

25. H. NAVARRE, *op. cit.*

26. *Ibid.*

27. E. DABRINGHAUS, *op. cit.*

28. Interrogatoire du juge Riss, le 19 juillet 1984, en présence de maître Vergès et de maître Heckenroth (dossier K. Barbie).

29. Compte rendu d'audience, *L'Écho du Sud-Est,* du 18 février 1948.

30. Témoignage du colonel de Cossé-Brissac recueilli les 10 et 15 juillet 1954 par M. GRANET, *op. cit.*

31. *Notes d'information des RG de Lyon* des 6 et 7 février 1951.

32. *Notes d'information des RG, op. cit.*

33. H. FRENAY, *op. cit.*

34. F. CALVI, *OSS, la guerre secrète en France : les services spéciaux américains, la Résistance et la Gestapo, 1942-1945,* Paris, Hachette, 1990.

35. Les procès de 1948 et de 1951 dans l'affaire Technica contre les époux Merlen, les époux Monniez et Andrée Rivez laissent, au sein de la presse lyonnaise, un goût amer alors qu'un même sentiment se dégage des rapports établis par les RG locaux. Le 8 février 1951, le tribunal militaire de Lyon condamne Andrée Rivez, par contumace, à la peine de mort, sa mère, également impliquée – et absente –, à vingt ans de TF. Merlen écope de cinq ans de réclusion, sa femme de trois ans de prison. Les Monniez sont acquittés. Si l'on excepte l'organe communiste, *La Voix du Peuple,* qui incline à une sévère réprobation de la « Résistance en dentelle » *(sic)* pratiquée par les militaires français, les autres titres lyonnais, sans être aussi virulents, n'en traduisent pas moins leurs réserves sur le sérieux de Technica. L'article de Sap, dans *Le Progrès,* en reflète l'essentiel : « Ce dénouement ne nous a pas étonnés. Il n'y avait contre Merlen et sa femme que des preuves insuffisantes de trahison. Par contre, tout démontrait que l'ex-commissaire avait témoigné d'une rare imprudence en recevant chez lui une nièce dont il était difficile de ne pas soupçonner le double jeu. Mais tant d'autres imprudences furent commises que la conclusion s'impose : pour faire partie du 2e bureau, il faut avoir des qualités exceptionnelles avec la mutité au premier plan. Une leçon qui doit servir, ne serait-ce que pour éviter de barder les caisses à documents secrets d'inscriptions révélatrices. Ou bien alors il serait préférable de mettre sur ces coffres le nom et l'adresse de l'adversaire... Ce qui, en cas de perte, serait peut-être un bon moyen de les récupérer rapidement, car il reste heureusement assez de bons Français pour les détourner du destinataire et les rapporter aux Services secrets qui les aurait perdus! »

L'AFFAIRE AMÉRICAINE

36. H. FRENAY, *L'Énigme Jean Moulin,* Paris, Laffont, 1977.

37. Témoignage de P. Monod recueilli par M. GRANET le 18 juin 1955 (Archives Granet, AN, 397 AP 1).

38. P. Monod, *op. cit.*
39. C. Bourdet, *L'Aventure incertaine*, Paris, Stock.
40. P. Monod, *op. cit.*
41. G. de Bénouville, *Le Sacrifice du matin*, Paris, Laffont, 1946.
42. D. Cordier, *op. cit.*
43. H. Frenay, *op. cit.*
44. Cité par D. Cordier, *op. cit.*
45. Cité in H. Noguères, *op. cit.* (t. II, p. 294).
46. Archives Granet (AN, 397 AP 2). De courts extraits de ces courriers sont cités par D. Cordier, *op. cit.* (t. I, p. 212-213).
47. D. Cordier, *op. cit.* (t. I, p. 233).
48. Archives Granet (Courrier Combat à délégation en Suisse, AN, 397 AP 2).
49. Rapport du chef d'escadron Gastaldo, du 15 juillet 1945 (AN, Papiers Gouineau, 72 AJ 1910).
50. Il s'agit ici de notes issues de conversations tenues à Baden-Baden, en mai 1950, entre Gastaldo et Mlle Appleton, correspondante de l'Ain de la « Commission d'histoire de l'occupation et de la libération de la France » (Papiers Gouineau, AN, 72 AJ 1910).
51. J. Valette d'Osia, *42 ans de vie militaire, 1916-1958*, Éd. lyonnaises d'art et d'histoire, 1988.
52. Archives Granet. Notes Monod (AN, 397 AP 1).
53. Archives Granet. Texte de M. Granet du 12 janvier 1957 concernant M. Heilbronn (AN 397 AP 1). Le témoignage de ce dernier est confirmé en ces termes dans l'ouvrage de R. Bedarida, *Pierre Chaillet, témoin de la Résistance spirituelle*, Fayard : « ... Ça m'embêtait de dépendre des Américains... mais j'étais quand même content de pouvoir faire état de cet appui, parce que devant la mésentente et les difficultés normales, loyales avec Hardy, j'avais un argument de poids pour faire valoir mon point de vue et faire valoir ce que je croyais – et que je crois encore – être la vérité. »
54. A. Vistel, *La Nuit sans ombre*, Fayard, 1970.
55. Déposition de Hardy à la DST, le 24 mars 1947 (Papiers Gouineau, AN, 7 pages, 72 AJ 1910).
56. Déposition de C. Thévenon, le 19 janvier 1948, devant l'inspecteur de la PJ Vaudant (Dossier Hardy).

Chapitre III

Qui êtes-vous Monsieur Moog?

Qui savait, au juste, qui il était? Français ou allemand? « Résistant retourné », agent secret?... Témoins, acteurs et historiens, tous ont buté sur son nom dans leurs études ou leurs récits :

Laure Moulin, dans l'ouvrage consacré à son frère : « ... Le 8 au matin, deux agents allemands, Moog et Lunel, alias Multon... »

Henri Michel : « ... Deux anciens résistants passés au service de la Gestapo, Multon et Moog... » *(Jean Moulin, l'unificateur)*.

Le colonel Paillole (chef des services secrets français sous l'Occupation) : « Le sujet [Moog] est indéniablement allemand... » (communication à l'auteur).

Henri Noguères : « ... Moog est généralement considéré comme ayant été, lui aussi, un agent français des services allemands... » *(La vérité aura le dernier mot)*.

Enfin René Hardy, principal protagoniste de l'affaire de Caluire : « ... Il s'appelle Moog, et j'écris qu'il était allemand en laissant toutefois planer un doute... » *(Derniers mots)*.

Le doute est permis et maintes fois rencontré. L'origine alsacienne de ce patronyme est établie [1].

Quelques maigres indices donnent une idée de son parcours. Il a laissé des traces de ses passages dans différents coins de France et, personnage sans doute séduisant, plusieurs de ses maîtresses en conservent un souvenir très précis. L'une d'elles, Mauricette Eychenne, a été retrouvée après-guerre. Elle ne s'est pas privée de dire ce qu'elle savait : son ex-amant était bien d'origine française. Elle se souvenait de sa date de naissance : le 28 février 1915. Il était né « dans la Seine... ou la Seine-et-Oise, ou rue d'Alésia, mais je n'en suis pas certaine ». Toute sa famille, en tout cas, résidait à Paris. Un extrait d'acte de l'état civil de la mairie du 14e arrondissement confirme que le 28 février 1915 naquit « Robert Auguste Moog, de sexe masculin... ». Qu'il s'était d'ailleurs marié, toujours à Paris, le 11 janvier 1936. C'était un point d'acquis...

Quant à ses premières activités, Mauricette Eychenne, fort peu prolixe, apporte néanmoins quelques renseignements. Refoulée par l'exode de 1940, elle s'était retrouvée, au début de 1941, à Toulouse où elle obtient un emploi de vendeuse à la succursale du « Bon Marché ». Dans cet établissement, elle se lie d'amitié avec une collègue... Madame Moog. Qui lui fait connaître son mari. Et comme le couple devait rompre, on devine la suite. Dans son appartement de la rue Taupin, à Toulouse, Mauricette voit peu souvent Robert Moog, toujours en déplacement : il était chauffeur au sein de la « Commission d'armistice n° 3 ». Une fonction avouée qui, soupçonna-t-elle, en cachait d'autres. Il lui confia entretenir des rapports étroits avec l'Intelligence Service. Des figures « secrètes » passaient, il est vrai, à la maison. Elle se demandait tout de même si l'aisance apparente de Moog n'était pas liée à la pratique, zélée, du marché noir... Lorsque, courant 1942, elle commença à poser des questions indiscrètes, il la pria, hors toute galanterie, de s'occuper de ses affaires de préférence aux siennes...

Un autre témoignage, moins intime, apporte un peu

plus tard des éclaircissements sur le mystérieux passé de Robert Moog. André Devigny, membre des réseaux Groussard, avait subi, de cet adversaire, de rudes coups. D'où son jugement à la fois élogieux et documenté : agent compétent, Moog s'adapte parfaitement au terrain de chasse lyonnais. Son assurance, son ambition, sa maîtrise de l'allemand et du français qui le met à l'aise partout, autant d'atouts qui ne découlent pas du hasard. Il avait reçu une formation d'espion, « en Allemagne, dans une école spécialisée », et lorsque la guerre éclate, Moog est considéré comme un membre à part entière de la fameuse « 5e colonne ». Il sert même, en 1939-1940, dans une unité « comme agent de liaison motocycliste ». La déroute française le lance dans une formidable carrière : « ... Sous le couvert de réfugié alsacien, il s'installa tout d'abord sur la frontière franco-espagnole pour y surveiller et y dénoncer les passages clandestins, puis à Toulouse... »

Mission à la poudrerie

A Toulouse où l'attend le début d'une extraordinaire aventure. Pourtant, Robert Moog jouit en apparence, d'une situation paisible, régulière, banale. Ne vient-il pas, en ce début d'année 1943, d'entrer à la Poudrerie nationale de Toulouse? Les archives de cette société l'attestent toujours : sur les registres d'entrées du personnel, à la date du 25 janvier 1943, figure bien le nom, la date et le lieu de naissance de Robert Moog, avec comme mention d'embauche : « chef d'équipe à l'essai ». En regard, on lit aussi qu'il ne se présente pas au travail courant juin 1943. A l'évidence il a d'excellentes raisons pour ne pas pointer alors à la poudrerie. Tout autant pour ce 4 août 1943 où il est déclaré « absent sans motif »...

En fait pourquoi est-il à la poudrerie ? Que vient faire en ces lieux Robert Moog ? Travailler ? Oui. A un piège. L'endroit est une cible toute désignée pour la Résistance car cette usine fournit le Reich en explosifs. Une fois en place, Robert Moog, avec un sens inné du contact, propose ses services, et provoque de fructueuses rencontres. Au mois de mars, c'est chose réalisée, grâce aux relations qu'il vient de nouer avec un jeune officier, alsacien d'origine – ce qui facilite les rapports –, le lieutenant Hitter. Ce dernier dépend, dans la Résistance, d'un réseau auquel appartient André Devigny. Lequel apprit, début mars, que Hitter souhaitait le voir, à Lyon, avenue de Saxe. Il paraissait empressé de communiquer d'importantes nouvelles. Mais le jour du rendez-vous, il n'était pas seul : « ... Un homme d'une trentaine d'années, moyen de taille, carré d'allure, aux cheveux ondulés drus et blonds plantés bas sur le front, et des yeux très bleus, l'accompagnait :

– Robert Moog, contremaître à la poudrerie nationale de Toulouse, dit-il en le présentant. Il enchaîna aussitôt :

– Ce sera un agent de premier ordre, c'est pour cela que j'ai voulu que tu le rencontres. Tu vas juger. La poudrerie travaille à plein rendement et expédie chaque jour en Allemagne cinq ou six wagons de marchandises. Nous t'avons d'ailleurs apporté des échantillons. En cherchant des contacts, je suis tombé sur Moog. Alsacien comme moi ; il a accepté de travailler avec nous.

– C'est une grande usine, renchérit le nouveau venu, et je suis très bien placé pour obtenir tous les renseignements que vous voudrez [2]...

Robert Moog n'est pas avare de paroles prouvant sa bonne volonté. Il flaire le gros coup. Il a raison. Les hommes réunis en sa compagnie travaillent pour le colonel Groussard, déjà cité dans le cadre des relations qui se sont développées entre les services secrets américains et les hommes de Frenay, en Suisse. Groussard, lui, s'est rangé sous la bannière anglaise et, fort de cet appui, a tissé des réseaux de renseignements très denses en France [3]. « J'étais, fin 1942, écrira-t-il, depuis peu de jours, à Genève, tout occupé à la réorganisation de mes réseaux, lorsque Devigny se présenta au Consulat général de la Grande-Bretagne, espérant y trouver un moyen de servir à nouveau contre Hitler. Les Britanniques l'aiguillèrent sur moi et, tout de suite, devinant chez ce garçon un courage physique insurmontable, je le lançai dans la clandestinité avec la mission de m'amener des camarades capables de m'aider. En quelques semaines, il me procura des recrues dans les différentes armes – Terre, Mer et Air –, et je pus ainsi, très rapidement, constituer l'un de mes réseaux qui, avec Devigny d'abord et Ponchardier ensuite, fonctionna jusqu'à la fin de la guerre et obtint des résultats remarquables [4]. »

Devigny, de son côté, mentionnera, pour plus de précisions, que, quand « en novembre 1942 les Britanniques me mirent en rapport avec le colonel Groussard, je n'étais ni instituteur ni lieutenant de réserve, mais lieutenant de l'armée active. Il ne s'agissait pas de réorganiser des réseaux mais de les créer. Nous sommes partis de zéro [5]... ».

Et l'irruption de Moog risque bien de démolir ce qui avait été péniblement conçu. Pour l'heure, il est une recrue solide, pleine d'heureuses ambitions. Après cette réunion qui le présente sous le meilleur jour, Hitter et Devigny acceptèrent de se rendre avec lui au restaurant. Durant le déjeuner, l'atmosphère se détend. On parle des possibilités de sabotage de la poudrerie : « La présence de Moog, adopté par Hitter, donc par tous, ne nous gêne en aucune manière. Il se déclare enchanté d'appartenir à notre équipe et pour mieux s'y intégrer exige d'être tutoyé et appelé " Bobby "... »

Après coup, Devigny constatera : « Hitter et Moog semblaient très liés ; le contremaître (Moog) habitait dans la banlieue de Toulouse en compagnie de sa femme et de sa petite fille et recevait fréquemment notre chef de secteur. J'eus l'impression que du fait de cette intimité, Moog ne devait rien ignorer du plan de notre organisation du Sud-Ouest. Il apprit de plus, ce jour-là, maintes choses au cours de la conversation, en particulier mes fréquents passages de frontière et l'identité du colonel Groussard, notre chef, demeurant à Genève. Il nous quitta avant la fin du repas, devant prendre un train aux environs de 1 heure 30, gare Perrache [6]. »

Peut-être pour rejoindre ceux qui l'envoyaient, véritablement. Qui étaient-ils d'ailleurs ? Cet officier, par exemple, qui parvint, après-guerre, à restituer quelques traits de son agent qui portait le matricule « K 30 » :

« " K 30 ", qui travaille pour le poste du SR de Dijon depuis 1942, avait été recruté en son temps par " K 4 " qui a toujours été l'agent de liaison entre " K 30 " et moi-même... »

Voilà un langage hermétique. Il correspond parfaitement au style de Ludwig Heinrich Kramer, alias « Gegauf », de la section I de l'*Abwehr* en poste à Dijon.

Ludwig Kramer recrute

C'est cet officier qui, en premier, tirera les ficelles et orientera Robert Moog sur les plus grosses opérations de « contre-résistance ».

Né le 9 décembre 1893, à Kandern, cet Allemand se voulait ingénieur. Il affichera toujours, après-guerre, cette qualité et ne dissimulera pas son adresse : 1 A, Karl Wilhemstrasse à Karlsruhe. Une telle assurance repose sur un « glorieux » passé. Dès avant-guerre, Kramer appartient à l'*Abwehr*, à l'AST de Stuttgart. La France défaite, il occupe à l'AST de Dijon un poste qui lui permet de diriger « la recherche et l'exploitation de tous les renseignements militaires concernant les troupes de l'armée de l'armistice, les Chantiers de jeunesse, et dirigées spécialement contre les pays de l'Ouest et principalement contre l'Angleterre ». On le retrouve un temps au « M K » (Meldkopf), de Chalon-sur-Saône mais de plus hautes responsabilités l'attendent à Paris où on lui confie une antenne. Il s'implante, jusqu'à la fin de l'Occupation, au 16 de la rue de Villejust à la tête d'une organisation qui fait ses preuves. Tout en dépendant toujours de la section « I H de l'AST de Dijon », il crée sous son autorité directe une structure efficace : plusieurs équipes tout à sa dévotion, qui vont couvrir le territoire français, y compris l'Afrique du Nord. Il dispose d'agents coiffés par un chef de groupe, « immatriculés au service ; leur numéro était précédé de la lettre " K " (première lettre du nom de Kramer) et ils avaient connaissance de leur indicatif. Ce numéro était différent de celui sous lequel ils étaient immatriculés à l'*Abwehr*, ce dernier ne leur étant pas communiqué ». Ce qui explique que Moog, alias « K 30 », n'ait pas été considéré, par beaucoup, comme dépendant de l'*Abwehr* puisque n'étant pas désigné sous la codification « officielle ». Moog qui, comme ceux qui furent enrôlés par Kramer, signa une déclaration absolue du secret ; un dossier était constitué par agent, comportant : état civil, photographie, engagement écrit de l'individu, etc. Tous recevaient un traitement mensuel fixe auquel s'ajoutaient les frais de missions et éventuellement des primes diverses et des avantages en nature, tels que tickets d'alimentation et de tabac supplémentaires. Sans compter, bien sûr, le fruit d'innombrables rapines. Une véritable entreprise, de premier ordre, dans le monde du renseignement...

Quant à « K 4 », comment fit-il pour recruter Moog? Son nom : René Saumande. Il habitait Reims avant la guerre où il était représentant de commerce chez Hutchinson. Mobilisé lorsque éclate le conflit, rendu à la vie civile en juillet 1940, il passe d'une activité à l'autre. Il se retrouve finalement... employé à « Monoprix », où sa femme travaillait déjà. Dans cet établissement, à Paris, rue Fontaine, on le retrouve, ainsi qu'au 49 de la rue Lamarck, son domicile personnel. Son destin s'oriente plutôt grâce à ses fréquentations politiques qui le font adhérer à une section du PPF (le Parti populaire français de l'ex-communiste Doriot passé à l'extrême collaboration). En 1941, il côtoie aussi Georges Tschoberlé, dit « Toto ». En vérité le matricule « K 3 » : un homme de Kramer. Qui embauche bientôt René Saumande, lequel devient « K 4 ». Dès lors, c'est l'aventure. « K 4 » touche à tout : de l' « Organisation Todt » à la chasse au résistant, en parcourant la France. A Toulouse, au cours d'une mission, il renoue avec un ancien camarade de régiment qui dit occuper une place de chauffeur près la Commission d'armistice. C'est Robert Moog qui ne reste pas insensible aux propositions qui lui sont faites. Il devient ainsi « K 30 »...

Confirmant rapidement ses « dons », cette nouvelle recrue prend une telle ascendance qu'il s'affirme comme un meneur d'hommes.

L'affaire Jura

Il s'avère, d'après le jugement formulé par Kramer, que l'agent « K 30 » était bien en vérité celui sur lequel reposaient les responsabilités et la confiance de ses supérieurs :

« Dans l'affaire Jura, " K 30 " a rendu de grands services par son intervention personnelle [...] Le déroulement de l'affaire Jura était entièrement le travail de " K 30 " [7]... »

L'affaire Jura? Dans les archives allemandes, elle s'inscrit en bonne place avec notamment un fichier alignant quantité de noms, sous l'intitulé de *Fall Jura*, qui sont autant de victimes de la mission que Moog, faux employé modèle de la poudrerie de Toulouse, mènera à la satisfaction de ses chefs. En piégeant Hitter, Devigny... et bien d'autres. Car les liens noués par « K 30 » sont nombreux et s'étirent au-delà du réseau Groussard. Pour réaliser le sabotage de la poudrerie, finalement décidé à Genève par Groussard en accord avec les Britanniques, il fut convenu de mettre dans le coup des éléments du SOE anglais dont les antennes de renseignements s'implantent dans la région toulousaine, dépendant de l'organisation Buckmaster :

« ... L'un de ses membres [du réseau Buckmaster], Martin Perkins, prévenu directement, prendrait le contact avec Hitter par un mot de passe que j'adressai à ce dernier. Ensemble, ils devaient régler définitivement les modalités de sabotage. Robert Moog, mis par Hitter au courant, connut de ce fait Perkins qui était radio, et découvrit ensuite le dépôt d'explosifs à l'École vétérinaire de Toulouse. Fatale et dernière imprudence, reconnaît Devigny, qui devait amener l'arrestation d'un certain nombre d'agents du réseau *Buckmaster* et des meilleurs [8]. »

Martin Perkins n'est autre que le lieutenant Maurice Pertschuk (alias « Eugène », « Gérard », « Martial »), débarqué en avril 1942 en France pour développer dans la région toulousaine, où il établit ses bases, un réseau d'information qu'il finit par transformer en réseau d'action, répondant au nom de « Prunus ». Autant que les infiltrations – qui affectèrent beaucoup d'organisations du SOE –, un certain manque de maturité, voire de sérieux, va contribuer à contrarier sérieusement l'entreprise de Perkins. Daniel Latapie * a décrit avec précision ces événements concernant Prunus :

« ... Les groupes les plus importants furent ceux de Toulouse (Vuillemot-" Pills ", Marcel Petit, Jean d'Aligny, Pradeau, Bégué, etc.), de Montrejeau en Haute-Garonne (Pierre Labayle, déporté) et du Gers (Jeanne Morisse, Mme Saint-Avit, François Dubos...). " Eugène " (Perkins) eut des contacts avec le lieutenant-colonel George Starr (" Hilaire ", " Gaston "), chef du réseau *Wheelwright*. L'agent de l'*Abwehr* Robert Moog, ex-contremaître à la poudrerie de Toulouse qui travaillait également avec le SD, provoqua le démantèlement du réseau Prunus, de Toulouse, le 12 avril 1943 [9]... »

La plupart de ces noms ou pseudonymes vont grossir l'ampleur des fiches de l'affaire Jura dont la liste dénote la réussite du travail de Moog, alias « K 30 » **, en particulier contre les formations *Buckmaster* : « La Gestapo procéda à une quinzaine d'arrestations au 22, rue des Pyrénées, à Toulouse, et au château du comte d'Aligny à Fonsorbes. Le lieutenant radio Marcus Bloom (" Urbain ", " Michel ") ayant été arrêté, le lieutenant Joseph Duchalard (" Denis "), renvoyé en Angleterre pour incompétence et imprudence, les rescapés, ne disposant plus de liaison directe avec Londres, continuèrent leur activité au sein du réseau *Wheelwright*. »

D'autres épisodes tragiques se déroulent. Ils mettent en scène le réseau SOE « Pimento », dirigé par le très jeune et actif capitaine Tony Brooks (« Alphonse »), qui a recruté efficacement, dans le sud de la France, parmi les syndicalistes et les cheminots. Que de « liaisons dan-

* Correspondant pour la Haute-Garonne du Comité d'histoire de la Seconde Guerre mondiale et de l'Institut d'histoire du temps présent.

** Voir en annexes la liste des noms du dossier *Fall Jura*.

gereuses », comme le raconte le résistant toulousain Robert Vuillemot :

« ... Vers la fin de l'été 1942, nous avions reçu la visite d'un jeune anglais, de premier ordre, venant de Lyon : " Alphonse " [Brooks] mettait à la disposition de notre réseau son " service postal par chemin de fer " avec Genève. Simplement... Il fallait le faire! Je me demande s'il n'aurait pas mieux valu que Brooks ne connût pas Pertschuk! Environ deux mois plus tard, en effet (mais, bien entendu, nous n'avons su le fin mot de l'histoire que longtemps après), ce " service " envoyait à " Alphonse ", comme radio, un certain Bloom, lequel vint froidement pour 24 heures avec Pertschuk, avant de rejoindre son patron, " Alphonse ". Lequel, dès le surlendemain, littéralement épouvanté par les fabuleuses imprudences et l'inconscience du " phénomène ", l'expédiait à " Prunus " " qui avait besoin d'un opérateur ". Hélas, la présence simultanée de l'opérateur et de son engin ne servit à rien car le premier ne savait mettre le second en état de marche!... Et ça dura jusqu'au début de janvier. Il avait fallu, finalement, faire venir deux fois d'Annecy le pauvre " Arnaud " (Rabinovitch) pour installer le poste et établir le contact avec Londres [10]. »

Vuillemot rajoutera, à la décharge de Bloom, qu'« il avait pu s'introduire, avec sa cordialité coutumière, dans le milieu des PTT de Toulouse où il avait des tas de copains ». Mais ces « écarts de conduite » de clandestins trop insouciants se traduisirent par de coûteuses révélations : Rabinovitch se retrouvera, sous son pseudonyme, « Arnaud », épinglé dans *Fall Jura* – mais échappera à la tenaille –, avec aussi la mention de son chef du SOE, Peter Churchill (« Raoul », pseudo pris pour son prénom dans le document allemand).

Toutes ces opérations, qui gravitent autour des réseaux britanniques et de leurs agents français et anglais, ne sont évidemment pas l'œuvre unique de Moog. L'entrelacs touche au pinacle avec l'intervention de plusieurs figures, déjà rôdées dans le jeu subtil des démantèlements d'organes résistants. Le sergent Hugo Bleicher, dit le « colonel Henri » – célèbre intervenant d'une affaire demeurée retentissante, celle de « La Chatte » –, a habilement manœuvré contre le SOE et, après avoir « retourné » un membre du réseau *Donkeyman*, Roger Bardet, il sera bientôt sur les talons de Peter Churchill, qu'il arrêtera en avril 1943...

Ces opérations qui déciment la Résistance contiennent, invariablement, leur lot de traîtres. « Un des agents du réseau Prunus, précisera D. Latapie, " Maufraix ", " Le Boiteux ", livra à la Gestapo tout ce qu'il savait sans avoir subi le moindre sévice, provoquant ainsi la découverte des dépôts d'armes et aggravant les charges qui pesaient sur ses camarades. Pleins de mépris pour sa lâcheté, les Allemands le déportèrent. A Dora, il échappa à une tentative d'élimination de la part de ses camarades. Après la libération des camps, il fut traduit devant le tribunal militaire de Bordeaux qui l'acquitta au bénéfice du doute et à la minorité de faveur. Nous ne citerons pas son véritable nom. Le lieutenant Bloom fut exécuté le 6 septembre 1944, à Mathausen [11]... »

Pertschuk avait connu, lui, le même sort, à Buchenwald, le 29 mars 1944...

Quant à l'action de Moog et consorts, on en voit la portée dans le témoignage donné par Marcel Petit, du réseau Prunus, le directeur de l'École vétérinaire de Toulouse, l'une des victimes des arrestations perpétrées le 13 avril 1943, et qui sera ensuite envoyé en déportation : « ... Je sais maintenant qui était le fameux " Bobby ", employé à l'usine [la poudrerie de Toulouse], Alsacien, disait-il, et qui a su capter la confiance de Hitter. Ce dernier, déporté avec nous, s'était vu offrir à Buchenwald une place de choix, grâce à sa gentillesse et surtout à sa connaissance de l'allemand. Il a publié à son retour des sonnets écrits par Perkins. Il était couvert de médailles [...] Je néglige des erreurs de détail concernant les dates, mais je ne puis m'empêcher de remarquer que trop de faits rapportés ne correspondent pas à ce que je sais moi-même. Par exemple, c'est bien avant les dates avancées par les auteurs des informations sur l'affaire de la poudrerie que j'avais amorcé le projet, à la suite de conversations avec Lion, l'imprimeur de la rue de Pargaminières, mon voisin et ami. Il était mobilisé à la poudrerie, connaissait son fonctionnement, les expéditions de poudre vers l'Allemagne. Il se chargeait, par un intermédiaire connu de lui, de mettre l'engin explosif – préparé par moi – dans un tonneau de poudre. M'en étant ouvert (en mars) à Perkins, celui-ci m'a dit vouloir informer Londres, car le morceau était gros [...] De même, ce n'est pas " Bobby " qui a donné d'Aligny et le poste émetteur à Fonsorbes *, mais bien " Maufraix " au moment de son arrestation. Ce dernier l'a reconnu au moment de sa comparution devant le tribunal militaire de Bordeaux [12]... »

Il reste que Moog avait maîtrisé au mieux les pièces de ce puzzle toulousain dont la reconstitution ouvrait des pistes « extérieures ». Par Hitter surtout. Dont Vuillemot dira que son intervention les avait « décontenancés » en « apprenant que Hitter lui-même n'était qu'un intermédiaire dans la chaîne qui nous échappait de plus en plus... ».

Intermédiaire aussi pour Moog qui venait d'exploiter au maximum l'homme dont il avait endormi jusqu'à la

* Le comte Jean d'Aligny, adjoint du capitaine Pommiès – l'initiateur du célèbre Corps Francs « Pommiès » –, a mis à disposition sa propriété de l'Esquire, près de Fonsorbes, et a été arrêté en mars 1943.

moindre méfiance. Pas question, dans ce cas, de dévoiler ses batteries en arrêtant Hitter à Toulouse même. Sous le prétexte d'une mission alléchante, « K 30 » le fit « monter » sur la capitale : « ... Moog fit arrêter à Paris Hitter et se fit arrêter lui-même pour donner le change. »

Puis il accomplit le reste de sa tâche : « Rejoignant rapidement Toulouse, racontera Devigny, il organise une rafle générale : Perkins et les propriétaires du château de Fonsorbes chez qui il émettait, Fisson, Viala, le directeur de l'École vétérinaire... furent les premières victimes. Marsal, adjudant d'aviation, agent de liaison entre Toulouse et Lyon, fut stoppé dans le train et pris avec tout le courrier [13]... »

De cet agent de liaison, Moog va aussitôt prendre la place. Une fois les informations glanées, il conduit une série d'opérations. Et Lyon devient soudain un centre d'intérêt évident puisque tous les éléments en sa possession le dirigent vers cette ville.

Sur la piste lyonnaise

15 avril 1943. Robert Nollet, au domicile duquel (avenue de Saxe à Lyon) Moog avait été présenté à Devigny par Hitter, a été arrêté. C'est au tour maintenant d'une blanchisserie de la rue Béchevelin tenue par une certaine Madame Nony, et qui sert de « boîte aux lettres » au « réseau Gilbert » de Devigny, de subir la visite d'un Moog parfaitement bien informé. Il occupe les lieux, transformés en souricière. Sa première victime, le capitaine Claude Bulard, est venu retirer son « courrier ». La porte à peine franchie, l'officier s'aperçoit tout de suite que le comité d'accueil ne ressemble guère à une paisible clientèle de blanchisserie. Il tourne les talons et fuit. « Deux coups de feu tirés par

Moog éclatent, il est mortellement touché dans le dos. Il s'écroule à quelques mètres des policiers allemands qui surveillent la maison. Klaus Barbie, Fritz Hollert, Paul Heimann et deux autres SS dont j'ignore le nom, précise Devigny, avec le concours du redoutable Moog, français celui-là, venaient de commettre publiquement leur premier crime dans la région lyonnaise [14]... »

Un Moog qui, penché sur le corps du capitaine sommairement abattu, lui emprunte ses papiers. Figure bientôt parmi ses nombreuses fausses identités celle de Claude Bulard...

16 avril. Autre membre du réseau Gilbert, Edmée Deletraz arrive d'Annemasse et se présente à son tour à la blanchisserie de la rue Béchevelin. « Ce jour-là, j'avais un mot pour le commandant [capitaine] Bulard que je devais conduire à Genève. Arrivée à la blanchisserie, les Allemands y étaient et mon courrier a été saisi [15]... » Mme Deletraz déclarera avoir usé d'arguments probants pour détromper les Allemands : « ... Elle est venue à Lyon pour voir sa sœur aînée, Mme Yvonne Charlaix, 39 ans, en traitement à la clinique du Parc, pour une grave affection d'origine cancéreuse [...] A son domicile d'Annemasse, des agents de la Gestapo vont perquisitionner le lendemain 17, vers 19 h. Prévenu par son beau-frère, M. Charlaix, son mari a caché également toutes les archives. Les Allemands ne trouvent rien. Quant à elle, elle ne cesse de répéter inlassablement la même phrase : " Je suis venue à la clinique comme chaque semaine pour voir ma sœur Yvonne. " Les Allemands vont jusqu'à récupérer les analyses, pour voir si elles ne sont pas truquées. Hélas pour la pauvre malade, elles sont vraies et mauvaises : elle mourra quatre ans plus tard [16]. »

Néanmoins, ni Moog ni les Allemands ne sont convaincus de l'innocence de cette femme à laquelle, après une nuit passée à Montluc, ils font une proposition, classique pour qui pratique les jeux d'espions : sa liberté contre un rôle d'agent double. Elle accepte. On la conduit, billet payé, dans le train pour Annemasse, en la prévenant qu'elle sera filée et qu'elle devra, chaque semaine, de retour à Lyon, pointer à l'hôtel Terminus. Mais, sitôt descendue du train, ce 17 avril 1943, Edmée Deletraz aperçoit sur le quai son chef, André Devigny. Elle cherche à l'éviter. En vain. Elle lance, à son approche, une petite phrase : « Nous sommes tous très malades. » A cet instant, Devigny, déjà surpris par cette attitude, remarque, non loin, Robert Moog qu'il n'a alors aucune raison de soupçonner, mais dont la présence à Annemasse a de quoi surprendre. Un coup dur, peut-être ? Moog l'a vu aussi. D'un signe de tête, il demande à Devigny de le rejoindre à la sortie de la gare : « ... Tout à coup, dans mon dos, des mains saisissent brutalement les miennes puis me poussèrent violemment dans une voiture stationnant contre le trottoir et dont la portière arrière venait de s'ouvrir. Un homme, de l'intérieur, attrapa à son tour, l'un après l'autre, mes poignets, pendant que j'étais toujours maintenu solidement par les épaules et me passa des menottes. Robert Moog me rejeta sur le siège et sans ménagement s'assit sur mes genoux en disant : “ Police allemande ” [17]. »

Après cette nouvelle prise, dans quel sens Moog jettera-t-il ses rets ? Il a à sa disposition Edmée Deletraz, prête à servir d'appât. Encore que celle-ci, dès le 19 avril, a pu passer en Suisse, contacter le colonel Groussard, lui expliquer la situation. Que devait-elle faire ? Refuser le jeu allemand, s'échapper de leur étreinte mais exposer les siens à des représailles ? Ou bien continuer ? Mais comment ? Groussard, raisonnant avec une froide logique de chef de réseau, l'incite à choisir la seconde solution. Mieux : « Infiltrez-vous, renseignez-vous ! » lui dit-il. Le triple jeu en quelque sorte. En tout état de cause avec d'énormes risques car, à ce niveau, à un moment donné, on s'expose à ne plus savoir qui renseigne ou qui trompe qui. Moog le sait aussi, car sur Lyon, qui l'attire visiblement, il va rencontrer un autre personnage qui lui semblera dans d'excellentes dispositions pour servir sa cause. Il se nomme Lucien Doussot, aventurier de haut vol, avec son extraordinaire entrée dans cette guerre, ses premiers contacts avec les services allemands, Barbie et Moog enfin, en 1943, voire en 1942...

Il constitue l'archétype de l'agent qui rêve de posséder dans son équipe « K 30 ». Son passé se porte déjà garant de son avenir. Les « états de service » de Lucien Doussot étaient remarquables. Avant même la fin de la guerre, on exigea de cet homme qu'il s'explique. Il le fit et ses révélations fournissent un tableau saisissant des coulisses de la guerre secrète à Lyon.

Un itinéraire exemplaire...

Ce 4 janvier 1945, devant l'inspecteur de la surveillance du territoire Arnaud, l'homme ne paraît nullement désarçonné. Sûr de lui, il répond aux questions. Mieux : il développe un récit limpide et fourni :

« ... En juin 1940, lors de notre débâcle, j'ai été fait prisonnier, en Côte-d'Or. Six fois, je tentai de m'évader, étant toujours repris. La sixième fois, les Allemands voulaient me passer par les armes... »

L'inspecteur Arnaud hoche la tête. Il doute. Il a de quoi être perplexe. L'homme qui est devant lui se nomme Lucien Doussot, 32 ans, se disant jamais condamné, restaurateur de profession. Extrait de la prison Saint-Paul de Lyon, il est inculpé d'« atteinte à la sûreté extérieure de l'État ». Évidemment, par les temps qui courent, ils sont comme lui des centaines, peut-être des milliers, pris dans les remous de l'épuration, à être incarcérés. Mais l'inspecteur Arnaud relit, sur son bureau, deux déclarations de collaborateurs lyonnais notoires, dont les bavardages passent pour crédibles. L'un, d'ailleurs, est mort d'avoir trop parlé : Max Payot, mystérieusement exécuté, en décembre 1944, alors qu'il tentait une évasion. Cependant, avec Lucien Guesdon, autre sinistre élément de la collaboration lyonnaise, il a déposé, formellement, à propos du « gestapiste » Lucien Doussot. Lequel continue l'héroïque récit de sa guerre de 40, celle d'un homme irréprochable : « ... Je signale en outre qu'avant d'être fait prisonnier, j'ai, près d'un village voisin de celui de Clomot, abattu deux parachutistes allemands qui étaient dissimulés dans un bois, aux abords de la route, et mitraillaient nos convois. Je ne me souviens plus du nom du village, mais il est aisé de le retrouver... »

De 1940 à 1944, la vie de Lucien Doussot, telle qu'il la raconte à l'inspecteur Arnaud, se résume à une succession de faits plus rocambolesques les uns que les autres. Difficile de le suivre...

Trois ans plus tard, cet homme se trouve à nouveau face à la justice. Ce 1er avril 1948, c'est le juge d'instruction Sérager qui entend une autre version.

« Avant la déclaration de guerre, j'habitais Montbéliard où je travaillais dans une maison de bois et charbon. A la déclaration de guerre, je purgeais une peine d'emprisonnement de deux ans à la maison centrale de Clairvaux. En mai 1940, lors de l'avance allemande, nous avons été libérés. Après ma libération, j'ai demandé à m'engager dans l'armée et j'ai été fait prisonnier dans la Côte-d'Or. J'ai été, comme prisonnier, emmené au camp de Longvic, dans la région de Dijon, et j'ai réussi à m'évader vers la fin de 1940... »

Lucien Doussot n'a guère le loisir de continuer à travestir certains faits. Lui qui prétend n'avoir jamais été condamné reconnaît ne pas avoir un casier judiciaire vierge : le 23 février 1935, le tribunal correctionnel de Toulon l'avait condamné à quatre mois de prison pour « embauchage de mineurs en vue de la débauche ». En 1940, selon un rapport de police, Doussot était « bien connu des services » en tant que souteneur. Le 4 mai 1939, c'est le tribunal correctionnel de Dijon qui, pour une affaire de vol, confondant plusieurs peines, lui inflige deux ans de prison et dix ans d'interdiction de séjour. Ces deux ans qu'il purge à Clairvaux se terminent quand la débâcle, en juin 1940, lui rend la liberté. On sait d'ailleurs dans quelles circonstances.

Le 14 juin 1940 – le jour où « les loups entrèrent dans Paris » –, du côté de Bar-sur-Aube, des gens « de sac et de corde » arpentent les routes encombrées par l'exode. La maison centrale de Clairvaux, devant la poussée allemande, évacue, à pied, ses occupants, parmi lesquels figure du beau monde. Sans parler des droits communs, comme Doussot. Trente-huit de ces prisonniers sont des individus reconnus coupables d'« intelligence avec l'ennemi », des espions en quelque sorte. Ils ont écopé de dix à vingt ans de prison. L'un d'entre eux, par exemple, accomplit une peine prononcée quatre ans auparavant par le tribunal militaire de Metz, pour espionnage. Motif précis : a livré aux services allemands de l'*Abwehr* des plans concernant la ligne Maginot. Frédéric Martin occupait évidemment une place qui avait facilité sa tâche : il était entrepreneur de travaux publics et avait participé, à ce titre, à l'édification de la fameuse « forteresse » défensive française. Démasqué par le 2e bureau, Martin ne pensait désormais qu'à une seule chose : s'évader. Et là, sur ces routes du désastre, la confusion portée à son comble, il trouve une occasion inespérée. Les gardiens de la centrale s'inquiètent de l'approche des Allemands et relâchent leur vigilance. Ils finissent purement et simplement par abandonner leurs prisonniers à leur sort...

Lucien Doussot a-t-il alors noué des relations avec ces espions patentés? Ceux-ci, pour la plupart, leurs geôliers disparus renoncent à courir leur chance à travers champs et choisissent de se faire connaître des Allemands. Ils réintègrent sans mal le camp qui était le leur. Frédéric Martin par exemple mieux que tout autre. Sous le nom fort élégant de Rudy de Mérode, il se transforme rapidement en élément huppé de la collaboration parisienne...

Quant à Doussot, pourquoi ne pas lui faire crédit sur un point? Sans doute ce « contact » avec les Allemands lui a-t-il permis, comme il le dit devant le juge Sérager, « d'être libéré ». Quant à la suite, le doute est permis. Doussot adore mentir et cultive l'art de berner son prochain. « J'ai rejoint, dit-il, ma famille, à Chagny, en Saône-et-Loire. Peu après, j'ai pris la gérance d'un café, à Saint-Jean-des-Vignes... » Doussot ne se souvient pas de l'adresse exacte de cet établissement de la périphérie chalonnaise. Il possède une excuse puisque, insiste-t-il, « je m'occupais alors, surtout, de faire passer la ligne de démarcation à des prisonniers et des civils... ». Passeur, Lucien Doussot? Intrépide, semble-t-il : « ... J'ai été pris deux fois par les Allemands et chaque fois j'ai réussi à m'évader. »

Parmi ceux qui l'ont connu ou rencontré dans l'exercice de cette fonction, peu témoignent dans ce sens. Cette Lyonnaise par exemple reconnaît avoir eu recours à ses services en 1942 : « Il tenait un café à Saint-Jean-des-Vignes et devait avoir un représentant à Lyon prénommé " Marcel " auquel je m'étais adressée pour passer la ligne. La première barque où je me trouvais lors du passage a bien traversé mais la seconde fut arrêtée par les Allemands et ceux qui s'y trouvaient furent emmenés... » Trouvant refuge dans le café tenu par Doussot, la cliente de celui-ci découvre là un repaire pour « trafic de passeurs », un monde « interlope, se faisant peu de soucis de la présence allemande particulièrement sévère à cet endroit de la ligne de démarcation ».

De son côté, le gendarme Dubost, en poste de surveillance dans ce secteur, a connu, en 1942, « Lulu ». Des difficultés avec les douaniers allemands? Oui, Doussot en a rencontré : « Une fois, sous mes yeux, ayant présenté son *ausweis*, le douanier l'a invité à entrer dans le bâtiment pour vérification. » Mais, sans ennuis majeurs, il est reparti, enfourchant prestement sa bicyclette.

Ce qui est sûr, affirme le gendarme, c'est que « Doussot, à cette époque, gagnait beaucoup d'argent et il avait la réputation de profiter de la situation. Je me souviens, alors qu'il était presque le seul passeur du coin, qu'il m'a confié un jour :

" Plutôt que de me casser la nénette à faire le va-et-vient, j'ai plus d'intérêts à ne faire le passage qu'une fois par semaine, de faire attendre quelques jours les gens. Ils voient les difficultés et ils casquent davantage... " »

A la femme d'un officier qui voulait regagner Paris, il « avait ainsi demandé 15 000 F », l'avait laissée en plan en plein passage, prétextant « que l'argent ne suffisait pas » et qu'elle devait aussi lui accorder ses faveurs. On ne l'a plus revue, ajoute le témoin dont Doussot récusera, avec véhémence, les affirmations. Sur les chiffres surtout : « Les prix demandés étaient les mêmes dans les deux sens : il y avait une tolérance de 500 F par tête. »

Le maire de Saint-Jean-des-Vignes se souvient, pour sa part, qu'il ne fréquentait pas le débit de boissons de « Lulu » : « Il n'était pas très bien tenu et les clients étaient des gens de moralité douteuse. »

Voilà des dépositions qui ne plaident guère en faveur de Doussot. Comment cerner sa véritable personnalité?

L'inspecteur de la police judiciaire Maurice Laus, qui rédige les sept pages de son rapport, ce 21 juin 1949, sait, sans l'ombre d'un doute, que le personnage dont il rend compte des actes à son divisionnaire n'est pas seulement une petite frappe. Il aligne, les unes après les autres, les étapes d'un curriculum. En 1942, Doussot est bien passeur à la ligne de démarcation. Il a bel et bien été arrêté par les Allemands. Mais là encore ce n'est pas une évasion qui l'a rendu à la vie au grand air : « ... Durant sa détention, il a été recruté par le nommé Moog, chef de l'équipe française du SD *. C'est ainsi, continue l'inspecteur, qu'on retrouve Doussot parmi le personnel de la Gestapo lyonnaise où il ne tarde pas à diriger une équipe rattachée à la sous-section IV E. » Moog, l'agent très protégé et bien noté, venu de l'*Abwehr*...

Au service de Moog

La version de l'intéressé, sans surprise, diffère. Après l'invasion de la zone libre par les Allemands, le 11 novembre 1942, Doussot, privé bien sûr de son rôle de passeur, aurait débarqué à Lyon, au bras de sa maîtresse – une certaine Renée –, laissant sa propre famille à Chalon. Vivant d'activités sur lesquelles il ne s'étend guère, il aurait fini par rencontrer un ex-compagnon de la ligne de démarcation, dénommé Cutta, expert en marché noir, et en relation suivie avec un officier allemand, à l'hôtel du Helder. C'est lui qui, un jour, lui aurait dit :

– Viens, je vais te présenter quelqu'un...

Ce quelqu'un était de la Gestapo dont Doussot serait ainsi devenu membre.

Mais avec une nuance d'importance. Gestapiste, oui.

* SD : *Sicherheitsdients*, Service de sécurité.

Mais sur ordre de la Résistance. Agent double, Doussot! Et ce ne seraient pas, paraît-il, les attestations qui lui manqueraient!

L'inspecteur Laus, en 1949, était probablement un policier obstiné. Il a peaufiné son dossier. Il a interrogé celui que l'occupant désignait sous le matricule « K4 », le numéro d'identification utilisé pour René Saumande qui moisissait, en mars 1949, à Fresnes, dans l'attente de son procès. Il se souvenait clairement de Doussot :

« Je l'ai connu, confia-t-il à l'inspecteur, sous son pseudonyme, " André ", alors qu'il appartenait au SD de Lyon [...] Je suppose qu'il a été recruté par Moog, qui dirigeait pratiquement l'équipe française de la section IV E [...]. Je me souviens avoir déjà remarqué sa présence quand j'ai commencé à fréquenter le SD, à l'École de santé militaire de Lyon, au mois de mai 1943... »

Or Doussot ne nie absolument pas avoir fréquenté le dessus du panier des services allemands. Il raconte même comment les présentations ont été faites :

« ... Par l'officier allemand du " Helder ", l'ami de Cutta, un contact fut pris, téléphoniquement, avec le lieutenant Barbie, de la Gestapo, pour lequel il me fournit un mot d'introduction. J'allai aussitôt à l'École de santé. Je me présentai à Barbie qui, après lecture de la lettre, me demanda pourquoi je venais proposer mes services. Je lui répondis que j'avais besoin de gagner ma vie, que j'étais partisan de la collaboration. Je ne lui cachai pas que j'avais fait le passeur. Il dit que cela ne l'intéressait pas. A ses yeux, une seule chose comptait : la loyauté vis-à-vis de lui. Ceux qui ne suivaient pas ses ordres ou trahissaient étaient impitoyablement abattus. Barbie fit alors appeler un homme répondant au nom de " Peters ". Il me le présenta : " Voici un agent, lui dit-il, qui va travailler avec vous. " Je sus plus tard qu'il s'appelait en réalité Robert Moog. Ce dernier me tint à peu près le même discours que Barbie et m'expliqua ce qu'il attendait de moi... »

« Je fus affecté à la section IV E, commandée par deux lieutenants allemands : Krull et Schmidt, aidés par l'interprète Sthall... »

Doussot s'intègre à l'équipe française, dirigée par Moog, et composée d'individus qui se désignaient le plus souvent par leur prénom ou leur nom de guerre : René, Bob, Thys, Pierre de Mornant, Henri... « Pendant deux mois environ, insiste Lucien, je procédai à des vérifications d'adresses et je recueillai des renseignements sur des personnes dont le nom m'était fourni par Moog. Au cours de cette période, je ne participai à aucune arrestation... »

Sans doute la période d'essai ne se réduit-elle pas à d'innocents travaux de routine. Par ailleurs, Doussot a toujours situé après juin 1943 son entrée à la Gestapo de Lyon, au service de Moog. Alors que tout laisse penser que son action devint prépondérante au moins au printemps de cette année-là. Une action qui ne s'assimile en rien à celle d'une simple recrue. Car Lucien Doussot se pique de jouer le grand jeu, démontrant rapidement ses aptitudes, de façon telle... qu'il se glisse dans la peau d'un agent double. Ses innombrables relations, « amitiés dévoyées » ou conséquences de services rendus avec promesse de compensation, tout cela conquis lors de son activité de passeur sur la ligne de démarcation, l'avaient grandement servi. Selon l'abondant récit de ses exploits (aux versions multiples), ce condottiere des années sombres aurait retrouvé, peu après son admission chez les Allemands, une relation, le capitaine d'aviation Bazot, qu'il avait « connu à Saint-Gengoux-le-National », en Saône-et-Loire, « au cours, précise-t-il, de mes expéditions à la ligne de démarcation ». Il n'ignorait pas l'appartenance de cette connaissance au monde de la Résistance, à Combat. Il lui confia ses intentions de travailler pour l'occupant, qui se concrétisaient déjà, mais avec une proposition à la clé : pourquoi ne pas utiliser ses compétences comme informateur, en tant qu'agent infiltré au cœur même de la Gestapo lyonnaise ?...

Bazot aurait réclamé un temps de réflexion. Puis il aurait demandé instamment à Doussot d'entrer à fond dans le rôle de l'agent double. Il avait vu son supérieur, le commandant Battesti : il avait carte blanche pour mener à bien cette opération de noyautage !

Les résistants témoignent

Dans sa propre version des faits, Laurent Bazot, ancien adjoint de Claudius Billon, fondateur de l'AS, confirme, quelques années après le procès Doussot, les circonstances de sa rencontre avec ce dernier qui l'avait guidé à plusieurs reprises lors de passages de la ligne de démarcation. Puis, « je restai sans aucune nouvelle ni aucun contact personnel avec Doussot jusqu'au début de l'été 1943 où il vint me trouver à l'hôtel Confort, rue Confort à Lyon, où j'avais des contacts assez réguliers. Il était renseigné par Mme Combe qui était en contact avec ma femme. Il me dit brutalement qu'après avoir fait un peu de ravitaillement pour les Allemands, il venait d'être convoqué à l'hôtel du Helder, rue de Marseille, à Lyon, où on lui avait proposé d'entrer à la Gestapo sous les ordres des Allemands. Il me dit qu'il lui fallait ou accepter ou disparaître, et qu'il était prêt à y entrer s'il pouvait le faire avec un agrément et pour aider la Résistance. La question était trop importante pour que je le prenne sur moi et je lui demandais quelques jours pour lui apporter la réponse de personnages qualifiés.

Je demandai une entrevue à Battesti, chef national

NAP, à notre lieu de rencontre habituel, chez monsieur Longepierre, rue Barodet, à Mâcon. Cette entrevue eut lieu en présence de monsieur Guillermin, chevalier de la Légion d'honneur, chef départemental de Saône-et-Loire. Battesti se déclara parfaitement d'accord, me demandant de rester à Lyon pour m'occuper de cette affaire et exploiter au mieux les renseignements en attendant qu'il m'ait donné un contact dans ce but [18]... »

« Battesti » n'était autre que Marcel Peck qui occupa, véritablement, la direction de Combat en « R 1 » avant d'hériter de la responsabilité des MUR sur la même région. « De taille moyenne, brun, petite moustache, très mince, le décrira Frenay, il a l'élégance de bon ton. Ancien élève de Sciences Politiques, il affectionne les costumes sombres et le chapeau à bord roulé. Sa politesse est grande, son humour presque britannique [...] ... A la tête de la région lyonnaise " R 1 ", sous le nom de " Battesti ", son courage tranquille, souligné par trois évasions, sa méthode, son efficacité, en font un chef de région comme la Résistance en a peu connu. A Paris, à l'automne 1943, la Gestapo l'arrête. Jamais il ne reviendra [19]... »

Malheureusement, Marcel Peck-« Battesti » n'est plus là pour confirmer ou infirmer les dires de Doussot ou de Bazot. En revanche, Henri Guillermin, chef des MUR pour la Saône-et-Loire, questionné sur sa participation aux entretiens avec Bazot, répond lors de l'instruction de l'affaire Doussot :

« ... C'est " Battesti " lui-même qui m'a fait connaître Laurent (Bazot) en mai 1943 au cours d'une visite dans mon département [...] En juillet, sur la demande de Laurent, Battesti le revit en ma présence chez monsieur Longepierre qui était notre contact à Mâcon [...] Il fut convenu que Laurent serait chargé des infiltrations à la Gestapo et mettrait au point les contacts. A cet effet, il devait se rendre à Lyon immédiatement, ce qu'il fit. Je crois effectivement que Laurent n'est pas lui-même entré à la Gestapo, en tout cas, il fut accrédité par Battesti et moi-même et à sa demande on lui certifia que son activité serait couverte par nous. Si Battesti était encore des nôtres, il est certain qu'il prendrait sa défense ; je le ferai en son nom aussi bien qu'en mon nom personnel. J'ai encore dans mes archives un compte rendu qui mentionne cette action. Le service fut d'ailleurs rapidement sur pied avec une boîte aux lettres dans un hôtel près de Bellecour (hôtel Condor ou Confort) et des renseignements de première importance nous parvenaient rapidement. Il me semble même que Battesti avait le contact direct avec Laurent à Lyon [20]... »

Il reste que la mission confiée à Bazot s'entoure d'une certaine discrétion qui, de naturelle qu'elle était pour une affaire si délicate, virait à l'étrange aux yeux de proches de Marcel Peck : « Si Doussot, à en croire sa secrétaire, avait été agréé par " Battesti " comme agent double près de la Gestapo, soit en juillet 1943, " Battesti " n'était plus responsable des MUR. En effet, " Battesti " avait été arrêté par la police française en février ou mars 1943 ; détenu, il s'évade trois jours plus tard et prend le maquis jusqu'en juin 1943, date à laquelle il revient à Lyon. A partir de mai 1943, au moment de la fusion, " Battesti " n'a plus la responsabilité de la zone Rhône-Alpes, il n'a plus qu'un rôle d'adjoint. Le responsable était le général Joinville. Il me paraît donc impossible ou tout au moins douteux que " Battesti " ait pris la responsabilité d'accréditer un agent double sans en parler à ses conseillers ou à des familiers, surtout au moment où il allait quitter la région [21]. »

En revanche, la réalité des contacts Bazot-Doussot existe. L'hôtel Confort à Lyon en est le théâtre principal. Avec de bonnes raisons, puisque Bazot y possède des intérêts. Cet établissement s'entoure d'une réputation peu favorable fondée sur la clientèle interlope qu'il accueille. Le chef du réseau « Dupleix », Marcel Dreyfus, alias « Lafond », à qui les sources de renseignements provenant de Lucien Doussot sont destinées, se souvient, au moment de sa déposition, de l'atmosphère oppressante et finalement peu rassurante dans laquelle il rencontre pour la première fois Bazot. Par l'intermédiaire d'un ami inspecteur de police – l'inspecteur Klein –, j'ai été conduit, dira Dreyfus, « dans un hôtel de mauvaise réputation : l'hôtel Confort. Là, j'ai été conduit dans une chambre de mauvaise apparence et Laurent Bazot était là. La porte a été fermée à clé et la discussion a commencé. C'est à ce moment-là que Bazot m'a dit qu'il était en relation avec un des chefs français de la Gestapo de Lyon qui, par patriotisme, avait accepté d'y être après avoir été passeur à la ligne de démarcation [...] J'ai accepté la liaison pour renseignements et Bazot a fait demander par Klein aussitôt 5 000 F dans la chambre même où nous étions fermés à clé. Laurent Bazot m'avait fait mauvaise impression et je conservais la main dans ma poche sur une arme. J'ai refusé de verser quoi que ce soit avant d'avoir obtenu des renseignements, me considérant comme tenu particulièrement, du fait que l'argent était celui du réseau. »

L'argent... Ses interlocuteurs, à la surprise de Dreyfus, mènent grand train. Il confie à l'un de ses adjoints – le lieutenant « Girin »-Hirsch – le soin de maintenir le contact. « Il est certain, concèdera le chef de Dupleix, que nous avons obtenu des renseignements intéressants et des documents, mais à en croire Girin, ces renseignements ont coûté cher à la Résistance. Je lui remettais par mois de 20 000 à 50 000 F pour son budget indicateur [22]... »

Encore n'est-ce là qu'un prix modique à payer pour la Résistance. Car Doussot est la créature de Moog. Et Moog ne plaisante guère avec les résultats obtenus par ses hommes. Il lui faut du rendement. Il en a. Depuis le début de l'année 1943, Lucien Doussot prépare la « livraison » d'un de ses amis, côtoyé de près : Adolphe Clairet, dit « Charles ». Peut-être les deux hommes ont-ils mené, par le passé, quelques affaires en commun? Règlement de compte? Gage d'efficacité, en tout cas, offert aux Allemands. C'est un rapport du SR Dupleix qui résume cet épisode, sur lequel plusieurs résistants, victimes des conséquences de cette arrestation, n'ont par ailleurs aucun doute, et rapporteront des éléments prouvant la « trahison » de Doussot. Mais à la Libération le document du réseau de résistance ne mentionne guère le rôle véritable de l'ami de ce Clairet, alias « Charles », qui cherchait à reconstituer un mouvement démantelé. Ce qui est logique puisque l'ami – Doussot – est l'informateur de Dupleix. Aussi y désigne-t-on d'autres coupables. Mais on y affiche bien l'intervention décisive de Moog :

« " Charles " est arrêté le 2 juillet 1943 à 23 heures, au 21, rue de la République à Oullins. Moog Robert se présente en personne à son domicile accompagné de trois hommes. Ils font irruption revolver au poing dans la cuisine puis enferment " Charles " dans sa chambre. Les cris qu'il pousse ou plutôt les hurlements sont si forts que sa femme s'évanouit. »

Après la ruse, la force, l'ignominie de la torture. Le tout est à la base de la pratique de « K 30 ». Mais en ce début de juillet 1943, la collaboration entre Doussot et Moog est déjà bien avancée. L'infortuné Clairet, fusillé peu après, avait eu le temps de confier à un proche ses soupçons à propos de Doussot : « Il m'a rendu des services, disait-il, mais je commence à prendre des précautions... » Il avait appris ses fonctions, importantes, à la Gestapo [23]. Des fonctions qui le plaçaient en situation de servir, à discrétion, l'un et l'autre des camps pour lesquels il travaillait...

Quant à Moog, on l'avait réclamé, dès mai 1943, avec insistance sur Lyon, et cela au plus haut niveau :

« ... Le *Sturmbannführer* Kieffer, qui avait toujours été prévenant à notre égard et qui était en parfait accord avec nous, m'exprima le désir que " K 30 " se rendît pour quelque temps à Lyon, étant donné qu'on y avait d'urgence besoin de lui. Pour l'amour de la cause, j'ajournai les questions personnelles et je donnai mon consentement [24]... »

Ainsi s'exprimait Ludwig Heinrich Kramer, de l'*Abwehr* de Dijon, qui se résignait à prêter son meilleur agent à Hans Kieffer, de la section IV du SD de Paris. Cet ancien chef de la police criminelle du pays de Bade, passé à la Gestapo, travaillait avec maestria aux retournements en tous genres. Or, il y avait fort à faire sur Lyon. Moog s'en charge. Ses premiers jalons plantés, il infiltre le terrain. Sa première grande mission, avec le renfort de précieux auxiliaires venus de Marseille, confirme toutes ses possibilités...

Notes

1. Lors des recherches effectuées sur ce personnage, M. Adolphe Moog eut l'obligeance de me communiquer l'arbre généalogique de sa famille dont le berceau se situait à Schleithal, près de Wissembourg, dans le Bas-Rhin. Mais de Robert Moog, aucune trace, ce qui était une sorte de réconfort pour A. Moog... d'ailleurs titulaire d'une « carte de patriote réfractaire à l'annexion de fait » de l'Alsace, puis d'une affectation, en 1944, dans la 1re armée française, au sein du bataillon des Alsaciens-Lorrains. L'homme que nous cherchions n'était pas du même bord...

2. A. Devigny, *Je fus ce condamné*, Presses de la Cité, 1978.

3. Le colonel Groussard, « ancien commandant en second de l'École militaire de Saint-Cyr, chauve et portant monocle, ressemble à s'y méprendre au célèbre acteur allemand Eric von Stroheim » (*in* R. Tournoux, *Pétain et la France*, Plon). Il a pris une part active, en 1940, à différents épisodes agitant Vichy et la cour du maréchal, avant de choisir le camp de la Résistance.

4. A. Groussard, *Service secret : 1939-1945*, La Table Ronde, 1964.

5. Cité par H. Noguères, *Histoire de la Résistance en France*, t. III, Paris, Laffont, 1982.

6. Rapport Devigny, document de 49 pages dactylographiées figurant au dossier d'instruction du second procès Hardy.

7. Ces appréciations sur Moog sont issues d'un rapport de 1943 établi par Kramer et s'intitule « Prise de position au

sujet de la lettre du commandant de la Police de Sûreté et du SD en France du 10 septembre 1943, relative aux informateurs " K 30 " et " K 4 " de l'antenne de Paris du poste du SR de Dijon (mise au point) ». Document joint au dossier d'instruction du second procès Hardy.

8. Rapport Devigny, *op. cit.*

9. Lettre de D. Latapie à l'auteur, le 16 mars 1988.

10. Lettre de M. Vuillemot du 25 mars 1971. Archives Latapie.

11. D. Latapie, *op. cit*, sur l'activité des réseaux : Archives du SOE (AN, 72 AJ 2009).

12. Lettre de M. Petit à D. Latapie du 25 mars 1971, communiquée à l'auteur.

13. Rapport Devigny, *op. cit.*

14. A. Devigny, *op. cit.*

15. Déclaration de Mme Deletraz à l'audience du 5 mai 1950 du procès Hardy (Notes d'audience, tribunal militaire de Paris, Caserne de Reuilly, Dossier Hardy).

16. Paul Dreyfus : « Celle qui tenta de sauver Jean Moulin », in *Lyon-Matin* du 4 juillet 1984. Récit d'après l'interview de Mme Deletraz.

17. A. Devigny, *op. cit.*

18. Les déclarations de Doussot sont issues d'une audition devant la BST de Lyon du 4 janvier 1945 et d'un *Mémoire sur mon activité* rédigé, en cours d'instruction de son procès, par Doussot lui-même (C. de J.). Celles de Laurent Bazot proviennent d'un résumé-justificatif destiné à répondre à certaines attaques de milieux résistants, établi le 7 mars 1956 (doc. de l'auteur).

19. H. Frenay, *La nuit finira.*

20. Lettre d'Henri Guillemin écrite, en 1948, à Mlle Soucelier, ex-secrétaire de Marcel Peck. Il précisait également : « L'affaire Doussot est appelée à avoir un grand retentissement et il semble que l'on veuille s'en servir pour attaquer Combat d'une façon détournée. » Et aussi, après avoir détaillé les services rendus par Doussot : « Qu'à part cela, Doussot soit coupable de crimes, c'est très possible et n'avons pas lieu de le défendre... » (Dossier Doussot, C. de J.)

21. Témoignage de Mlle Soucelier du 5 juin 1948 devant le juge Serager (C. de J.).

22. Témoignage de M. Dreyfus le 30 juin 1948 devant le juge Serager (C. de J.).

23. Le dossier de Cour de justice de L. Doussot comporte plusieurs dépositions accablantes sur cette affaire Clairet, en particulier celle de Miss Mary O' Shaughnessy, agent anglais qui sera déportée à Ravensbrück...

24. Rapport Kramer, *cf. supra* note 7.

CHAPITRE IV

La filière marseillaise

Début 1943, un homme se familiarise avec le milieu marseillais. Ernst Dunker, sujet allemand, n'est pas vraiment comme les autres. Policier, truand, gestapiste, la trentaine fraîchement dépassée – il est né le 27 janvier 1912 à Halle –, Ernst a pratiqué une foule de métiers avant de se voir intégrer parmi l'élite, composite, de la police nazie dans la France occupée.

Grâce aux nombreux dossiers qui lui sont consacrés dès 1945, on découvre qu'il possède des qualités remarquables de polyglotte puisque, en plus de sa langue maternelle, il maîtrise le français, l'anglais et l'italien. Il dit avoir poursuivi des « études secondaires », mais il reconnaît avoir été condamné, dès 1931, à quatre mois de prison avec sursis pour « vol et braconnage ». L'école de la rue, celle des bas-fonds, voilà ce qu'il fréquente en réalité. Sa dernière profession avouée, avant-guerre : chef de réception d'un grand hôtel. Mais sa vie ? Celle d'un homme instable : à vingt ans, il aurait été barman à l'hôtel et au casino de la plage à Saint-Raphaël, puis à La Baule. A Rome ensuite, puis au Grand Hôtel de Milan. En 1935, c'est le *Grosvenor House* à Londres qui l'emploie comme garçon. Puis le voici steward pendant quatorze mois, sur des navires hollandais et britanniques. Vie d'aventures. A Berlin, il est gérant d'un bar « bien fréquenté », le *Blaue Engel*, mais c'est aussi un souteneur et un homme apprécié du milieu. La mobilisation et la guerre, qui l'incorporent, en février 1940, au 99e bataillon d'infanterie stationné en Brandebourg, ne chassent pas, chez lui, le naturel. La campagne de France, en juin, le mène, au sein du régiment *Grossdeutschland*, jusqu'à Dunkerque où il est blessé. Déclaré inapte au service actif, il est nommé dans un corps d'interprète. Un stage, à Halle, le confirme dans cette fonction et il est expédié à Saint-Germain-en-Laye, dans les transmissions. Mais une relation – il en a beaucoup – lui propose un avancement rapide s'il accepte de travailler pour la GFP, la *Geheime Feld Polizei*, cette « police secrète de campagne » qui assure, sous l'autorité de l'état-major allemand, le maintien de l'ordre dans la France occupée. Après un stage dans une école spécialisée à Altenburg, en Thuringe, Dunker revient en France, à Paris, en avril 1942, au siège de l'un de ces groupes de la GFP, à l'hôtel Derby, 5, avenue Duquesne. En août, il est nommé sergent et le mois suivant, il a été versé dans les services du SD, rue des Saussaies à Paris. Les services de Himmler, le maître de l'ordre policier nazi, prennent le pas sur les organisations de l'Armée allemande...

Mais Dunker se soucie surtout de ses propres affaires. Après s'être laissé entraîner dans de louches histoires, il est bientôt inquiété pour d'illicites trafics. Il se réfugie au Radio-Bar, rue du Faubourg-Montmartre, y fait connaissance de « Paris la nuit », « Paris encanaillé ». Mais, rapidement, il choisit de se soumettre : quatre semaines en cellule le font réfléchir. Mais Dunker a de solides appuis. Avec les ténors de la collaboration, la pègre qui sévit, rue Lauriston avec les Bonny, Laffont et consorts, les agents de la Gestapo – et non des moindres – dont le pouvoir est devenu exorbitant.

« A ma sortie de prison, raconte lui-même Ernst, j'ai continué encore pendant quelque temps mon service à Paris, puis j'ai été muté à Marseille, à la section " 4 E " (contre-espionnage). »

C'était le prix de son rachat ; une collaboration, souhaitée efficace, avec les services du Sipo-S D de Marseille. Ceux qui misent sur sa personne ne seront pas déçus...

*L'*Abwehr *ouvre la chasse*

A en croire Dunker, ses débuts sur la Canebière sont difficiles : « A mon arrivée à Marseille, j'ai été mis sous les ordres directs du sous-lieutenant Kompe, chef du " 4 E ". Comme les renseignements qui m'avaient suivi n'étaient pas des plus flatteurs pour moi, j'ai été employé au début comme interprète au service de l'adjudant-chef Grosser. Notre collaboration a duré environ une semaine et, comme nous ne nous arrangions pas, on nous a affecté à chacun un bureau. A partir de ce moment, fin mars 1943, toujours sous les ordres de Kompe, j'ai bénéficié d'un peu plus d'initiative... »

Une rencontre qui contribue à son éclatante réussite dans cette mission qui est désormais la sienne : la chasse aux résistants. « ... C'est à cette époque qu'un officier de l'AST de l'hôtel Lutétia à Paris, nommé Hasse-Heyn, est venu en opération à Marseille... »

Helmut Hasse-Heyn, 33 ans, originaire de Dresde, est un jeune capitaine de l'*Abwehr*, aux brillants antécédents. S'il a été officier dans un régiment d'infanterie, il a surtout agi souterrainement, avant-guerre, en Éthiopie, au Soudan, en Angleterre, avant d'être affecté à l'*Abwehr*-Paris dès 1940. Il a cependant connu, en 1941, au cours d'opérations menées par des réseaux qui agissaient en zone alors libre, quelques déboires. Arrêté par les services du contre-espionnage de Vichy qui tenaient à empêcher l'activité illégale des agents allemands dans le Sud de la France, Hasse-Heyn, transféré à Oran, avait été... condamné à mort. On se doute que Berlin prit fort mal la chose et exigea la libération de l'officier. Ce qui fut obtenu, sous la menace. Hasse-Heyn put ainsi reprendre du service et se consacrer à d'intéressantes pistes. Entre autres celles qui le conduisent, en ce printemps 1943, droit sur Marseille où il s'entremet avec la faune locale tout en sollicitant le concours de Dunker. Un Dunker qui, pour mieux s'insérer dans ce milieu qui doit lui devenir familier, a adopté le patronyme très français de « Delage ». Un Dunker qui, sous la conduite de Hasse-Heyn, noue d'utiles connaissances avec des figures patibulaires. « Ainsi, j'ai connu Antoine Tortora, propriétaire de l'hôtel où cet officier de l'*Abwehr* était descendu ; Gaston Daveau et sa maîtresse, Maguy... »

Un trio infernal : Tortora, dit le Boxeur, Corse tenancier de l'hôtel du Musée dont la réputation de tortionnaire se répand vite dans tout Marseille. Gaston Daveau, un ancien de la LVF, récupéré en février 1943 par le Sipo-SD de Marseille. Son amie, Marguerite Magno, alias Maguy ou la Belle Rousse, odieusement raffinée dans les sévices qu'elle inflige aux hommes et aux femmes de la Résistance qui échouent au 425, rue Paradis, le siège de la « Gestapo » marseillaise.

Ce n'est toutefois pas pour le plaisir de le perdre avec de mauvaises fréquentations que le capitaine Hasse-Heyn présente ses agents à Dunker : « Hasse-Heyn, selon les dires de ce dernier, poursuivait une enquête au sujet d'une organisation anglaise, chargée du rapatriement des aviateurs parachutés dans les lignes allemandes à la suite d'accidents matériels. C'était en même temps une organisation d'espionnage.

Le rapport qui traitait de cette organisation était cité comme étant le rapport Akropolis [1]... »

Le réseau Akropolis a pour mission de récupérer et de rapatrier les aviateurs abattus en Hollande, en Belgique et dans le Nord de la France. Or, une de ses « boîtes aux lettres » est en service à Marseille ; son existence, percée, devient capitale pour les Allemands... Une autre opération vient se greffer sur celle-là, traitée par le BDS – Paris *, et qui s'attache à réduire l'activité d'un réseau de l'Intelligence Service : elle porte le nom de code de « Grossfürst » (Grand Duc). Avec Akropolis, et en fonction d'un enchaînement, d'une cascade de révélations et d'arrestations, elle va constituer l'un des plus vastes coups portés contre la Résistance. Qui, de loin, dépasse le cadre marseillais et la région « R 2 »...

Le « rapport Flora »

Un document d'une exceptionnelle importance décortique cette dramatique affaire. Connu sous le nom de rapport « Flora », il a été maintes fois cité – souvent partiellement – sans faire vraiment l'objet d'un examen approfondi. D'après Dunker, « le rapport final de l'affaire Flora a été rédigé et signé par moi. Par ordre de mon chef, le lieutenant Kompe, chef de la section " IV E " (contre-espionnage), j'ai personnellement effectué les recherches, arrestations et interrogatoires de la plupart des 122 personnes accusées d'une activité clandestine dirigée contre les troupes d'occupation [2]... »

Le rapport précise d'emblée que les actions retracées dans ses quarante pages ont touché les huit départements correspondant à l'ancienne région R 2 de

* *Befelshaber der Sicherheitspolizei*, la direction du Sipo-SD de Paris.

Combat. « Pendant la période qui s'étend du 14 avril au 4 juillet 1943, ont été arrêtées : 120 personnes. Se sont volontairement présentées, après " rendez-vous " : 2 personnes. »

La précision est d'une égale rigueur dans la description de l'origine des opérations :

« L'affaire Flora a débuté le 14 avril 1943 après la découverte fortuite, le 10 mars 1943, dans la boîte aux lettres de l'affaire locale *Akropolis*, d'un renseignement qui mentionnait " 7 000 recrutés dont 4 000 * étaient sûrs " et qui portait l'adresse : Floiras, 9, rue Vitalis, Marseille. L'interrogatoire des personnes arrêtées, la mise en action de cinq agents doubles et l'utilisation de boîtes aux lettres de l'organisation ont permis les arrestations en chaîne. Le travail a été rendu difficile par le fait que la plupart des membres n'étaient mentionnés que sous leurs pseudonymes et que leurs adresses étaient rarement connues. Sur les 122 inculpés, 105 ont été convaincus être des membres actifs ou des auxiliaires de l'organisation ou être au courant de ses activités [3]. »

Au 9 de la rue Vitalis, Floiras constitue le point de départ de l'opération. Auguste Floiras est membre du réseau britannique « Jockey » dirigé par Francis Cammaerts et dépendant de l'organisation « SOE » de Buckmaster. Il a été formé comme radio en Angleterre avant de revenir, à l'automne de 1942, pour travailler avec le réseau « Carte » de Girard et Frager qui opère dans le Sud de la France. « Carte » est cependant en pleine déconfiture au printemps suivant et se transforme en pôle d'attraction pour tous les agents ennemis. Le fameux sergent Bleicher – alias le « colonel Henri » – de l'*Abwehr* colle aux traces des agents SOE. Cammaerts (« Roger »), envoyé en France en mars 1943 pour soutenir Frager à la tête d'un nouveau réseau,

* Nombres exagérés !

Donkeyman, flaire l'imminence du danger. Il décroche et va reformer, dans le Sud, sa propre organisation : Jockey. Floiras, de son côté, a la chance d'échapper au piège tendu à Marseille. Ce n'est en revanche pas le cas pour sa femme, arrêtée le 19 mars 1943, puis sa fille.

Ce sont les deux premiers noms inscrits sur le copieux rapport Flora. Redoutable honneur : l'appellation de ce document dérive, par déformation, du nom de Floiras.

A partir de ce moment, une cascade d'arrestations submerge la Résistance, localement d'abord, avant d'atteindre d'autres bords. Le cloisonnement, règle d'or de la clandestinité, est loin de fonctionner de façon stricte. Des agents du SOE se placent assez vite dans le collimateur allemand. Avec l'arrestation, le 15 avril 1943, d'Albert Arnous, reconnu comme le « chef des mouvements unis à La Ciotat et courrier pour terrains d'atterrissages » (*sic*), sont recueillies « des informations au sujet d'un chef important de St-Joriot (*sic*) en Haute-Savoie. » Il faut lire Saint-Jorioz où, le 16 avril, Peter Churchill, en compagnie d'Odette Sansom, sont cueillis, à leur hôtel, par l'Allemand Bleicher. Un Peter Churchill déjà repéré et fiché dans le cadre de l'affaire Jura menée par Moog sur la région toulousaine. Les Allemands peuvent recouper leurs informations. Le monde, ce monde-là, est décidément bien petit...

Ces arrestations de Haute-Savoie, précise l'historien du SOE, MRD Foot, entraînent de funestes conséquences pour plusieurs agents. Même si la chance ou des erreurs de l'*Abwehr* limitent les dégâts. Flora enregistre quelques bribes de ces opérations en désignant notamment un « grand chef, grand maigre (*sic*), vivant avec sa femme dans une villa en face de la gare de Saint-Joriot (*sic*), en Haute-Savoie ». Visiblement, Akropolis et Grossfürst ont alimenté des sources d'information sur Churchill et son entourage. Preuve en est, un passage du rapport Flora sur deux agents qui ont également travaillé avec le réseau « Carte » et qui ont été cueillis le 23 avril par les Allemands : Ted Coppin et son courrier « Giselle ». L'obscurité demeure, écrira Foot, sur les circonstances de leur arrestation [4]. En lisant Flora, on retrouve successivement deux noms, sous les numéro 27 et 28, dans l'une des listes de ce rapport :

« 27 – Vidal Jean-Pierre, français (?), célibataire, catholique, né le 20-05-1915 à Alger, navigateur ; domicilié hôtel Sainte-Marie, 50, cours Belsunce à Marseille (l'identité connue est vraisemblablement fausse, il est citoyen anglais et officier). Arrêté le 23-04-1943. Concerne l'affaire Grossfürst à Paris (alias Jean-Pierre, alias Gilles). Agent anglais de l'IS...

28 – Femme Exporton Yvonne, célibataire, catholique, française, née le 20-10-1901 au Puy (Haute-Loire), sans profession ; domicilée hôtel Sainte-Marie, 50, cours Belsunce à Marseille (identité vérifiée, exacte). Arrêtée le 23-04-1943. Agent de l'IS. Concerne l'affaire Grossfürst à Paris... »

Derrière « Vidal » se cache Ted Coppin, et la femme Experton (et non Exporton) est « Giselle » ; tous les deux sont tombés, victimes de Grossfürst. La seule indication sur leur destinée est la suivante : « Transférés le 28-06-1943, en convoi, à Fresnes... »

Les succès de Dunker

Ces opérations prennent donc une ampleur considérable. Or la poursuite de la lecture de Flora réserve d'immenses surprises. Fâcheuses pour la Résistance française, de bon augure pour les Allemands. Chez ces derniers, après l'*Abwehr*, qui a mené le début de ce bal maudit, les sbires du Sipo-S D vont prendre le relais. A l'image de l'effacement progressif du capitaine Hasse-Heyn, à Marseille, au profit de Dunker-« Delage » qui, le 28 avril 1943, entame une phase décisive de son travail dévastateur :

« Le 28 avril 1943, j'ai été désigné pour aller opérer l'arrestation du colonel Duboin Léon, chef régional de l'Armée secrète à Toulon, 13, boulevard de Strasbourg. A cette adresse, nous avons effectué une perquisition et nous avons saisi une certaine quantité d'archives. Au cours de cette opération, à laquelle assistaient Duboin et sa femme, un nommé Brown Léon Charles, alias Leroy, alias Bruner, ingénieur-radio, chef régional de groupe-franc, et Arnoux Robert, représentant de commerce, membre de l'AS, se sont présentés et ont été appréhendés [5]... »

Le colonel Duboin, qui exerce en effet les fonctions de responsable de l'AS pour le Var, ne reste guère longtemps vivant entre les mains des Allemands. Trompant la vigilance de ses gardiens, il parvient à s'empoisonner entre Toulon et Marseille. Il tombe, pris de tremblements, et meurt à son arrivée au 425 de la rue Paradis. « Brown, qui le connaissait, nous dit qu'un pharmacien de Toulon lui avait fourni du poison pour s'en servir le cas échéant. » Brown qui paraît bavard. Trop. Trente-neuvième nom sur la liste du rapport Flora, il est mentionné à son propos :

« ... Mis au travail le 24-05-1943 en qualité d'agent double. »

Léon Charles Brown fait partie, en effet, des cinq agents, sur un total de cent vingt-deux qui sont arrêtés dans cette gigantesque razzia, retournés, réutilisés par Dunker... Le nombre peut paraître faible mais les effets de ces trahisons sont considérables.

Qui est Brown ? Le commissaire Goubbil, de la surveillance du territoire à Marseille, le sait :

« Pendant l'occupation allemande, au début de

l'année 1943, à Nice, la brigade de police mobile de Nice avait eu à s'occuper d'une affaire d'explosifs et devait arrêter un nommé Brown Léon, alias Brunet, alias Bertrand, de nationalité française, d'origine américaine, industriel, radio, société " Caire ", rue Foncet, à Nice, marié, deux enfants, chef de groupe franc du mouvement Résistance " Franc-Tireur ". A l'époque, j'ai facilité le départ du susnommé et l'ai soustrait à la police de Vichy en lui fournissant une fausse carte d'identité sous le nom de Brunet et avec l'aide d'un collègue, Terrier Louis, j'ai déménagé des armes et munitions d'un local, avant que le service de police précité procédât à la perquisition.

Quelques mois plus tard, ce même Brown est arrêté à Toulon, par les services de la Gestapo de Marseille. Transféré dans cette ville, Brown Léon accepte, à la suite de son interrogatoire, de travailler pour la Gestapo puis devient un agent actif et influent, au point, d'après ses affirmations, de devenir adjoint de Dunker, alias Delage, chef redouté par tous les groupements de Résistance [6]... »

Le commissaire Goubbil, de son côté, précise que Brown, malgré ses nouvelles activités, s'abstient de dénoncer ceux qui lui avaient rendu service et continue même de fournir, « par reconnaissance sans doute », des renseignements sur d'éventuelles arrestations de résistants. Le cas est fréquent [7]. En revanche, sa trahison est entière dans le cadre de son travail au service des Allemands. Le commandant Flavian en fait l'amère expérience. Sous le couvert de la direction régionale des Amicales de la Légion étrangère, il s'est s'engagé, en relation avec les principaux mouvements de la zone sud, dans la Résistance, et avec lui nombre de volontaires légionnaires. Arrêté, entraîné au siège de l'Amicale de la Légion, véritable souricière, Flavian voit arriver Delage, « accompagné de plusieurs policiers et de

Brown, qui ne se cache même pas. Il est, et il le dit avec complaisance, agent de la Gestapo. Il reconnaît immédiatement Geismar, ainsi que l'homme qui l'avait piloté, peu de temps auparavant, dans les rues de Nice. « Ces deux-là étaient donc perdus, au même titre que moi [8]. »

Brown avait choisi son camp. Ce qui lui fournit l'occasion de rejoindre un autre personnage, pris dans les filets allemands le même jour que lui :

« C'est le 28 avril 1943, en revenant de Toulon (après l'arrestation de Duboin et Brown), déclare Dunker, que j'ai rencontré sur le palier où se trouvaient mon bureau et celui de Kompe, au milieu d'un groupe de détenus, celui que j'ai su quelques heures plus tard s'appeler Multon... Cet individu, arrêté le matin même, et qui avait dû être interrogé par Kompe, m'a attiré dans un coin, je crois même que nous sommes entrés dans le bureau de Kompe; il voulait me faire des confidences [...] Je puis toutefois mentionner qu'il avait l'air d'accord avec Kompe et que cet accord avait été réalisé avant mon arrivée. Je ne saurais dire lequel des deux a fait la proposition à l'autre de travailler en collaboration, toujours est-il qu'en ma présence, Multon, puisque Multon il y a, a donné comme premier gage l'adresse de son chef, Chevance, alias Bertin... Ceci se passait dans la soirée, Kompe m'a alors donné l'ordre d'opérer l'arrestation de Chevance, et m'a désigné comme assistants : Tortora Antoine, Daveau Gaston et la femme Maggy [9]... » Dunker a désormais deux hommes dans sa manche : Brown et Multon...

Multon, dit « Lunel »

Qui est ce Multon? Jean de son prénom, né à Preuilly-sur-Claise, petite localité d'Indre-et-Loire, le

3 juillet 1908, marié, père de trois enfants, agent d'assurances, il s'installe, en 1937, plus au sud, dans la Vienne, à Civray. En 1939, la mobilisation l'envoie au 19e régiment d'artillerie à Poitiers, comme maréchal des logis. Après la défaite, il est démobilisé, avec son unité, le 12 août 1940, en Dordogne. Quoi de plus naturel, donc, pour lui, de retrouver ses occupations professionnelles à Civray? Mais avec quelques amis, « il aurait, dès 1940, formé un petit groupe sans rien d'officiel mais qui, ayant des sentiments français, se réunissait pour entendre chaque soir les appels du général de Gaulle, et pour y répondre au moment opportun, et ce jusqu'en 1942. A cette époque, un de ses camarades, le sieur Pestureau, huissier à Civray, prend contact avec un groupement de Résistance à Poitiers par l'entremise de M. Renard, avoué en cette ville. Peu de temps après ce contact, M. Renard est arrêté par la police française; deux de ses camarades, MM. Chapron, huissier à Poitiers, et Saurin, entrepreneur de transports, rejoignent Civray en vue de passer la ligne de démarcation qui n'est distante que de 10 kilomètres. M. Pestureau est arrêté à son tour et, craignant pour sa sécurité, Multon se décide également à quitter Civray avec Chapron et Saurin [10]. »

Henri Noguères, historien de la Résistance, a confirmé la réalité de ces faits : « En août (1942), un vaste coup de filet anéantit à Poitiers le petit réseau " Renard ", du nom de son chef, l'avoué Louis Renard, arrêté ainsi que Lefevre et Cartan, professeurs à la Faculté, Toussaint, Péruchon, Préault. Tous seront exécutés le 3 décembre 1943 à Wolfen Buttel [11]... »

Mais Multon n'a-t-il pas des motifs plus personnels et moins glorieux, pour quitter précipitamment le département de la Vienne?

A la Libération, son dossier de justice est accablant, Multon a quitté Civray pour des raisons guère honorables : « La gestion de son portefeuille d'assurances a motivé une vérification de sa compatibilité qui a fait apparaître un déficit de plus de 60 000 F, ce qui a amené la compagnie L'Abeille à prendre contre lui une décision de révocation. Quoi qu'il en soit, Multon quitte Civray et se réfugie à Pressac avec ses deux camarades ; il gagne ensuite Limoges, Brive, puis Marseille, toujours en contact avec les organisations de résistance locales. Vers le début d'octobre 1942, le trio auquel s'est joint un autre Poitevin, M. Bernard, prend contact à Marseille avec le groupement Combat, dirigé par M. Chevance, alias Barioz, futur général Bertin [12]. »

C'est grâce à la compagne de Chevance, Janine, que s'effectue l'entrée en relation : « Un de ses amis, directeur d'un restaurant marseillais, lui demanda si elle pouvait faire partir pour l'Espagne cinq personnes (dont un médecin et un Poitevin, Multon). Comme Chevance avait alors besoin de personnel, on persuada Multon qu'il pourrait rendre des services en France et Chevance le prit comme secrétaire [13]... »

Chevance-Bertin, en compagnie d'« Avricourt » – Henri Aubry, de « Combat » –, donne rendez-vous aux quatre Poitevins, au parc Borelly : « Nous finissons par conclure que ces quatre garçons, qui se connaissent – ils sont originaires de villages voisins –, ne nous mentent pas. Je leur explique donc ce que fait Combat, et leur propose de devenir des nôtres. »

Il y a parmi eux le dénommé Multon, « qui porte de grosses lunettes de myope et c'est pourquoi, précise Chevance, il s'appellera désormais Lunel. Il va devenir pour moi un secrétaire ponctuel, effacé, efficace [14]... »

Multon et ses compagnons n'inspirent en définitive aucun doute sur leur volonté et leur qualité de résistants, même si Francis Crémieux, de l'AS *, sou-

* Fils de l'écrivain Benjamin Crémieux, responsable du NAP de « R 2 » et bientôt arrêté. Francis Crémieux a participé au développement de l'AS de Combat sur Toulouse.

ligne qu' « ils furent observés pendant près de deux ou trois mois » et que « leur comportement n'ayant pas paru suspect, on confia des tâches de résistance à Multon qui jouit même de la confiance de Chevance dont il fut le secrétaire et même l'adjoint : il le remplaça plusieurs fois quand " Bertin " alla à Lyon pour quelques jours [15]... »

Le drame prend donc naissance ce 28 avril 1943, date funeste pour la Résistance : « Le 28 avril 1943, Multon avait rendez-vous dans l'après-midi, à la taverne " Charley ", boulevard Garibaldi, à Marseille, avec Benjamin Crémieux, alias Lamy, chef du NAP et du SR, et Salducci, alias Jean. A l'intérieur de la taverne, Salducci, qui était assis à une table près d'une femme, fait signe à Multon que deux individus assis à une table paraissaient suspects. Salducci a l'air troublé ; Crémieux, qui les a rejoints, s'aperçoit également de la présence des suspects et du trouble de Salducci. En effet, au moment où Multon s'apprête à s'éloigner, la voisine de Salducci et les deux individus sortent leurs revolvers et arrêtent le trio [16]... »

Le commandant Flavian, parmi les documents cités dans son ouvrage (*Ils furent des hommes*), reproduit une déclaration – comportant des variantes – de l'un des membres de l'équipe française de Dunker ayant participé à cette opération : « Nous devions, Tortora, Gérard, et moi, appréhender un nommé Salducci qui demeurait vers le quai de la Joliette. Lors de notre arrivée, il se trouvait dans son appartement. Nous l'avons arrêté et conduit 425, rue Paradis où Delage l'interrogea. Au cours de son interrogatoire, il avoua avoir rendez-vous avec un membre de son réseau, le soir même, au café *Y a bon*, situé cours Lieutaud. Nous nous sommes rendus à ce bar avec Salducci qui devait me présenter à ses amis comme étant son ami. Après notre arrivée, deux personnes se sont présentées à lui, c'est alors que je suis intervenu et les ai mises en état d'arrestation. Ces deux personnes se nommaient Multon et Crémieux. Gérard blesse le nommé Crémieux alors que ce dernier tentait de s'enfuir. Conduits au 425, rue Paradis, ils furent interrogés par Delage, Tortora, Daveau et moi. Crémieux fut sauvagement frappé par Delage... »

Bref, « dès son arrivée à la Gestapo, Multon est interrogé le soir même; sans violence, il accepte de travailler pour le compte de la Gestapo [17] ».

Et quel travail, vu par le rapport Flora :

« Multon, arrêté ici le 28 avril 1943, et utilisé par le service local depuis le 30 avril 1943 en qualité d'agent double, a été, après un engagement fructueux dans l'intérêt de la cause allemande, mis le 24 mai 1943, comme agent double, à la disposition de l'EK de Lyon *. A la même époque, Multon, courrier, remettait à l'EK de Lyon les informations de Brown, chef régional de Groupe franc, concernant les chefs nationaux et la possibilité de leur arrestation à Lyon (p. 25, n°s 26 à 28); avec mission de surveiller la nouvelle boîte aux lettres de Frenay à l'hôtel de Bourgogne à Mâcon... »

Jean Multon, alias « Lunel », est donc devenu un rouage essentiel du mécanisme allemand actionné par Dunker, alias « Delage » [18]. Il possède toutes les qualités requises pour cela : « De même que Crémieux, précise Chevance-Bertin, l'une des premières victimes de son assistant, constitue une bonne prise pour la Gestapo, de par ses fonctions, Multon connaît l'organisation, les hommes des départements autant que du centre [19]... »

Le risque d'hécatombe, pour la Résistance, s'accentue lorsque l'on associe à Multon son alter ego en trahison, Brown. Communément, Multon, dans tous les récits, d'acteurs, de témoins, ou d'historiens, apparaît

* *Einsatz Kommando.*

seul dans la peau du délateur. Le rapport Flora a-t-il gonflé l'importance du rôle de celui que les Allemands désignent sous l'appellation d' « inspecteur Charles »?

Mystérieux Monsieur Brown

Brown, « né le 27 avril 1920 à Nice », est membre des groupes-francs de Franc-Tireur. On le dit même chef régional de ce mouvement qui, par ailleurs, paie un lourd tribut dans cette vague d'arrestations d'avril et mai 1943. Basé dans les Alpes-Maritimes, il joue aussi, selon Flora, aux informateurs de premier plan sur le secteur lyonnais. Or, dans l'étude fort documentée de Marie Granet et d'Henri Michel sur Combat publiée en 1957, surgit un dénommé Brown, responsable des Groupes-Francs pour « R 1 * », chronologiquement situé entre Nathan dit « Murat » et Marcel Rivière dans les tableaux consacrés à l'organisation du mouvement. D'après Marie Granet : « Ce Brown-là était bien membre des corps-francs de Combat. Il les a même dirigés pendant un certain temps à Marseille après Nathan-" Murat ". Je ne l'ai jamais vu personnellement, mais j'ai connu des gens qui ont travaillé avec lui. Je ne puis donc vous donner aucun renseignement utile [20]... »

L'homme apparaît avec diverses attaches. Une chose est sûre : Flora précise que « Multon remettait à l'EK de Lyon les informations de Brown [...] concernant les chefs nationaux et la possibilité de leur arrestation à Lyon. » Dans ce même rapport, en guise de références sur l'action de Brown, trois noms de résistants, et non des moindres, sont cités, sous les numéros « 26 à 28 » :

« – Alain (pseudonyme), 28 ans, 1,65 m, visage anguleux, cheveux foncés. A joindre, peut-être, par l'inter-

* Le Rhône plus Saône-et-Loire, Ain, Jura, Savoie, Haute-Savoie, Isère, Drôme, Ardèche et Loire.

médiaire de Theobalt Jacques, 40, rue Montesquieu à Lyon où Brown devait diriger les radios et les postes émetteurs. Dans l'intérêt allemand, il faut installer le plus tôt possible, à cet endroit, un opérateur radio. Celui-ci devra se présenter de la part de Le Ray, chef national pour les liaisons entre la France et Londres *.

– Levi ** Jean-Pierre, alias Jean-Pierre, Gilles, Robert, Dupré. Chef national Franc-Tireur. Peut-être joint par la manufacture de boutons « Usine à Boutons » à Ile Roy, banlieue de Lyon. Il faut demander M. Galamand et, mis en présence de celui-ci, demander Robert. Alors Galamand conduit auprès de Robert. Au cas où il réclamerait le mot de passe (dit Brown), il faut, sous la menace du revolver, l'obliger à conduire à son domicile où habite Robert. Ne pas utiliser le tramway. Il ne faut que sept minutes à pied pour le déplacement. Il est aussi possible de dire : « Le colonel Duboin a déjà fourni l'adresse. »

– Capitaine Fresnay (orthographe exacte Frenay), alias Lefevre, Tavernier, Gervais. Chef national de Combat. Personne la plus dynamique et la plus active des MUR. 35 ans, 1,68 m, cheveux foncés coupés court, moustache, fausses lunettes, béret basque, yeux bleus, visage rond, front dégagé, corpulence moyenne, toujours accompagné de sa secrétaire, 50 ans, cheveux blancs, 1,65 m, vêtue de noir et connue sous le pseudonyme de « France ». Toujours sous la protection de deux hommes. On peut le joindre à Mâcon, à 50 km au nord de Lyon, à l'hôtel de Bourgogne où il faut demander Gervais de la part de... (trouver un nom). Il s'agit d'un petit hôtel. Il faut demander le propriétaire. Ger-

* Une note manuscrite en marge du texte indique : « Arrêté à Lyon. »

** Lire Levy.

vais n'habite pas cet hôtel qui est aussi un lieu de " marché noir " et qui est facile à identifier sur place. »

Voilà donc des renseignements concernant à la fois Franc-Tireur, Combat, et sur Lyon en général. Brown n'a sans doute pas occupé de hautes fonctions au sein de la Résistance – Madeleine Baudoin, auteur d'études remarquables sur la Résistance [21], en est persuadée. Mais ses relations, nombreuses, lui furent grandement utiles pour posséder certaines « connaissances » qu'il n'hésita pas à livrer. Multon en récupéra la quintessence et c'est cela, essentiellement, que l'on retiendra, oubliant un Brown, personnage assurément peu reluisant, résistant « retourné » qui venait s'ajouter, malheureusement, à la liste déjà inquiétante des personnages qui trahirent leur cause.

Mais, si Multon retint sur lui une attention soutenue après-guerre, c'est qu'il s'était physiquement transformé en véritable poisson-pilote des Allemands. C'est lui, « Lunel », qui va conduire, à Lyon, ses nouveaux maîtres :

« Je crois me souvenir, fouillera Dunker dans le tréfonds de sa mémoire, que, les jours suivants, Multon a été interrogé au service par Kompe et moi, et c'est au cours de cet interrogatoire qu'il nous a déclaré qu'il avait d'autres affaires plus intéressantes à Lyon [...] Je ne me souviens plus s'il s'agissait de rendez-vous qu'il avait dans cette région ou de boîtes aux lettres qu'il connaissait et qu'il désirait donner à notre service de Lyon. Toujours est-il qu'après avis du Kommandeur de Marseille, Multon, nanti d'une lettre de ce dernier pour le Kommandeur de Lyon, a été dirigé sur cette ville, sous la garde de deux militaires. »

Multon déclare lors de son procès qu'on souhaitait l'utiliser surtout pour piéger le capitaine Frenay mais, qu'à part désigner ce dernier sur plusieurs photographies, il n'aurait rien « donné » d'autre. Pourtant, ajoute Dunker, « le séjour de Multon à Lyon a dû être profitable à nos services, car quelques jours après il est revenu, toujours avec ses gardes du corps, avec une note du Kommandeur de Lyon disant qu'on pouvait le libérer et l'employer; pour le cas où Marseille ne jugerait pas utile de le prendre à son service, nous étions priés de le renvoyer à Lyon, libéré, et qu'on lui trouverait un emploi dans les services de cette ville ».

Marseille en avait encore besoin. Mais, sans conteste, le premier déplacement de Multon à Lyon démontre tout le profit à retirer de son talent.

Notes

1. Sur l'activité de Dunker-« Delage » : interrogatoire de l'inspecteur Cosquer du 12 mai 1945. Divers rapports de police : 17 mai 1945 (Paris), BST Marseille le 13 août 1945. Texte du recours en grâce « Dunker-Delage » (*in* thèse de doctorat de M. Baudoin, *Témoins de la Résistance en Région 2*, Univ. de Provence, Aix-Marseille I, 1979).

2. PV du 23 juillet 1945, commissaire principal Cottentin, chef de la BST Marseille. Flora a été rédigé postérieurement à ces opérations, le 19 juillet 1943.

3. Rapport Flora. Document cité intégralement par Madeleine Baudoin, *in Témoins de la Résistance en Région 2, op. cit.*

4. MRD Foot, *SOE in France*, Londres, 1966 (p. 252).

5. Interrogatoire Dunker par l'inspecteur Cosquer, 12 mai 1945.

6. Rapport de J. Goubbil, du 3 août 1945.

7. C'est ainsi que, parmi les cinq résistants retournés mentionnés par le rapport Flora, les inspecteurs Raymond Berg et Henri Lanot, respectivement de la Sûreté et de la PJ de Marseille, qui se présentèrent « *volontairement* au service local le 13 mai 1945 » (*dixit* rapport Flora), c'est-à-dire au Sipo-S D de Marseille, et en devinrent les agents « 137 » et « 136 », avaient compté peu de temps auparavant parmi les éléments dévoués au service de la Résistance. Berg en particulier qui avait été, en avril 1943, à l'origine de la libération de Jean Gemaehling, de Combat : « Mis à la prison de Marseille, prison Chave, Gemaehling avait comme avocat Gaston Defferre. Un jour, celui-ci lui dit que ses amis pen-

saient à le faire évader – mais sans préciser. Quelques semaines après, un matin, à 7 h, le gardien de Gemaehling lui dit : " Habillez-vous, vous allez à la police pour un interrogatoire. " Gemaehlin, sans plaisir, se prépara, descendit près de l'entrée de la prison. Un policier lui mit des menottes, le fit sortir, et, au grand étonnement de Gemaehling, le fit monter dans un tram. Là, il lui enleva ses menottes et lui dit : " Vous êtes libre. " Ce policier s'appelait Raymond Berg. Il appartenait à la Résistance. C'est Benjamin Crémieux qui avait organisé l'évasion – grâce au commissaire Clary – qui était du NAP. Crémieux avait fait rédiger un ordre de " levée d'écrou pour interrogatoire " avec lequel Berg était venu à la prison et avait fait sortir très facilement Gemaehling qui se réfugia chez des amis de Crémieux... » (Témoignage de J. Gemaehling recueilli le 23 juin 1956 par M. Granet. AN 397 AP 2. Egal. H. NOGUÈRES, *Histoire de la Résistance...*, t. III, p. 388.)

8. C.L. FLAVIAN, *Ils furent des hommes*, Nouvelles Éditions latines, 1948. Flavian (sous le n° 94), Geismar et beaucoup de résistants de l'« Amicale » auront les « honneurs » du rapport Flora.

9. PV interrog. du 12 mai 1945.

10. « Exposé des faits : procédure suivie contre René Hardy et Jean Multon. » Parquet de la Cour de justice de la Seine, Paris, 25 mai 1946.

11. *Histoire de la Résistance..., op. cit.*, t. 2, p. 570.

12. « Exposé des faits... », *op. cit.*

13. Notes de M. Granet, interview de Madame Bertin-Chevance, le 2 mars 1956 (Fonds Granet, AN 397 AP1).

14. Général BERTIN-CHEVANCE, *Vingt mille heures d'angoisse : 1940-1945*, R. Laffont, 1990.

15. Témoignage F. Crémieux recueilli le 14 janvier 1957 par M. Granet (Fonds Granet, AN 397 AP 3).

16. « Exposé des faits... » *op. cit.*

17. *Ibid.* Quant à Jean Salducci, instituteur, il sera déporté et mourra à Dachau le 4 février 1945. Benjamin Crémieux, également déporté, décédera à Weimar-Buchenwald le 12 avril 1944...

18. Multon s'ajoutait donc à Brown, Berg et Lanot. Le cinquième « agent double » du rapport Flora était Blanche Di Meglio, arrêtée le 17 avril, membre de Franc-Tireur.

19. Général BERTIN-CHEVANCE, *op. cit.*

20. Lettre à l'auteur du 6 novembre 1988. Nathan-« Murat », interrogé, n'a fourni pour sa part aucune réponse.

21. Notamment *Histoire des Groupes-Francs (MUR) des Bouches-du-Rhône*, PUF, 1962.

22. « Exposé des faits... », *op. cit.*, et interrogatoire Dunker du 12 mai 1945.

Chapitre V

De Kramer à Kieffer

A tous les niveaux, les rôles se définissent.

La plupart des pièces du puzzle sont désormais réunies. A l'évidence, l'homme qui les a en main se nomme Robert Moog. Son chemin accompli, il le mesure grâce aux figures que comporte son jeu. Venues d'un peu partout, de Paris, de Toulouse, de Marseille... Maintenant, c'est à Lyon qu'il faut en finir.

Ordre lui en a été donné, par le SS *Sturmbannführer* Hans Kieffer. Un officier qui appartient, à Paris, au bureau « IV E » des services de la police allemande, chargé du contre-espionnage. C'est sous son nom et donc sous son autorité que, dès juillet 1940, un kommando est venu dans la capitale française pour renforcer la première équipe conduite par Helmuth Knochen. Depuis, écrit Jacques Delarue, l'historien de la Gestapo, « Kieffer était resté en France comme spécialiste du contre-espionnage ». Né le 4 décembre 1900 à Offenburg, dans le Bade-Wurtemberg, il passe pour un homme modeste, calme, sans ambition personnelle, qui ne vit que pour son métier. C'était un spécialiste de cet ouvrage de virtuose que les Allemands appelaient *Funkspiel*. A savoir le retournement des opérateurs radios adverses, destiné à intoxiquer l'ennemi. Jeu subtil qui n'est pas le seul pratiqué par Kieffer.

Kramer, membre du renseignement militaire allemand – l'*Abwehr* –, devant l'insistance de celui qui côtoie les grands de la Gestapo de Paris, tels Boemelburg et Knochen, dut accepter, « pour l'amour de la cause », de placer sous cette autorité Moog qui devient, désormais, le serviteur direct du SD. Mais avec une grande autonomie; ce qui se vérifie dès le début de son action sur Lyon.

Cette femme qu'il avait piégée rue Béchevelin, Edmée Deletraz, l'agent « K 30 » va l'utiliser à fond. Beaucoup plus que ne le reconnaît après-guerre l'intéressée elle-même, lors de ses nombreuses déclarations ou dépositions. Après l'arrestation de Devigny, explique-t-elle au cours du second procès Hardy, « j'ai dû signaler mes voyages à Lyon; ayant remis un colis pour Devigny, j'ai été arrêtée de nouveau et conduite place Saint-Augustin à l'appartement de Mefret. J'étais chargée d'introduire les visiteurs; j'en ai avisé un de la présence des Allemands... »

Mme Deletraz entame là une nouvelle carrière. Pour Moog, celle d' « agent retourné », pour elle, la situation se présente autrement : « Je n'en pouvais plus, confie-t-elle en 1984 à l'historien et journaliste Paul Dreyfus. Chaque fois que je venais à Lyon et que je franchissais la porte de la Gestapo, je me demandais ce qui allait m'arriver. Cette incertitude m'épuisait. J'étais résolue à ne plus revenir... »

Un membre de son réseau, sur Lyon, l'incite à continuer, comme le souhaite Groussard, pour demeurer dans la place : « ... Vous tenez maintenant le fil, vous ne devez pas le couper », lui disait Jean Cambus. Sur ce dernier, le colonel Groussard ne tarit pas d'éloge. A ses yeux il fut l'une de ses plus efficaces recrues : « Licencié ès sciences, il obtint facilement un poste de professeur à l'École supérieure, place des Minimes, à Lyon. Avec son adresse et sa prudence habituelles, il en fit un

PC magnifique qui ne fut jamais repéré. Outre ses missions de liaison qu'il accomplissait avec une ponctualité remarquable à travers toute la France, il avait réussi à se procurer une complicité jusque dans l'antre du sinistre Barbier *, le chef de la *Sichereitsdienst*, à Lyon. Grâce à cela, il put, un certain nombre de fois, faire jeter un désordre tel dans les dossiers des prisonniers français, qu'un bon nombre d'entre eux échappèrent de ce fait aux pires destins [1]... »

Cambus, ce « jeune homme tranquille, soigneux, toussotant et fragile », qu'une tuberculose devait emporter peu après la guerre, était le contact lyonnais de Mme Deletraz, pour laquelle il se demandait à chaque départ pour le repaire nazi, s'il « avait eu raison de lui imposer une si dure mission [2]... ».

Mission qui débute par des souricières tendues à la Résistance. Le domicile du dénommé Mefret en constitue une, dont Edmée Deletraz, apparemment, oublie, dans son récit pourtant fort complet confié en 1984 à Paul Dreyfus, de rappeler l'existence. Un autre document, joint au dossier d'instruction du second procès Hardy, est plus précis :

« ... Les Allemands m'installèrent alors en compagnie de deux soldats allemands et d'une Allemande, dans l'appartement de Mme Mefret, place des Célestins **. Cette dernière, dont le mari faisait partie d'un réseau, avait été emmenée par eux ainsi que son bébé. Ils me donnèrent l'ordre de répondre à chaque coup de sonnette et d'introduire chaque visiteur auprès de deux Allemands cachés dans le salon. Plusieurs personnes se présentèrent, entre autres un jeune homme de dix-neuf à vingt ans, un inspecteur de police, camarade de

* Il s'agit bien sûr de Klaus Barbie.

** Lors du procès Hardy, Mme Deletraz a parlé de la place Saint-Augustin.

M. Mefret, le père de Mme Mefret, une tante. Je puis toutes les informer du piège tendu dans son appartement... »

A chaque fois, prétextant une erreur, indiquant la visite d'un représentant, etc., Edmée Deletraz dira avoir agi de son mieux pour décourager les Allemands, qui abandonnèrent finalement la souricière.

Sur cet épisode, un autre « témoignage » existe. Il est sujet à caution, même s'il confirme ces faits, dans le fond plus que dans la forme. Car c'est une femme délaissée, et peut-être jalouse, qui se confie, après-guerre : « C'est pendant mon séjour à Lyon, dit Mauricette Eychenne, la maîtresse de Moog, que j'ai compris qu'il y avait une femme entre lui et moi. J'avais d'ailleurs découvert certaines lettres qui me laissaient présager que j'avais eu raison dans mes soupçons. Cette femme était désignée dans les conversations sous le qualificatif " Madame M... ". Par la suite, après explications avec Moog, celui-ci me confia qu'il s'agissait de Paulette Meffret *[sic]*, demeurant 9, place des Célestins à Lyon. J'avais trouvé cette adresse en fouillant dans ses papiers personnels. Moog m'avait appris que c'était la femme d'un inspecteur de police lyonnais. Ce dernier avait été arrêté par les Allemands et sa femme s'était mise immédiatement à la disposition de Moog, pour lui servir d'agent. C'est Moog qui se chargeait de faire porter des colis, en prison, à M. Meffret. Il avait soin de les fouiller minutieusement auparavant et comme il s'était aperçu que des lettres y avaient été mises en fraude par Mme Meffret, il m'avait dit lui avoir fait des observations sévères, ce qui avait commencé à m'ouvrir les yeux... »

Des yeux qui s'ouvrent aussi sur le cynisme de Robert Moog qui exploite – au sens le plus bas du terme – les pires situations, tout autant qu'il cherche à en tirer partie dans l'exercice de ses « nobles » fonctions [3].

Dans cet engrenage, Edmée Deletraz est également entraînée. Pour se retrouver dans une position bien moins confortable encore que celle occupée au 9 de la place des Célestins...

Le piège de la rue Bouteille

Elle n'est désormais plus la seule à former l'appât. Moog a reçu, de Marseille, un renfort du plus haut intérêt en la personne de Multon que l'on désigne maintenant, sur Lyon, sous son prénom « André ». « Au service de Lyon, selon le témoignage de l'Allemand Kramer, Moog (" K 30 ") entre en rapport avec " André " (Multon). Celui-ci l'informe qu'il existe une boîte aux lettres chez une dame Dumoulin, 14, rue Bouteille. » Le rapport Flora précise de son côté que Multon a notamment pour « mission de surveiller la nouvelle boîte aux lettres des Mouvements unis, section sabotage des trains, à Lyon ». Une surveillance rendue possible à la suite de l'arrestation, à Marseille, du chef-courrier Le Couster.

« Charles Paul Le Couster, français, marié, catholique, né le 9 février 1902 au Havre », ainsi figure-t-il dans le rapport Flora. C'est donc lui qui a été épinglé, en tant que responsable du courrier des MUR, par Dunker-Delage, à Marseille, le 13 mai 1943. La prise est l'œuvre d'une dénonciation de Multon qui, la veille, était revenu de son premier voyage lyonnais pour se remettre aussitôt à disposition du SD marseillais. Dans la rue, selon Dunker, ce jour-là, il désigne, après avoir vendu quelques minutes auparavant deux autres résistants de ses connaissances (Wolf Wexler, responsable du maquis, et Pierre Ziller, chargé des faux papiers), le dénommé Le Couster, alias « Lenormand »...

Dunker ne dit rien de très précis concernant ce dernier, si ce n'est que les « interrogatoires » furent poursuivis par des « camarades » de sa section. Celui qui nous renseigne avec quelques précisions à l'appui est René Hardy dont le personnage, en tant qu'acteur principal de « Résistance-Fer », ne tardera guère à apparaître pleinement : « C'est un responsable des liaisons de Marseille passé à l'ennemi, un nommé de Couster *[sic]*, qui, après avoir remis à Multon de faux papiers qu'il détenait depuis longtemps pour son propre usage, lui fournit cette adresse du 14, rue Bouteille, à Lyon. L'entrevue des deux hommes eut lieu rue Kléber, à Marseille, le 7 mai. Dès cette date, peu ou prou, les services allemands pouvaient donc être amenés à intercepter du courrier destiné à l'organisation des sabotages, c'est-à-dire à " Didot ", autrement dit encore à moi-même. »

Même si Le Couster est effectivement arrêté le 13 mai, Multon a peut-être, dès le 7 mai, été mis dans le secret de cette « boîte aux lettres » qui s'apprête à occuper une place déterminante dans la succession de drames qui vont s'enchaîner [4]. Les Allemands ont eu le loisir, du moins on est en droit de le supposer par d'autres sources, de recouper leurs renseignements : « A Lyon, le 7 mai 1943, assure Georges Cotton, responsable du mouvement de Résistance " France d'abord ", c'est l'arrestation d'un modeste agent de renseignements, Georges Ranoux, 26, rue de la République. L'individu est pris par la Milice et sans avoir été torturé, ni même frappé, indique tout ce qu'il sait. Un milicien dit de lui, au sortir de l'interrogatoire : " Il a donné tous ses copains... " Le plus grave, c'est qu'il a donné l'adresse des boîtes aux lettres dans lesquelles il remettait le courrier. Le milicien Lacoste, qui a dirigé l'interrogatoire, remet le dossier à la Gestapo. Six boîtes aux lettres sont dénoncées :
– celle de " Galibier " (commandant Gastaldo), cours Tolstoï ;

– celle d'Aubry, 2, rue d'Oran;
– celle du bureau de Jean Moulin, rue Centrale;
– celle du bulletin de presse de la " France résistante ";
– celle de " France d'abord ", 14, rue de l'Arbre-Sec;
– celle du " Service Fer ", rue Bouteille.

Le 7 mai 1943, estime Cotton, les Allemands sont donc en possession de plusieurs boîtes aux lettres dans lesquelles se dépose le courrier de divers mouvements [5]... »

Pour les Allemands, les choses apparaissent plus simplement : Kramer, qui suit toujours, pour l'*Abwehr*, son agent, Moog, rapporte que ce dernier, informé par Multon, se rend lui-même au 14 de la rue Bouteille. Il n'était pas le seul à suivre cette opération : Klaus Barbie, *Obersturmführer* SS, chef de la section IV du « KDS » (Kommando der Sipo-SD) de Lyon, est, dès lors, partie prenante dans cette affaire : « Je ne connais pas, dit-il en 1948 au commissaire Louis Bibes, dans quelles conditions Multon a eu connaissance de cette boîte aux lettres. Je ne connais pas le nom de Le Couster. Je peux simplement indiquer que Multon est venu à Lyon accompagné de Dunker et qu'il s'agissait pour nous d'exploiter les renseignements en sa possession. Je ne me suis pas préoccupé de l'origine des renseignements. Ayant eu en main les rapports de notre service de Marseille, je me suis convaincu de leur exactitude et je devais les exploiter au plus tôt [6]. »

Ce « je » fait fi de la présence de Moog, décisive. Et, surtout, détail d'importance qui chatouille toujours la susceptibilité de Barbie, d'une présence couverte d'une autorité qui le dépasse. Or c'est de Paris que Hans Kieffer, l'un des chefs de la police allemande en France, a piloté « K 30 ». Cela explique que Barbie choisit d'évoquer par la suite cette ombre gênante pour sa réputation uniquement quand il se sent obligé de le faire, sinon il l'escamote totalement [7]. Un Moog qui mène toujours l'action. De nouveau, en utilisant Mme Deletraz...

« Dans la seconde quinzaine de mai, Robert Moog demande à Mme Deletraz, qui vient signaler son passage, de l'accompagner, 14, rue Bouteille. » Selon sa déclaration, elle assure ne pas avoir été préalablement informée de ce que l'on attendait d'elle. Avant de réaliser rapidement que, placée dans un appartement dont elle doit recevoir chaque personne qui se présente à la porte, on lui réserve une tâche, particulière, celle d' « hôtesse d'accueil ». Il y a derrière elle deux ou trois Allemands, une femme aussi, alors qu'un « homme à lunettes », s'exprimant en français, qui ressemble fort à Multon, l'accompagne jusqu'au 14 de la rue Bouteille.

« – Des personnes sont-elles venues? questionnera quelques heures plus tard Jean Cambus, le contact lyonnais de son réseau.

– Trois hommes et une femme, se souviendra Mme Deletraz.

– Elles ont été arrêtées?

– Aucune. En ouvrant la porte, je disais à voix contenue : " Les Allemands sont là. " Inutile de dire que les trois hommes et la femme ont rapidement disparu... »

Une fois encore, dans le compte rendu de son action, Edmée Deletraz précise qu'elle a eu recours, en désespoir de cause, aux mêmes subterfuges pour éviter le pire. Suffiront-ils? En sachant que le 14 de la rue Bouteille ne remplit pas cette seule fonction, décrite par René Hardy, « de boîte personnelle où le service de sabotage des voies ferrées recevait du courrier venu des autres services par l'intermédiaire de la boîte centrale ou des services de liaison régionale ». C'est déjà beaucoup mais, en outre, défilent au domicile tenu par Mme Dumoulin des gens dont la filature ou l'arrestation permettent de remonter assez loin au sein de la

Résistance. Évidemment, remarque Devigny en commentant l'action de Mme Deletraz, « le 25 ou le 26 mai au plus tard, notre organisation savait que la Gestapo occupait un domicile, 14, rue Bouteille, et l'avait transformé en piège ». Devigny s'interroge tout de même : « ... Que firent en plus les personnes sauvées par Edmée Deletraz? Qui étaient-elles? Donnèrent-elles de leur côté l'alerte [8]? »

Au moins deux personnes n'eurent pas la chance d'être « sauvées ». « Fut d'abord arrêtée Madame Dumoulin, propriétaire effective de la boîte; et, le lendemain *, Claire Renouard *[sic]*, secrétaire à l'organisation des sabotages... »

D'après René La Combe, adjoint de Hardy a Résistance-fer : « A la fin de mai 1943, Marie Raynouard (" Claire ") était arrêtée dans une boîte aux lettres *[sic]* de Lyon, chez Mme Dumoulin qui fut elle-même arrêtée et qui est morte en déportation à Ravensbrück [9]... »

Enfin l'historien Henri Noguères confirme : « A la boîte aux lettres de Mme Dumoulin, que les dirigeants de Combat ont continué à utiliser, les Allemands arrêtent Marie Raynouard [10]. »

Qui est Marie Raynouard, dont Mme Deletraz ignore l'existence?

Cette jeune femme, « professeur agrégé au lycée de jeunes filles », à Grenoble, a accepté, raconte Henri Frenay, de prêter son appartement, en novembre 1941, pour une réunion avec Francois de Menthon, le fondateur du mouvement Liberté. C'est le temps où les bonnes volontés cherchent à se regrouper. Un an plus tard, celle que Frenay dit « dévouée corps et âme à notre cause » est arrêtée, en octobre 1942, pour distribution de tracts à la sortie des usines grenobloises. Recouvrant la liberté au début de l'année 1943, elle reprend du service pour Combat et Marie Raynouard,

* Le 25 mai.

alias « Claire », que Hardy désigne comme « secrétaire à l'organisation des sabotages », tombe dans le piège de la rue Bouteille [11].

Un message signé Aubry

Le drame atteint sa pleine intensité quand une information capitale tombe, fin mai 1943, entre les mains de Moog. « K 30 » apprend, par un message intercepté rue Bouteille, « l'existence du rendez-vous Hardy-Delestraint ». Il « apporte immédiatement à Paris, au lieutenant Kramer, les renseignements concernant ce rendez-vous. Ce dernier remet l'affaire le même jour entre les mains du service de Paris et s'en réfère au commandant Gleichauf, qui se met en rapport avec le poste directeur de SR. Il fut décidé, au cours d'un entretien avec le capitaine Schmitt, que Kramer devait se mettre en contact avec le SD (rue des Saussaies) en vue d'obtenir un concours approprié... ».

Logique. Les officiers de l'*Abwehr* doivent agir avec ceux de la Gestapo. Mais comment une telle information est-elle parvenue jusqu'aux Allemands ?

Deux hommes en sont à l'origine en décidant de ce rendez-vous : le général Delestraint et Henri Aubry. Ils remplissent chacun de leur côté une fonction importante dans ce monde clandestin.

Charles Delestraint, 61 ans, originaire du Pas-de-Calais, général de division en 1940, commande l'Armée secrète. Après la défaite, il se retire à Bourg-en-Bresse. « Officier valeureux, patriote convaincu, il n'a cessé d'espérer une revanche, préparant celle-ci selon ses moyens en s'efforçant de regrouper officiers et sous-officiers dans son Amicale des chars. Convaincu que le régime de Vichy ne pouvait susciter aucun espoir dans la lutte contre l'occupant, il accepte rapidement des responsabilités dans la Résistance. Le 22 octobre 1942, celui qui avait servi sous ses ordres, à Metz, en 1936, lui écrit, de Londres, ces quelques lignes :

« Mon Général,

On m'a parlé de vous... J'en étais sûr! [...] Personne n'est plus qualifié que vous pour entreprendre cela. Et c'est le moment! Je vous embrasse, mon Général. Nous referons l'Armée française.

Signé : de Gaulle. »

En décembre 1942, Delestraint confirme sa nomination, effective depuis le 11 novembre 1942, à la tête de l'« Armée secrète ». Dans un style inimitable, il adresse aux mouvements de Résistance son « cordial salut », déclarant : « ... L'heure n'est plus aux atermoiements. Je demande à tous une stricte discipline militaire... »

L'appel est signé « Vidal », son nouveau pseudonyme, remplaçant celui, « trop transparent », de « Délé » [12].

« Vidal » forme son équipe, selon une organisation militaire : François Morin, dit « Forestier », devient son chef d'état-major. Le capitaine Gastaldo et Henri Frenay se retrouvent à la tête des 2e et 3e bureaux alors que Jean-Guy Bernard, Aubrac et Aubry deviennent inspecteurs de l'AS, chargés de l'organisation des régions.

Très vite l'action de Delestraint ne fait pas l'unanimité. Auprès de Frenay essentiellement. Celui-ci pourtant n'hésite pas des années plus tard à écrire à propos du général : « C'est moi qui ai " inventé Delestraint ", chose que l'on oublie trop souvent. Je suis allé le chercher à Bourg-en-Bresse, où il coulait des jours paisibles. » Auparavant, Frenay avait lui-même proposé sa candidature au commandement de l'AS. Devant l'opposition résolue d'autres résistants – d'Astier de la Vigerie en particulier –, il se résigne à avancer le nom de Delestraint. « ... Mais ce n'est pas de gaieté de cœur, remarquera Henri Michel, que le chef de Combat acceptera de faire passer ses hommes sous le commandement d'un autre, fût-il beaucoup plus gradé que lui [13]. »

La solution de « rechange » n'a peut-être pas été, directement, l'œuvre de Frenay. Gastaldo aurait été le premier contact; Claude Bourdet, du comité directeur de Combat, pour sa part, grâce à Marcel Peck, affirme avoir rencontré en premier le général : « Je pris le train pour Bourg-en-Bresse, où je rencontrai, chez lui, un petit monsieur en civil, simple, intelligent, et pas " bêcheur " pour un sou. La conversation politique que j'eus me parut entièrement satisfaisante : cela changeait de Giraud et de La Laurencie et me réconcilia presque avec les généraux de l'armée française... » Bourdet explique ensuite comment il proposa Delestraint à Jean Moulin qui accueillit favorablement cette « candidature » [14].

Mais Frenay a revendiqué, dans ses *Mémoires*, l'adhésion du général. Intentionnellement peut-être, car s'ouvre assez rapidement entre les deux hommes un contentieux dont un rapport, demandé par Londres à l'un de ses envoyés, Francis Closon, établit, en mai 1943, la réalité. Un contentieux ainsi résumé : « Il suffirait, semble-t-il, de rappeler fermement à Frenay que le rôle qu'il a joué dans l'organisation de l'Armée secrète dans la zone sud, quelle que soit son importance, ne lui confère aucun droit sur le commandement de cette armée, et, en même temps, de demander au chef de l'Armée secrète de tenir compte d'un certain nombre de considérations politiques et psychologiques qui ont leur poids et de ne pas se laisser abuser par une terminologie militaire difficilement applicable aux circonstances actuelles [15]. »

Tels sont présentés ici, avec, visiblement, le souci de ne pas accabler ni l'une ni l'autre des parties en conflit, les points de désaccord. Frenay, avec son habituelle volonté de mettre ses idées « noir sur blanc », rédige, en date du 20 mai 1943, une note sur l'Armée secrète. Là, il critique la physionomie de l'AS : elle doit être à la fois « un instrument militaire et révolutionnaire » mais Delestraint veut en faire « une armée apolitique », pourvue d'un encadrement dont l'orientation est « souvent sujette à caution ». Il se répand en commentaires quasiment philosophiques sur l'état d'esprit à respecter, proche selon lui, au sein de la Résistance, de celui des « volontaires de 93 ». Mais si l'AS, et par conséquent Delestraint sont visés, « Max » (Jean Moulin) n'y est pas ménagé non plus : « [...] Dans le courant de l'année 1942, " Max ", rappelle Frenay, en exécution des ordres reçus de Londres nous prie de séparer les éléments paramilitaires des autres, en instaurant pour eux une hiérarchie propre qui ne devait plus dépendre de l'autorité politique locale. En fait, l'expérience aboutit à un échec... »

Les lignes qui suivent ne dissimulent guère le responsable principal, aux yeux de Frenay, de cet échec : « Dans neuf cas sur dix, il fut impossible de placer sur le même rang, dans un même département, deux autorités distinctes. L'ascendant pris antérieurement par le chef général de la résistance était tel que rien ne pouvait se faire sans lui, que tout le monde s'adressait à lui et que par la force des choses, le nouveau chef militaire fut dans l'obligation pour remplir sa tâche de se placer sous son autorité [16]... »

Dépassant les reproches adressés à Delestraint sur sa conception de l'AS – ou encore sur une certaine inaptitude à mener l'action clandestine –, Frenay en revient à dénoncer le pouvoir centraliste, jugé despotique, qu'exercerait Jean Moulin. Entre Londres et la « Résistance de l'intérieur », que de va-et-vient de personnes et de courriers, d'échanges qui tentent d'imposer des opinions ou des volontés, le tout atteignant un point culminant vers avril et mai 1943. Évoquant, avec beaucoup de tact, cette phase cruciale, Henri Noguères souligne la solidarité instinctive qui réussit souvent à atténuer les dangers de telles oppositions et considère, à propos des hommes en cause, que, « quels qu'aient pu être leurs divergences de vues, leurs désaccords – ceux-ci comme celles-là n'étaient pas négligeables –, ils ont un point commun : ils apportent leur soutien à la France combattante, reconnaissent l'autorité de son chef et, plus encore, sa valeur de symbole [17]. »

Or chaque jour produit son lot de mauvaises nouvelles, annonçant des vides durs à combler. Ainsi, Morin-« Forestier », arrêté en mars 1943, à Lyon, lors de ce coup de filet qui touche profondément la Résistance, est remplacé par Henri Aubry à la tête de l'état-major de l'AS. Ce lieutenant d'infanterie coloniale de l'armée active avait, dès 1940, souhaité gagner Londres. Démobilisé en octobre 1940, n'ayant pu réussir dans son projet, il ne voulut « pas rester dans l'armée de l'armistice et préféra redevenir civil. En novembre, il revint à Morlaix où il possède une maison et s'installe avec sa famille ».

C'est là, grâce à un contact avec le directeur de la Manufacture des tabacs, dont le fils est passé en Angleterre, qu'il rencontre des résistants. « Henri d'Estienne d'Orves a un de ses groupes à Morlaix qui dépend du PC d'un réseau établi à Rennes. » A ce réseau, Aubry s'intègre et participe à la chasse aux renseignements, destinés à Londres, sur les aérodromes allemands, nombreux en la région. Malheureusement, l'ennemi en apprend trop pour que ce réseau puisse continuer sa tâche. Recherché, Aubry « fut alors averti et obligé de fuir, en juin 1941 ». La Gestapo est à ses trousses... Franchissant la ligne de démarcation à Varennes-le-Grand, près de Chalon, il se rend, avec sa femme, à

Lyon. A l'église Sainte-Croix, dans un confessionnal, selon les indications qu'il détient, il obtient d'un abbé une adresse : « Vous devez voir le capitaine Frenay. Il est à Marseille. Allez voir M. Belpeer, 6, rue du Chevalier-Rose. Dites que vous voulez voir le patron [18]. »

A Marseille, ce n'est pas Frenay mais l'un des responsables de Combat, Maurice Chevance, qui accueille Aubry et le convainc de poursuivre, au sein de ce mouvement, son action : « Ce solide Breton, officier de la Coloniale, se souviendra Chevance, cherchait à gagner Londres [...]. Il espérait que je lui fournirais les moyens de gagner l'Angleterre. Comme je le fis ensuite pour beaucoup d'autres, je lui répondis qu'il n'en était pas question [...] Aubry resta donc à Marseille et devint mon second. Il allait m'aider à développer la région " R 2 " [19]... »

Aubry, bientôt membre de l'équipe dirigeante de l'AS, en devient ensuite le chef d'état-major. Rien d'étonnant donc à ce qu'il se trouve en rapport, fin mai 1943, avec son supérieur direct, Delestraint. Pour parler, entre autres choses, de la fusion des éléments Fer au sein de l'AS. Dans cette optique, on envisage d'organiser une rencontre entre le général et René Hardy. Ce dernier est au premier chef concerné, plus encore depuis cette décision entérinée par Jean Moulin en personne, dans une note, écrite début mai : « ... Hardy (pseudo Bardot), confirmait celui-ci, chef du service de noyautage des Administrations publiques (NAP), pour la SNCF, est détaché auprès de l'état-major de l'AS pour exécuter les missions de caractère militaire que le commandement de l'AS lui donne [20]... »

Comment et quand Delestraint et Aubry décident-ils de fixer ce rendez-vous? Pour Aubry, son origine remonterait à une décision de Frenay « d'aller faire une tournée d'inspection en zone nord », destinée à une réorganisation de Résistance-Fer. « Aubry donne donc à Lyon – verbalement – à Gastaldo (adjoint le plus proche de Delestraint et responsable du 2e bureau) l'avis d'avoir à se retrouver à Paris, le 9 juin, et il envoie une lettre à Hardy pour lui dire de se trouver, le 9 juin, au métro Muette où il retrouvera Delestraint pour régler la question Fer de la zone nord [21]. »

En ce qui concerne Frenay, celui-ci songe plutôt à partir pour Londres – voire Alger –, impatient de s'expliquer auprès de De Gaulle sur ce qui l'oppose irréductiblement à Jean Moulin et de développer ses conceptions qui lui semblent mal perçues ou déformées. Il reste qu'il savait, à propos de Delestraint et de Gastaldo, « qu'ils devaient partir dans la capitale pour prendre contact avec les mouvements de zone nord » *(sic)*.

Quant à la date de dépôt du message, Henri Noguères, après avoir extrait de ses archives « le témoignage qu'Henri Aubry avait dicté [...] devant le micro que lui tendait ma collaboratrice Jacqueline Delrieu », a « trouvé la confirmation des dates suivantes auxquelles je me tiens puisque aussi bien celui qui nous les a indiquées était directement en cause et n'a jamais été contredit de son vivant : c'est le 29 mai 1943 qu'Aubry a rencontré Delestraint et c'est ce jour-là – et ce jour-là seulement – que celui-ci l'a prié de convoquer Hardy pour le 9 juin à Paris [22] ».

En fait de contradiction du vivant d'Aubry, il en est une, importante, quant à la date exacte. Dans l'exposé des faits dressé par le commandant Gardon *, lors du second procès Hardy, en 1950, il est précisé que « le *26 mai 1943*, Aubry faisait déposer par sa secrétaire, Mme Raisin, un message en clair dans la boîte aux lettres du 14 de la rue Bouteille ». Et que la découverte de cette boîte « permettait l'interception, le *27 mai*

* Commandant de justice militaire, substitut du commissaire du gouvernement.

1943, par les services allemands, d'un message de " Thomas " (pseudo de Aubry) à " Didot " (pseudo de Hardy) déposé la veille ». En cela, ce constat ne faisait que suivre celui du juge d'instruction Gonnot qui, le 27 avril 1949, dans son rapport définitif, évoquait « l'interception le 27 mai 1943 d'un message adressé par Aubry alias " Thomas ", chef de l'état-major de l'AS, à " Didot " [23]... »

Pour sa part, maître Maurice Garçon, dans son plaidoyer en faveur de René Hardy, reprendra cette date du 27 mai, jour où « le général Delestraint fixa la rencontre à Paris, pour le 9 juin suivant ».

L'entourage du général paraîtra plus circonspect. « Est-ce Aubry, rapporte le docteur Guillain, alors jeune étudiant à Bourg-en-Bresse et agent de liaison du chef de l'AS, qui aurait porté dans cette boîte la convocation du général, fixant à " Didot " le fameux rendez-vous du 9 juin ? Je ne le sais pas. Mais d'après les conversations de fin mai que j'ai eues avec le général, il m'avait semblé que ce rendez-vous avait été conclu de vive voix. »

Mais Jean-François Perrette, le biographe de Delestraint, affirme de son côté, sans autres indications : « En fait, le rendez-vous avait été fixé longtemps d'avance – dès le 26 mai [24]. »

Seul Aubry maintient, en apparence, la date du 29 mai tout en établissant qu'il a, auparavant, verbalement informé Gastaldo. Il ajoute que, « aussitôt après cette rencontre, il s'était rendu à Marseille au chevet de sa femme gravement malade ». Pour ne revenir à Lyon que le 19 juin. Dans cette version, Aubry écarte toute possibilité de présence à Lyon immédiatement après le dépôt de son message, pour une durée de trois semaines. Un détail qui va avoir son importance dans le déroulement des événements... Quant à ce message, que contient-il ? Les Allemands, qui ont à leur disposition le contenu de la boîte de la rue Bouteille, sont bien placés pour le savoir : « ... Dans les premiers jours du mois de juin 1943, assurera Barbie, ou peut-être dans les derniers jours du mois de mai, Multon, qui surveillait la boîte aux lettres Dumoulin, m'a apporté le document qui fixait rendez-vous à “ Didot ”, à Paris le 9 juin 1943. Autant que je me souvienne, le papier était ainsi conçu : “ Le général t'attend à tel endroit, à telle date, à telle heure. ” Multon a dit à moi-même qu'il était sûr qu'il s'agissait là du général Delestraint. Du message, j'en ai pris connaissance et copie, dira Barbie, et je l'ai fait remettre dans la boîte aux lettres. Ce message était passé en clair [25]... »

Rien, ni personne n'ont contesté cette présentation des choses : Aubry a bien chargé sa secrétaire, Mme Raisin, d'acheminer la confirmation écrite du rendez-vous entre Delestraint et Hardy, à l'intention de ce dernier [26].

En revanche, rien n'est très clair lorsqu'il s'agit de déterminer l'usage que faisait encore la Résistance de cette boîte aux lettres « brûlée ». D'aucuns, et non des moindres, avanceront qu'ils avaient été informés de sa découverte par les Allemands et ne l'utilisaient plus – Hardy notamment –, sans qu'ils jugent nécessaire de dire par quel canal ils avaient reçu l'information. Aubry se situera, lui, dans une position intermédiaire excessivement inconfortable puisqu'il aurait appris, juste après le dépôt de son message, que les lieux étaient occupés par l'ennemi. Maître Maurice Garçon, dans son « plaidoyer pour René Hardy », n'eut besoin d'aucun effet de manches particulier pour l'établir :

« ... C'est ici le nœud de l'affaire, dira-t-il dans l'enceinte du tribunal militaire chargé de juger Hardy. De la manière dont ce rendez-vous fut transmis découle l'affreux drame dont vous êtes aujourd'hui les juges. Aubry chargea sa secrétaire, Mme Raisin, de prévenir Hardy et la jeune femme rédigea en clair – les imprudents! – un billet qu'elle déposa à Lyon dans la boîte de Mme Dumoulin qui servait d'intermédiaire pour le courrier. Or la boîte de Mme Dumoulin était connue, perquisitionnée et surveillée par les Allemands depuis la veille. Aubry le savait, la preuve en est rapportée par le témoignage de Mme Raisin. Lorsqu'elle revint et dit ce qu'elle avait fait, Aubry, s'exclama : « Vous êtes allée mettre la lettre dans cette boîte! Malheureuse, vous avez de la chance d'être revenue, la Gestapo était dans la maison!... »

Mme Raisin avait échappé au danger, mais la lettre était entre les mains de l'ennemi [27].

Logiquement, la réaction d'Aubry aurait dû être immédiate. Même si le message, en clair, ne citait essentiellement, à notre connaissance, qu'une date, un lieu de rencontre et au moins deux pseudonymes (« Vidal » et « Didot »), ces derniers avaient pu être percés, ou une filature à partir de la boîte de la rue Bouteille pouvait toujours conduire les Allemands sur le bon chemin. Or, il n'en fut rien. Aubry ne prit aucune décision d'alerte, ni de report ou d'annulation du rendez-vous. Il s'en fut « immédiatement après », souligne-t-il, à d'autres occupations. Ce fait est d'une extrême gravité, au point d'entraîner Henri Noguères à faire cette remarque : Aubry avait été, « en l'occurrence, d'abord imprudent, puis négligent, cela ne fait aucun doute. Que cette imprudence et cette négligence soient l'une et l'autre sans excuse – et que leurs conséquences accablent et condamnent leur auteur –, cela ne peut davantage être sérieusement contesté [28]. »

Encore convient-il d'examiner sérieusement l'activité d'Aubry... à la lumière de certaines de ses déclarations...

Notes

1. G.A. Groussard, *Service Secret : 1940-1945*, La Table Ronde, 1964.

2. Récit et interview de Mme Deletraz par Paul Dreyfus, in *Lyon Matin* du 3 au 7 juillet 1984.

3. Le témoignage de René Fusier, alors jeune membre des R.G. lyonnais et résistant au sein du Nap-Police, recueilli le 25 octobre 1989, confirmera, dans l'affaire Jean Mefret – inspecteur qui réalisait de fausses cartes d'identité, arrêté puis déporté –, que le chantage, les menaces ont probablement été, une fois encore, les armes utilisées par les Allemands et Moog en particulier. Sur cette « souricière », ont été utilisés : notes d'audience procès Hardy (1950), dossier du Tribunal militaire de Paris. Document dactylographié de 49 pages transmis par le colonel Groussard (*in* dossier Hardy).

4. Hardy rapporte ces propos dans son livre, *Derniers mots, mémoires*, Fayard, 1984. Dans *France-Soir*, le 1er juin 1972, dans sa réplique aux allégations de Barbie, alors en Bolivie, il écrivait : « ... Ce renseignement lui fut fourni [à Multon] par un responsable des liaisons de Marseille passé à l'ennemi, de Couster. »

5. Dans un rapport de 7 feuillets que le chef du mouvement de résistance France d'abord établit au nom de la Commission d'histoire de la Résistance (ce document figure dans le dossier d'instruction du second procès Hardy).

6. Audition du 16 juillet 1948 de K. Barbie, à Munich, par le commissaire Bibes, dans le cadre de la procédure suivie contre R. Hardy.

7. C'est le cas, flagrant, avec les déclarations de Barbie, très « arrangées », recueillies en 1972 par le journaliste brésilien Dantas Ferreira et publiées en France par *France-Soir* (*cf.* le numéro du 29 mai 1972 où il déclare avoir « retourné » lui-même Multon !).

8. A. Devigny, *Je fus ce condamné*, Presses de la Cité, 1978. Également : récit de P. Dreyfus, *op. cit.* (dans lequel on retrouve beaucoup de passages... du livre de A. Devigny ; ce qui s'explique par le fait que l'interview de Mme Deletraz est faite en présence d'A. Devigny).

9. R. Hardy, *Derniers mots...*, *op. cit.*, R. Lacombe : témoignage à Mme Merlat, les 25 et 26 juin 1946, Fonds M. Granet (AN, 397 AP).

10. *Histoire de la Résistance...*, t. III, p. 372.

11. Internée à Montluc, en novembre 1943, elle sera transférée sur la région parisienne. « Claire » sera du convoi du 31 janvier 1944 en partance pour le camp de Ravensbrück où elle mourra en février 1945...

12. J.F. Perrette, *Le Général Delestraint*, Presses de la Cité.

13. H. Michel, *Jean Moulin, l'unificateur*, Hachette, 1971.

14. « Dans son livre *La nuit finira*, relatera Bourdet, Henri Frenay ne parle pas de mon voyage à Bourg, et présente l'affaire comme s'il avait directement recruté Delestraint après que celui-ci eut été découvert par Marcel Peck. Je crois qu'il y a là une erreur... » (in *L'Aventure incertaine*).

15. Rapport du 24 mai 1943, de F. Closon, chargé de mission, en France occupée, par le CGE (Comité général des études), organisme créé en 1942 à l'instigation de J. Moulin et dont les membres avaient pour tâche de préparer la Résistance « à la prise du pouvoir civil lors de la Libération ». (Cité par le colonel Passy, *Missions secrètes en France, novembre 42-juin 43*, Plon 1951. Voir aussi H. Noguères, *op. cit.*, t. III.)

16. H. Frenay, *La nuit finira*, *op. cit.*, et pour la version intégrale : « Note Charvet (pseudo de Frenay), réf. NM 268, juin 1943. » Document « E », papiers du général Cochet (AN, 72 AJ 438).

17. H. Noguères, *op. cit.*, t. III.

18. D'après le témoignage d'Henri Aubry recueilli par Marie Granet les 14 mars et 3 mai 1955 (AN, Fonds Granet, 397 AP 2).

19. Général Chevance-Bertin, *op. cit.*

20. Cité in Passy, *op. cit.*

21. Témoignage Aubry recueilli par M. Granet, *op. cit.*

22. H. Noguères, *La Vérité...*, *op. cit.*

23. Document inédit. Dossier R. Hardy.

24. J.F. Perrette, *op. cit.*

25. Interrogatoire par le commissaire Bibes, *op. cit.*

26. Même si, en une version nouvelle et surprenante, M. Chevance-Bertin, dans ses *Vingt mille heures d'angoisse* (R. Laffont, 1990), évoque un témoignage enregistré de Mme Raisin dans lequel celle-ci affirmerait qu'Aubry la « chargea de faire connaître directement à Hardy le rendez-vous de la Muette. Ce qu'elle fit, oralement, en rencontrant Hardy. Voilà qui remet les choses à leur place à l'endroit d'Aubry, estime Chevance-Bertin : il n'a pas pu faire preuve de légèreté, dans l'envoi d'une convocation qu'il n'était pas chargé d'adresser » (p. 233-234). Cette version, à notre connaissance jamais officiellement développée, est en contradiction totale avec toutes les déclarations d'Aubry, qui a toujours reconnu l'existence d'une convocation écrite.

27. M. Garçon, *Plaidoyer pour René Hardy*, Fayard, 1950.

28. H. Noguères, *op. cit.*

CHAPITRE VI

Aubry piégé, Berty arrêtée...

Ce qui va suivre constitue sûrement l'un des oublis les plus surprenants de cette histoire qui va connaître son épilogue un jour de juin 1943, avec l'arrestation de Jean Moulin et de ses compagnons.

L'énigmatique André

Pour commencer, ces déclarations de René Hardy : « ... En mai 1943, Aubry reçut de Toulouse un dénommé " André " que la Région mettait – prétendit-il – à sa disposition. Aubry se l'attache immédiatement, sans vérification préalable auprès des chefs de la région de Toulouse, en qualité d'inspecteur national de l'Armée secrète, c'est-à-dire à un poste de premier ordre. Aubry reverra " André " le 27 juin... mais comme interrogateur allemand à Paris ! Ledit " André " ne fut jamais retrouvé [1]... »

Or, René Hardy, inquiété et jugé, comme chacun sait, à deux reprises après-guerre, avait, et a toujours eu, le souci de montrer, pour se décharger, quelles responsabilités portaient ses compatriotes résistants dans les tragédies du printemps 1943. Mais il est vrai qu'ici, un point nécessite des éclaircissements. René Hardy, dès le 29 décembre 1948 – c'est-à-dire bien avant la polémique des années soixante-dix autour de l'affaire de Caluire –, à une époque où il était détenu et dans l'attente d'une seconde comparution en justice, écrit une lettre au juge d'instruction sollicitant une procédure de mise en liberté provisoire. Il se livre à divers développements de son dossier, avec, notamment, ce passage :

« ... L'information a retrouvé bon nombre des Allemands, soit de Lyon, soit de Paris, qui ont eu à connaître dans l'exercice de leurs fonctions, soit des arrestations de Caluire, soit de celle du général Delestraint. Tous ont été d'accord, c'est d'ailleurs le seul point sur lequel les Allemands ont été d'accord entre eux, pour déclarer qu'il n'y avait jamais eu dans les services de Paris ou de Lyon d'individu prénommé " André ", et répondant au signalement d' " André " donné par Aubry. Si l'on tenait pour fausse l'existence de cet " André ", il faudrait donc admettre qu'Aubry a menti en inventant ce personnage [2]... »

Or, ce personnage, le conteste-t-on ? A la vérité, on en parle rarement. Henri Noguères, rappelant l'identification troublante, sous son pseudonyme de « Thomas », d'Henri Aubry par Barbie dès l'irruption de celui-ci au domicile du docteur Dugoujon, mentionne seulement : « ... Ce simple fait est de nature à confirmer la surveillance particulière dont Aubry faisait l'objet avant l'affaire de Caluire – et aussi, peut-être, le rôle joué par celui que René Hardy désigne sous le nom d' " André " [3]. »

En réalité, avant René Hardy, c'est Aubry lui-même qui a révélé l'existence de ce mystérieux agent à ses côtés. Or le seul à s'inquiéter de ce dernier – il s'agit tout de même de l'infiltration, au sein de la direction de l'AS, d'un espion allemand et ce dès mai 1943 ! – sera... Hardy qui, même s'il possède des raisons bien personnelles pour s'étendre sur cette question, publie, en annexe de ses *Mémoires*, l'essentiel des dépositions fournies par le chef d'état-major de l'Armée secrète après la guerre [4].

Le 15 février 1945, portant témoignage dans le cadre de l'instruction en cours contre René Hardy, Aubry parle d'une prise de contact, réalisée en mai 1943 – la date est imprécise –, par l'intermédiaire, croit-il se souvenir, d'une de ses boîtes aux lettres, celle de Sainte-Foy-lès-Lyon. Il y trouve un message d'un certain « André » qui lui raconte comment, traqué dans la région de Toulouse, il souhaite le rencontrer d'urgence sur Lyon après recommandations de diverses personnalités de la Résistance de Haute-Garonne : « Hervé », c'est-à-dire Hauriou, « chef de région à Toulouse », « Thierry », autrement dit Jacques Dhont, adjoint d' « Hervé ». Le chef d'état-major de l'AS reconnaît là des hommes qui appartiennent à Combat et qu'il sait en poste sur Toulouse. Il est, de ce fait, mis en confiance. Il décide de se rendre, le lendemain, au rendez-vous face à la Grande Poste de Lyon que lui propose celui qui se fait appeler « André ». L'entrevue est convaincante : « ... Il me confirma ses rapports avec la Résistance de Toulouse, en me parlant de différents résistants, notamment de l'affaire Pêcheur, traitée par la police allemande, ainsi que de l'affaire Cariac, qui avait pu prendre la fuite, et aussi d'une affaire Tricoire à Albi. »

Avec tant de renseignements, Henri Aubry ne vérifie rien, et, comme se pose un problème de liaisons entre Lyon et Marseille, il prend une initiative. Promptitude ou légèreté? En tout cas le dénommé « André », en un tour de main, devient inspecteur national de l'AS! Et l'intéressé avouant être démuni, on lui remet dans la foulée une somme de 10 000 F. Pour ne pas perdre de temps, l'agent « André » part « à Marseille dans la première quinzaine de mai 1943 » pour revenir sur Lyon « dans la deuxième quinzaine de ce mois ». Il fait un rapport sur son action mais, dira Aubry après la Libération, « j'ai constaté par moi-même, en 1944, qu'il n'avait pris contact avec personne ».

La même mission lui fut confiée sur Grenoble, début juin, d'où il revient en me « touchant par la boîte que nous avions, précise Aubry, le 7 juin 1943, pour me demander un rendez-vous pour le 8 ». Ce jour-là, « André » avait une question pressante à poser : « ... Il insista particulièrement pour rencontrer M. Frenay, que soi-disant il avait connu autrefois dans la Résistance à Paris. Je lui ai fait part que je comptais le rencontrer dans la journée et que je prendrais un rendez-vous pour le vendredi 11 juin. Effectivement, je n'ai pu rencontrer Frenay que le vendredi, alors qu'il était en instance de départ pour Londres, et comme il était assez tard, je n'ai pas insisté pour qu'il rencontre " André ". Ayant quitté ce jour-là M. Frenay assez tard, je n'ai pu me rendre au rendez-vous que j'avais avec " André ", et le lendemain matin, samedi, veille de la Pentecôte, je suis parti à Marseille voir ma femme avec laquelle je suis resté jusqu'au 18 juin au soir. »

Aubry ne devait plus revoir son agent « André ». Ou plutôt si. Dans la peau d'un autre personnage. Six jours après avoir été arrêté à Caluire, puis transféré à Fresnes, il a une désagréable surprise : « ... Le lendemain 27 juin, j'ai été extrait de Fresnes et remis par les services de la prison à une personne en qui j'ai reconnu avec stupéfaction mon ancien inspecteur national " André ". » Devant mon étonnement, il m'a dit : « Eh oui, vous m'aviez fait inspecteur de l'AS, je suis de la police allemande et j'ai été capitaine du 2e bureau. »

A partir de là, tout confirme, selon le récit que livre Aubry, qu'il a affaire non pas à un « agent retourné » de seconde zone mais à un homme qui mène le jeu. Avenue Foch, entre les griffes de la police allemande à Paris, en juillet 1943, il découvre, aux côtés d'« André », celui « que j'ai su par la suite être le lieutenant Barbie, chef de la Gestapo. Il a conféré avec " André " et, à partir de ce moment, c'est ce dernier qui m'a interrogé régulièrement [5] »...

L'existence de cet énigmatique personnage sera confirmée par la secrétaire d'Aubry, Mme Raisin, qui dira : « ... Je me souviens du retour d' " André " de Marseille quand il rapporta une paire de chaussures pour M. Aubry. Le personnage d' " André " a bien existé dans le cadre des déclarations de M. Aubry. J'y ajouterai le fait que M. Aubry est venu une fois à mon domicile pour chercher de l'argent destiné à " André ". »

D'autres dépositions d'Aubry, postérieures, apporteront des variantes, sur les dates en particulier : « ... Fin mai 1943, vers le 27 ou 28 mai (au lieu des 3 et 4 juin), je me rendis à Marseille dans ma famille, car mon épouse était en danger de mort. A mon retour, que je situe vers le début de juin 1943, je crois, un vendredi (ce serait le 4 juin), j'ai revu cet " André ". Il ne m'avait rapporté que des renseignements vagues et imprécis. »

En revanche, en ce qui concerne l'apport en informations, l'inverse est saisissant, de l'aveu même du responsable de l'AS, même s'il n'en tire pas, avec un aplomb déconcertant, une conclusion dramatique : « Du fait des contacts qu' " André " avait pris avec moi et des missions que je lui avais confiées, il avait eu connaissance de pas mal de renseignements au sein de notre organisation. Il avait donc été en mesure de renseigner les services allemands sur ce qu'il connaissait. Je ne crois pas, étant donné que je ne l'avais pas revu depuis le 8 juin 1943, qu'il ait pu avoir une influence sur les arrestations de Caluire. »

Il ne manque plus qu'une chose : l'identité réelle d'« André ». Aucun succès auprès des résistants toulousains dont cet agent allemand disait posséder les recommandations. Ni Hauriou, ni Jacques Dhont, ni Pêcheur n'arrivent à situer un « André » dans la tenue de ce rôle. Pas plus qu'ils n'ont, à ce moment, dépêché ou mandaté qui que ce soit, dans ces conditions, auprès d'Aubry ou sur Lyon. Reste les agents lyonnais répondant à ce pseudonyme. Il en existe deux : André Multon... et Lucien Doussot, dit « André ». Mais Aubry connaît, à l'évidence, le premier. Quant au second, sur présentation de sa photo, il affirme ne pas reconnaître en lui son inspecteur très spécial. Aubry précise quand même que « d'après les renseignements qui m'ont été donnés à la Surveillance du territoire, ce nommé " André " serait un nommé " Poters ". Cela ne suffit pas pour établir l'identité véritable de ce « traître » décidément troublant.

Pourtant il existe un certain nombre de pistes. Incontestablement, cet homme prétendant venir de Toulouse sait sur les milieux résistants de cette ville quantité de détails, qui décident Aubry à lui accorder confiance. Détails que seul un résistant en liaison avec des dirigeants de l'AS ou des MUR possède ou que seul un agent au service des Allemands, ayant participé activement dans cette région à la répression, est à même de connaître.

Autre élément : l'agent allemand se révèle, après coup, être en relation avec Barbie, prenant même le pas sur lui pour la direction des interrogatoires. Il ne s'agit donc pas de l'attitude d'un simple pion – encore moins d'un résistant retourné – mais de quelqu'un qui connaît bien « son dossier », capable de mener, au lieu et place de Barbie, les interrogatoires. Enfin, Aubry parle d'un dénommé « Poters » qui, selon des sources policières – pourquoi n'ont-elles pas été davantage exploitées? –, serait l'insaisissable « André ».

Tout cela conduit à celui qui pourrait bien avoir

piégé Henri Aubry : Robert Moog. Qui mieux que ce dernier était en mesure de parler en connaissance de cause de la résistance toulousaine après les coups qu'il lui avait portés ? Qui mène, véritablement, sur le terrain, les enquêtes, la chasse, organise les traquenards au point de supplanter Klaus Barbie dans son rôle ? Le matricule « K 30 » possédait en outre d'innombrables pseudonymes, de fausses identités, dont l'une était établie, parmi les fiches de recherches qui seront diffusées en abondance après-guerre, sous le nom de « Walter Peter », de « Peters » surtout. Aubry parle, avec flou, d'un certain « Poters »... Difficile de ne pas songer à Moog à propos de ce piège dont Aubry aurait été le jouet.

René Hardy exploitera quant à lui l'idée d'une invention pure et simple du personnage d'« André » par Aubry. Cela, supposera-t-il, pour mieux masquer les révélations que le chef d'état-major de l'AS sera amené à faire lors de ses interrogatoires après Caluire. Des révélations facilement imputables, dans cette optique, aux renseignements malencontreusement fournis à cet « André » dans l'exercice de ses fonctions d'inspecteur de l'AS qui lui avaient été confiées. Aubry se serait ainsi couvert face à d'éventuels reproches... Il faut admettre que c'est prêter une dose élevée de machiavélisme – pour ne pas dire plus – à un homme qui eut, certes, ses faiblesses mais qui n'a jamais été l'objet, de son vivant, d'aucun soupçon et encore moins d'accusation sur l'honorabilité de sa conduite de résistant. Mais si Hardy avait ses propres raisons pour invoquer cette version, force est de constater que sur les dépositions d'Aubry, qui soulèvent, au minimum, une foule de questions, personne ne s'est jamais risqué à la moindre évocation.

Surprenant. Surtout si Henri Aubry est piégé, dès mai 1943, par les Allemands et, peut-être, par Moog en personne.

A Mâcon, Berty Albrecht...

L'ultime semaine du mois de mai 1943 fut très fructueuse pour les Allemands. Robert Moog brasse une mine d'informations de plus en plus consistantes. En résumé, il manipule deux résistants, avec l'espoir d'en obtenir chaque jour davantage : André Multon et Edmée Delétraz. Il dispose d'une piste qu'il s'apprête à exploiter à partir de cette précieuse découverte que représente la boîte aux lettres de la rue Bouteille, et de son contenu : le rendez-vous entre « Vidal » et « Didot » dont il perçoit toute l'importance. Il a, vraisemblablement, dans sa manche une carte lui permettant de mettre à mal, quand il le jugerait opportun, le jeu du chef d'état-major de l'AS, Henri Aubry. Mais avant cela, le « traître » Multon va lui livrer, sur un plateau comme il sait si bien le faire, une fraction importante de son savoir :

« " K 30 " apprit par l'*Obersturmführer* Barbie qu' " André * " avait retrouvé la trace de madame Albrecht...»

Multon, au cours de ses interrogatoires d'après-guerre, se rappelle sans difficulté qu' « au début d'avril 1943, [il] avait participé à une conférence à Marseille, à laquelle assistaient Bertin-Chevance, Mlle Bidault, Mme Frèze-Millaud et Mme Albrecht, secrétaire de Frenay. Au cours de cette conférence, Multon devait expliquer à Mme Albrecht le fonctionnement d'un service de renseignements ; de son côté, Mme Albrecht avait fait connaître à Multon la manière dont il pouvait la joindre à Mâcon ; il devait se présenter dans un hôtel et demander : " la femme aux cheveux blancs ", qui n'était autre que Mme Albrecht elle-même. Celle-ci devait mettre en rapport Multon et Frenay [6]... »

« Madame Albrecht » constitue, à l'évidence, un

* Il s'agit ici de Multon.

objectif de premier choix. Celle qui fut, dès l'origine de Combat, un des soutiens de Frenay, symbolise tout ce que la Résistance a suscité de dévouement, de sacrifices, de courage sans que l'essence même de cet engagement ait été autre chose qu'une légitime revendication : l'honneur de vivre debout alors que trop se résignaient à survivre couchés. Berty Albrecht, c'était aussi, pour les Allemands, un moyen pour parvenir à s'emparer de Frenay. Hormis les révélations de Multon, que savait-on, au juste, chez l'occupant et ses maîtres chasseurs ?

Le rapport « Flora » mentionne clairement que Multon a, entre autres missions, celle de surveiller « la nouvelle boîte aux lettres de Frenay à l'hôtel de Bourgogne à Mâcon » et qu'il l'utilise pour tendre un piège. On y découvre aussi que sur les possibilités de capture des « chefs nationaux » des mouvements de résistance, parmi lesquels figurait Frenay, Multon a eu recours aux « informations de Brown ». Un Léon-Charles Brown que l'on retrouve dans ce rapport, quelques pages plus loin, cité comme étant à l'origine des sources concernant la description des moyens financiers mis à disposition par Londres. Avec un titre de paragraphe portant cette annotation : « D'après les propres dires de Frenay à Brown. »

Multon, Brown : là ne s'arrête cependant pas la liste des chiens de meute.

Voici l'un des récits de Multon sur l'affaire de Mâcon :

« Une femme du service SD de Lyon est allée à Mâcon à l'hôtel de Bourgogne – où était le PC de Frenay – porteuse d'une lettre rédigée sur mes conseils et ceux des Allemands : “ Une personne venant de Marseille serait désireuse de vous rencontrer pour vous donner des nouvelles de Maurice. ” Elle est obligée de regagner Lyon où elle se trouvera pendant quelques jours à... [Ici était indiquée l'adresse.] Prière de venir la voir et lui fixer rendez-vous. Le Maurice n'était autre que " Bariège * " et la lettre dont l'agent était porteur était adressée à Mme Albrecht à l'hôtel de Bourgogne. Comme celle-ci n'a pu être rencontrée ce jour-là par l'agent allemand, la lettre fut laissée à l'hôtel de Bourgogne. Quelques jours après, un télégramme était adressé à Lyon fixant un rendez-vous pour le 28 mai dans le square face à l'hôtel, dans les premières heures de la matinée à Mâcon. Je ne me suis pas rendu dans cette ville ce jour-là et ne sais pas comment s'est opérée l'arrestation de Mme Albrecht [7]... »

Si Multon a des trous de mémoire, ignore le déroulement de l'opération sur Mâcon et l'identité de la femme-appât, Kramer, alias « Gegauf », a pris bonne note, pour l'*Abwehr*, de l'essentiel : " K 30 " (Moog) mit madame Deville (Delatray **), qui travaillait pour lui, sur la piste. Après des premières recherches infructueuses à Mâcon, cette informatrice de " K 30 " trouva la trace de la femme Albrecht : la femme de l'hôtel à Mâcon, dans lequel la femme Albrecht habitait autrefois, remit à celle-ci une adresse à Lyon, à laquelle Mme Deville (Delatray **) désirait lui parler. La femme Albrecht tombe dans le piège ; elle y répond par télégramme et convoque Mme Deville à l'hôtel de Bourgogne à Mâcon. Cette dernière s'y rend par le train en compagnie de " K 30 " : l'*Obersturmführer* Barbie suit en voiture avec quelques agents. Lorsque les deux femmes se parlent, la femme Albrecht est arrêtée. On trouve dans son sac à main l'adresse de l'appartement de Frenay (Cluny). L'*Obersturmführer* Barbie, Eilers *** et " K 30 " s'y rendent immédiatement, où

* Probablement « Barrioz », pseudonyme de Maurice Chevance-Bertin.

** Lire Delétraz.

*** Helmuth Eilers, SS, *Scharführer*, membre de la section IV E du SD de Lyon.

ils trouvent les documents permettant de poursuivre l'affaire [8]... »

Témoignant de son action, en 1950, lors d'une audience du procès Hardy, Edmée Delétraz confirme, en substance : « ... Je suis allée à Mâcon rassurer une dame sur la santé d'" Henri ", ce que j'ai fait; arrivée à la gare, les Allemands m'ont reprise et m'ont déclaré avoir arrêté cette dame, que j'ai su par la suite être Mme Albrecht... »

De manière assez détaillée, André Devigny, le supérieur direct de Mme Delétraz au sein du réseau Gilbert, dans l'un de ses ouvrages, devait écrire ce qu'avait été cette nouvelle « mission » confiée par Moog, aux côtés duquel figurait Multon : « Vous partirez par le train pour Mâcon. Dès votre arrivée, vous irez dans un café dont je vais vous donner l'adresse; vous y verrez une dame seule attendant quelqu'un. Vous lui direz simplement " Henri va bien ". Puis vous rentrerez. Voici l'adresse du café, votre billet aller et retour, votre sac et vos papiers... »

Moog lance immédiatement son appât, écartant le risque toujours possible de le voir s'agiter pour alerter la victime désignée. Effectivement, Mme Delétraz s'exécute sur-le-champ sans avoir la possibilité de prévenir qui que ce soit – Cambus notamment – de ce que l'on attendait d'elle. Quant à la « victime désignée » par Moog, selon le récit de Devigny, l' « appât en ignorait l'identité, pensant même qu'il pouvait s'agir d'une mise à l'épreuve ».

A son arrivée à Mâcon, Mme Delétraz trouve sans mal son « contact » : « De nombreux ouvriers consomment dans une salle assis devant un comptoir. A une table, une dame seule; Edmée Delétraz s'approche et dit : – Les Allemands m'envoient auprès de vous.

– Venez dehors, répondit aussitôt la femme. Elles font quelques pas dans un jardin attenant.

– Êtes-vous allemande ou française?

– Je suis française et leur prisonnière. Ils m'ont demandé de venir ici pour vous dire " Henri va bien ".

– Partez vite, réplique-t-elle en s'éloignant [9]. »

En ce qui la concerne, Mme Delétraz confirma, face à Mireille Albrecht qui enquêtait sur les circonstances mystérieuses de l'arrestation de sa mère, l'essentiel de cette version. A trois différences près : elle connaissait l'identité de son contact sous le nom de « Mme Moulin » – curieuse coïncidence qui voulait que ce nom soit aussi celui du chef de la Résistance que les Allemands vont bientôt traquer. Elle se doutait – mais comment ne pouvait-elle pas se douter? – qu'une grave menace pesait sur son interlocutrice. Elle était envoyée, enfin, non plus par Moog mais par Barbie. Elle reconnaîtra cependant implicitement que le premier, par rapport au second, dirigeait pour une bonne part les opérations :

« Le 27 mai, racontera-t-elle, Barbie m'a ordonné d'aller le lendemain matin à Mâcon, à l'hôtel de Bourgogne, pour y retrouver une certaine Mme Moulin qui m'y attendrait. Je devais lui donner le message suivant : " Henri va bien, ne vous faites pas de souci, on a eu de ses nouvelles. " Je me suis rendue comme convenu à l'hôtel de Bourgogne. A la réception, j'ai demandé Mme Moulin, on me l'a montrée, elle était assise dans le salon. Je me suis rendue auprès d'elle et lui ai dit que j'avais un message à lui communiquer. Elle m'a répondu : " Bon, très bien, mais sortons d'ici, il y a trop de monde. " Nous avons été dans le square, nous asseoir sur un banc. Il y avait peu de gens à part quelques hommes en bleu de chauffe, assis sur des bancs éloignés du nôtre. Je les ai remarqués parce que leurs bleus avaient l'air tout neuf. Je pense maintenant que ce devait être des hommes de la Gestapo.

Je ne savais pas qui était Mme Moulin : résistante ou

agent des Allemands? Dans le doute, j'ai préféré lui dire la vérité, que c'étaient les Allemands qui m'envoyaient vers elle et qui m'avaient donné le message que je lui communiquais. Elle m'a répondu : " Ne vous faites pas de souci, madame, je sais d'où ça vient. Maintenant je dois partir. " Elle s'est levée, s'est dirigée d'un pas tranquille à travers le square, a disparu dans une rue. Juste avant de partir, elle m'a dit : " Je sais où aller [10] ". »

Selon Edmée Delétraz, la suite des événements lui échappa. Elle n'en aurait en tout cas pas été témoin. Elle fut tout de suite « récupérée » par les Allemands qui l'interrogèrent sur ce qui s'était dit avec « Mme Moulin ». Elle prétendit avoir eu affaire à quelqu'un de très surpris par sa démarche et qui n'avait pas prononcé un mot. Les Allemands en doutèrent. Si l'on suit le récit livré par Devigny, ils insistèrent de la sorte :

« – Immédiatement après votre départ, elle a tenté de se suicider; souvenez-vous, elle a dû parler.

– Non, pas devant moi. »

Lorsque l'on sait que les circonstances qui ont entraîné, précisément le 31 mai 1943, le décès de Berty Albrecht sont demeurées totalement obscures, cette indication sur une tentative de suicide prend une portée particulière [11].

Pour le reste, une autre interrogation surgit à la lecture de divers comptes rendus émanant de ceux qui ont assisté à l'arrestation de Berty – ou qui, plutôt, se sont fait raconter cette arrestation. L'un est reproduit, en tant que témoignage inédit, par Henri Noguères dans son *Histoire de la Résistance en France*. On apprend ainsi, par le truchement d'Henri Guillermin, responsable des MUR en Saône-et-Loire, que le jour où Berty tombe entre les mains allemandes, une réunion au sommet était prévue à l'hôtel de Bourgogne :

« “ Victoria ”, c'est-à-dire Mme Albrecht, était arrivée à Mâcon le matin pour notre rendez-vous, se souvient Guillermin. Ayant quelques instants à perdre pour attendre l'heure fixée, elle était allée s'asseoir sur un banc du square de la Paix et lisait la presse quotidienne. Brusquement, autour d'elle, surgit un groupe d'hommes de la Gestapo qui la met en état d'arrestation. Elle comprend immédiatement qu'une fuite a eu lieu et que le rendez-vous de Mâcon est connu des Allemands [12]... »

Nulle allusion à cet autre rendez-vous, celui provoqué par Multon avec l'intervention de Mme Delétraz, dont il n'est fait ici aucune mention.

Henri Noguères apporte ces précisions : « La réunion devait avoir lieu à l'hôtel de Bourgogne. Au moment où ils se préparaient à y entrer, Peck et Guillermin, alertés par la présence insolite de deux sentinelles allemandes, avaient dépassé l'hôtel sans s'arrêter. »

L'hôtel qui, selon Guillermin, fut l'objet, à « 11 h 30 », ce 28 mai, c'est-à-dire à l'heure exacte fixée pour cette importante réunion, d'une perquisition et d'une fouille en règle par les Allemands. La ville elle-même, souligne Noguères, est truffée de « policiers lyonnais »; Peck, « reconnu dans un restaurant », s'échappe de justesse. En revanche, trois autres arrestations ont lieu : celles de M. et Mme Perrin, de l'hôtel de Bourgogne, et le secrétaire de Peck, Truchi (« Alex »). Un absent de marque, toutefois, dans les filets allemands : Frenay. « Frenay, qui a manqué son train, n'était pas au rendez-vous », ajoute Noguères. Or Frenay, dans ses *Mémoires*, évoque ces faits grâce à une relation fournie par Marcel Peck, alias « Battesti ». Lequel vint lui apprendre, « le 27 mai, en fin de matinée * », à Lyon, l'arrestation de « Victoria ». Il tenait lui-même d'un « gars de

* Il s'agit, manifestement, d'une erreur de date.

l'AS Saône-et-Loire » ce qu'il raconta au chef de Combat :

« – Avant-hier, un mot a été déposé à la boîte aux lettres de Mâcon, te demandant un rendez-vous pour le lendemain à l'hôtel de Bourgogne.

– Qui me demandait?, interroge Frenay.

– Je ne sais. Le soir même à Cluny, " Victoire " a dit aux Gouze qu'en ton absence, elle irait au rendez-vous qui lui semblait important.

– Mais que disait le message?

– Personne ne le sait. Elle était à l'heure dite au rendez-vous. Elle n'est pas entrée à l'hôtel car c'est sur la place que quatre hommes l'ont appréhendée. Elle a appelé au secours [13]... »

Mais si Peck dit en un souffle à Frenay : « Tu l'as échappé belle », jamais celui-ci ne parle d'un quelconque rendez-vous auquel il aurait été convié, à Mâcon, ce jour-là... Par contre, à Cluny, chez les Gouze, où quelques jours plus tôt il se trouvait encore – avant de se replier sur Lyon, rue Tronchet, hébergé par Bénouville, dans l'attente de son transfert à Londres –, les Allemands, qui ont fait irruption, le manquèrent de peu [14]...

Faute d'avoir pu capturer Frenay, Moog et consorts se consolèrent d'avoir entraîné la perte de Berty Albrecht. Moog, pour sa part, avait éprouvé ses forces. Il était prêt, sans tarder, à se remettre en chasse. Sur la piste qui devait le conduire jusqu'à « Didot » et « Vidal », à René Hardy et au général Delestraint...

Notes

1. R. Hardy, *op. cit.*
2. Document inédit. Dossier René Hardy.
3. H. Noguères, *op. cit.*
4. L'auteur n'a pu retrouver traces dans le dossier Hardy constitué à l'occasion du second procès Hardy de ces dépositions. Personne, à notre connaissance, n'a cependant émis de contestation après la publication de ces documents (in *Derniers Mots*, Fayard).
5. Déposition Aubry du 15 février 1945, cité par R. Hardy, *op. cit.*
6. « Exposé des faits dans la procédure suivie contre : Hardy René et Multon Jean... » Parquet de la Cour de justice de la Seine, 25 mai 1946.
7. Cité par M. Albrecht, *La Grande Figure féminine de la Résistance : Berty*, Laffont, 1986.
8. Document inédit : « Prise de position au sujet de la lettre du commandant de la police de Sûreté et du SD en France du 10 septembre 1943, relative aux informateurs " K 30 " et " K 4 "... » Signée : Gegauf. Dossier R. Hardy.
9. A. Devigny, *Je fus ce condamné, op. cit.* Sollicité pour porter témoignage, le général Devigny devait répondre à l'auteur, le 7 février 1988 : « ... Vous me faites évoquer des souvenirs que je voudrais voir à jamais disparaître de ma mémoire. Si j'ai pris la peine de porter mon témoignage dans trois ouvrages, c'est pour ne plus jamais en parler... »
10. Cité *in* M. Albrecht, *op. cit.*
11. M. Albrecht raconte comment elle n'a pu, malgré ses efforts, parvenir à éclaircir ce qui s'est passé entre ce 28 mai

1943, date de l'arrestation de sa mère, et le 31, date de sa mort. Henri Frenay, quant à lui, se faisant ouvrir, à la Libération, le registre des détenus de Fresnes, écrira qu'il découvrit, sous le nom de B. Albrecht : « Décédée : le 28 mai 1943. Cause : inconnue. » Ce dernier mot venait en surcharge d'une inscription effacée, probablement la véritable cause de la mort...

12. H. Guillermin, *Les Mémoires de guerre de « Pacha »* (souvenirs inédits), cité *in* H. Noguères, *op. cit.*, t. III, p. 372.

13. H. Frenay, *op. cit.*

14. On a vu, avec le rapport Flora (*cf.* chap. iv, « La filière marseillaise »), ce qui a été réuni comme renseignements sur Frenay par Multon et Brown, en désignant notamment avec précision le moyen de le joindre à l'hôtel de Bourgogne...

CHAPITRE VII

« Bonjour, Monsieur Hardy! »

« Quant à moi, à partir de juin et jusqu'en décembre 1942, je fus, en ma qualité de lieutenant, officier de renseignement et instructeur de l'Armée secrète... » Ainsi se présente René Hardy au moment d'aborder la période cruciale de sa vie de résistant dans ses *Derniers Mots* [1].

« Je suis né, écrit-il, la veille de la Toussaint, en 1911. » Précisément à Mortrée, dans l'Orne, où il se vit « promis, dès sa naissance, à la revanche et aux hécatombes ». La guerre de 14 pointait à l'horizon et René Hardy se souviendra toujours que « sa prime enfance baigna dans ce patriotisme chatouilleux » qui était alors de rigueur. Une enfance, une jeunesse d'où se dégagea l'homme chez qui l'on devine la passion, une certaine flamme que beaucoup de ceux qui connaîtront ce garçon, très mince aux yeux très clairs, garderont en mémoire. Une attitude, parfois, d'adolescent qui aurait eu du mal à mûrir mais s'embrasant volontiers pour une cause – ou pour quelqu'un –, avec une propension au romanesque que sa carrière d'écrivain, après-guerre, ne fera que confirmer et développer.

L'homme et son histoire – au sens fort du terme – sont entourés d'ombres qui n'ont pas cessé, jusqu'à sa mort, de le poursuivre. S'il « se marie le 19 septembre

1933 », comme l'indique sa courte biographie judiciaire, il est « titulaire du brevet supérieur d'ancien instituteur » mais « entre à la SNCF le 1er novembre 1936 comme attaché (à l'essai) à Saint-Goubruge. Il subit à l'école André-Direz à Rouen le concours de fin de session 1938 et est admis avec la mention Bien en services actifs et assez bien en comptabilité et commercial ». En clair, reprend René Hardy, « j'avais quitté l'enseignement [...]. J'étais donc attaché à la SNCF au service exploitation, en poste au régulateur des grandes lignes de Paris-Montparnasse ».

Vient la guerre. « Lieutenant de réserve d'infanterie, la déclaration de guerre le surprend en Lettonie où il est allé retrouver son épouse. » Ici, écart symptomatique, la version personnelle de Hardy s'éloigne totalement de la reconstitution effectuée par les autorités militaires qui seront chargées de son second procès [2]. Il se décrit parti... pour Berlin, chercher « un jeune enfant juif, Idi ». Une véritable aventure, qui fut aussi « le sujet de *Gauthier sans amour*, l'un de mes derniers livres [3] ». Une aventure qui se confond si bien avec la littérature que le juge militaire Gonnot s'en tint à une autre explication de son absence en France au moment de la déclaration de guerre. Toutefois, René Hardy devait rattraper son retard : « Il rentre en France et est envoyé pendant la campagne de 1939-1940 en Corse où il suit avec succès différents stages; volontaire pour les corps-francs, il est contraint de demeurer en Corse à la suite de la déclaration de guerre de l'Italie. Le 18 juin 1940, répondant à l'appel du général de Gaulle, il tente, avec plusieurs officiers, de gagner la Corse à la dissidence mais les événements de Mers el-Kébir font échouer ce projet. Démobilisé le 14 juillet 1940, il réintègre son poste à la SNCF, le 10 août, et il est nommé au régulateur des grandes lignes à Paris-Montparnasse. Dès décembre 1940, il a une activité de résistant : il travaille avec la Résistance... »

Selon Hardy, sa « tâche initiale à Paris-Montparnasse fut de monter un réseau de renseignements pour les transports ennemis [...] Nous pûmes tracer les plans des transports de troupes et de matériel, et mettre assez vite au point des techniques d'embouteillage. Nous mîmes ainsi sur pied le premier réseau des chemins de fer ». Une tâche qui n'allait pas sans risques puisqu'en avril 1941, se sentant grillé, Hardy donna sa démission et quitta la capitale sans attendre. *Via* Biarritz et Bayonne, c'est désormais en zone libre qu'il poursuivit un chemin semé d'embûches. Il « tente de passer en Afrique du Nord en s'embarquant clandestinement à Toulon sur le *Poitou* avec le fils du général Durrmeyer et le contrôleur de la marine Fleuriot ». L'équipée tourne court; Hardy est arrêté avec ses camarades et écope, le 15 avril 1942, d'une condamnation à 15 mois de prison infligée par le tribunal maritime de Toulon, pour « désertion, rébellion au gouvernement, atteinte à la sûreté de l'État ». Le voici détenu, dans des conditions déplorables, affligeantes physiquement, qui constitueront une de ses premières et amères expériences d'incarcération. Mais, en sa prison, une rencontre déterminante devait se produire. Guillain de Bénouville l'a fort bien racontée :

« Les malades de l'hôpital étaient à peu près les mêmes que ceux de la prison maritime, d'où, d'ailleurs, presque tous venaient. Outre un matelot voleur, il y avait là deux communistes que je connaissais peu. Je me liai davantage avec un jeune officier d'infanterie, le lieutenant Chauvy *, qui avait été arrêté alors qu'il tentait de rejoindre l'Afrique du Nord... » Dès cet instant, ce fut le début d'une estime et d'une confiance réciproques : « Pendant que Chauvy parlait je regardais

* L'un des premiers pseudonymes de Hardy... L'auteur de ce livre ignore les raisons de son choix. Bénouville l'utilise dans son ouvrage *Le Sacrifice du matin*, Laffont, 1946, cité ici.

à la dérobée ce grand garçon blond aux yeux limpides, que les privations décharnaient. Il avait je ne sais quoi de résolu et de brûlant dans le regard qui animait son visage émacié et tendu. J'étais impressionné et attiré par lui. »

De son côté Hardy relatera : « C'est en prison, à Toulon, que je me liai d'amitié avec le futur général Pierre Guillain de Bénouville [...]. A ma sortie de prison, au printemps 1942, il m'aida matériellement comme il m'avait promis, en m'envoyant un mandat. J'étais sans rien, si ce n'est quelques tickets de pain, et ma détermination à reprendre la lutte. Je savais, et c'était inappréciable, à qui m'adresser. Notre amitié ne s'est jamais démentie en quarante ans [4]. »

Bénéficiant d'une libération conditionnelle, le 27 mai 1942, René Hardy, affaibli par les privations de sa détention, passera « trois mois à Garons, dans le Gard, chez un de ses parents, M. Vallat », et là, il se remettra au service de la Résistance, organisant même l'AS dans ce département. Il s'attelle à cette tâche jusqu'en janvier 1943, « tente une nouvelle fois de passer en Afrique du Nord avec les deux fils du général Durrmeyer et subit un nouvel échec [5] ».

C'est alors qu'en haut lieu, on s'intéresse à lui : « Il est demandé par M. Frenay qui lui confie l'organisation des Chemins de fer pour la zone sud. » Pour Hardy, sa mission est double : « En premier lieu, l'organisation des sabotages sur les voies ferrées ; en second lieu – corollaire du précédent –, la préparation d'un plan de sabotage à exécuter au moment du débarquement, en conformité avec les directives de l'état-major allié. »

Sans doute a-t-il aussi une activité de renseignement que nous avons évoquée précédemment *, mais là-dessus Hardy est d'une discrétion quasi parfaite. En

* Voir L'Affaire américaine, p. 81-82.

définitive, au début de juin 1943, pour situer le personnage dans la hiérarchie résistante, « il est chef national région sud Sabotage Fer rattaché au NAP (Noyautage des Administrations publiques) et placé sous l'autorité du Comité directeur des MUR (Mouvements unis de résistance). Il appartient aussi à l'état-major du 3e bureau sabotage ferroviaire de l'Armée secrète dont le commandant est le général Delestraint, alias " Vidal ", et sous l'autorité duquel il se trouve être placé ».

Investi de ces responsabilités, Hardy fréquente souvent les rivages lyonnais, qui constituent encore une plaque tournante, en ce début 1943, de la Résistance française. Un acteur de l'implantation des NAP, destinés à pénétrer les administrations et à en retirer le maximum d'efficacité contre l'occupant, apporte ici son précieux témoignage :

« Sur Lyon, Jean Thévenon, qui occupe un poste à la SNCF, a été l'un des promoteurs du NAP-Fer, déclare Maurice Picard. Il a même été un temps question de lui pour assumer des fonctions nationales. Mais c'est finalement Hardy qui nous a été imposé par le Comité directeur de Combat... »

Maurice Picard, qui restera, sous l'autorité d'André Plaisantin, l'un des coordinateurs très actifs des NAP (en particulier ceux des PTT, de la SNCF et de l'Énergie), se souvient de sa première rencontre avec Hardy : « Cela se situait au début de 1943, fin février peut-être, chez le chef de la " rotonde " de Vénissieux, un nommé Baudat, qui habitait avenue Félix-Faure. Avec moi se trouvaient Thévenon, René La Combe, l'adjoint de Hardy, et Hardy lui-même. Lequel s'est d'ailleurs présenté dans ses fonctions, et même avec le titre d'ingénieur de la SNCF qu'il ne possédait d'ailleurs pas. C'est devant moi, précise Picard, que se sont clairement établis les " pseudo " de chacun : pour Hardy, c'était

“ Didot ”, pour La Combe, c’était “ Bottin ”. Nos rencontres allaient désormais, pratiquement, être hebdomadaires. Hardy semblait porter beaucoup d’intérêt à son affaire même si parfois il donnait l’impression de s’écouter parler [6]... »

Il s’avère que son rôle donna apparemment satisfaction à ceux qui avaient misé sur lui. Claude Bourdet, directeur national de ces NAP dont il inventa la dénomination, estimera que « Hardy nous apparut comme l’homme qui manquait à notre dispositif. Jeune, énergique, plein d’imagination, ayant de nombreux amis dans toute la SNCF, ce grand garçon mince au visage étroit, aux cheveux brossés en arrière, avait les idées les plus précises sur le sabotage ferroviaire [7] ».

Des idées qui le conduisirent à diriger la rédaction de ce fameux plan de sabotages des voies ferrées, qui sera connu sous l’appellation de « Plan Vert » (car les feuilles qu’il contenait seront regroupées « sous une couverture de couleur verte », dira Bénouville). Un véritable guide d’instructions qui revenait à définir l’ « organisation du Bloc de guerre fer et le Plan général des opérations militaires à effectuer au jour J * sur les chemins de fer ». C’est durant l’élaboration de ce long et très technique document de cent trente-six pages que les événements prirent une tournure dramatique...

Pratiquement toute la seconde quinzaine du mois de mai fut consacrée, par Hardy, à la confection du Plan Vert. Il était parti pour cela à Nîmes, accompagné de Roger Bossé, alias « Joachim », chargé d’assurer, habituellement, les liaisons avec les régions, et que nous retrouverons fréquemment aux côtés de Hardy. Tous deux étaient porteurs d’une volumineuse documentation. Lydie Bastien, la maîtresse du responsable

* A savoir le jour du débarquement allié sur les côtes françaises.

de NAP-Fer, précisera que « Claire » (Marie Raynouard) était également du voyage mais qu'elle devait rapidement revenir sur Lyon, où elle sera, nous l'avons vu, arrêtée par les Allemands, au domicile de Mme Dumoulin, rue Bouteille, vraisemblablement le 26 mai. Un refuge sûr fut alors déterminé et en compagnie d'un cartographe, M. Blanc, et d'une dactylographe, Mme Will, « Didot » se rendit, le 21 mai, dans une ferme des Cévennes au lieu-dit La Colle, à Colognac, dans le Gard. C'est, plus précisément, dans le local d'une école que, durant huit jours, s'effectueront « les travaux de mise au point définitive, de collationnement, de dactylographie et de cartographie ». Un homme devait activement se mêler à cette tâche : Heilbronn, alias « Harel », alias « Hennequin », qui sera sur place les 27 et 28 mai. Nous avons déjà vu * que des désaccords s'étaient instaurés entre les deux têtes pensantes du Sabotage-Fer. Mais Frenay avait imposé une cohabitation. « Heilbronn rédigea le *Manuel du parfait saboteur*, stipulant la technique à utiliser. Il indiqua, sur une carte Michelin représentant la France en deux feuilles, les points où les sabotages devaient être prévus, afin de constituer, compte tenu des défaillances et des ratés inévitables, un ensemble efficace. Il y en avait environ 1 100, répartis sur tout le territoire. La composition des équipes, les liaisons verticales, les explosifs et l'outillage nécessaires étaient précisés. Lors d'une rencontre à Saint-Hippolyte-du-Fort, Heilbronn donna connaissance de ces documents à Hardy. Hardy fit taper sur papier vert la liste des 1 100 points (ce qui n'avait d'ailleurs guère d'utilité). Ainsi naquit le Plan Vert. Une copie des documents rédigés par Heilbronn fut envoyée à Londres par lui-même [8]. »

Le labeur achevé, le 29 mai, au moins deux exemplaires tapés du Plan Vert et les éléments ayant servi à

* Voir L'Affaire américaine, p. 80-81.

sa réalisation sont transportés dans deux valises (dont l'une est en osier et va connaître un destin mouvementé). Hardy se charge lui-même, pour le voyage en car qui le mène, en compagnie de Blanc et de Mme Will, jusqu'à Saint-Hippolyte-du-Fort puis Nîmes, de camoufler son précieux document dans du papier journal portant l'indication apparente : « Plan d'électrification. » « C'est la meilleure manière de passer en sûreté », dira Hardy en prenant congé de l'un de ceux qui avaient permis son hébergement. Le Plan Vert aboutit ainsi au domicile du cartographe, dissimulé « dans un coussin du salon ». Mais, le 2 juin 1943, celui-ci est arrêté par les Allemands alors qu'il se rendait chez un imprimeur. Blanc pouvait dès lors faire, d'une minute à l'autre, l'objet d'une fatale perquisition. Averti par l'un des responsables de Combat, Choisy, Hardy se rend d'urgence à l'appartement du cartographe, aidé par Mme Will. Un quart d'heure plus tard, les Allemands déboulent, saisissant quelques papiers compromettants, mais l'essentiel venait d'être sauvé.

Cependant, et c'est là un point important et jamais souligné, dès ce moment René Hardy et ceux qui l'entourent agissent comme des bêtes traquées, la Gestapo aux trousses.

A bout de souffle

Le lendemain 3 juin, le responsable du Nap-Fer évite ses fréquentations de clandestinité, se rend chez un parent qui l'avait déjà hébergé à sa sortie de prison, M. Vallat, et lui dépose le Plan. « Hardy lui déclara qu'il ne pouvait conserver le document pas plus que les autres personnes, car il s'attendait à des perquisitions de la part des Allemands. Vallat l'a transporté toute la journée dans la ville de Nîmes. Hardy le suivait ou le précédait. Il lui fit la restitution du document le soir, vers 18 heures, au moment où il prit le train pour Garons [9]. »

La veille, sa doublure, La Combe, l'avait rejoint à Nîmes. D'où les deux hommes reprennent le train, le 3 au soir, à destination de Lyon, accompagnés de Mme Will. Hardy a sur lui le plan ; La Combe d'autres documents. Ils prennent le soin de ne pas partager le même compartiment. Dans la ville « aux deux fleuves », les choses ne s'arrangent pas. On devine une meute se rapprochant inexorablement...

Lydie Bastien récupère, dès son arrivée, son amant et ses compagnons de route : « C'était un vendredi, je crois, et le 4 juin 1943. C'est moi qui ai appris à Hardy à son retour l'arrestation de "Claire". Nous nous trouvions alors au 107 de l'avenue de Saxe, chez Mme Pineau. Il y avait à ce rendez-vous Thomas, alias "Tricoire" [10]... »

La présence, lors de ces retrouvailles, de Thomas (« Tricoire »), ex-chef de l'AS du Gard passé, en avril 1943, au Service national Maquis est intéressante. « Tricoire » a permis, quelques jours auparavant, à Heilbronn de rejoindre Hardy en lui indiquant le lieu de sa retraite méridionale. Mais « Tricoire » est aussi celui, rappelons-le, qui figurait parmi les connaissances de l'agent fantôme « André » qui s'était présenté, en mai, à Aubry avec de si sérieuses références de résistant *. L'étau nazi semble épargner désormais de moins en moins de monde...

D'autant que l'annonce de l'arrestation de « Claire » signifie que le PC de Hardy, 10, rue d'Enghien, a de grandes chances d'être grillé : « "Claire" avait sur elle, le jour de son arrestation, les clefs de l'appartement [11]. » Un appartement, d'après Lydie Bastien, qui

* *Cf.* p. 171.

aurait été rapidement évacué, vidé de « nombreux papiers compromettants ainsi que de tracts » pour être transférés « à la chambre de La Combe, chemin Saint-Maximilien, aux environs de Montluc [12] ».

La suite de cette course-poursuite se transforme en une traque sans pitié. Max Heilbronn, revenu sur Lyon, rencontre « Didot » et « La Combe » « dans un café du sud de la place Tolozan ». L'un des deux est porteur « d'une valise en fibre d'osier extensible, dans laquelle se trouvaient notamment du linge et certains documents rédigés par [Heilbronn] ainsi que sa photographie ». Cette dernière, bien qu'imprudemment transportée, était destinée à la confection d'une fausse carte d'identité. Imprudence d'autant plus redoutable que visiblement le duo « Didot-Bottin », « ne se sentant pas en sécurité », aurait demandé à « Harel » de les débarrasser de cette encombrante valise véhiculée depuis le 29 mai. L'intéressé accepta et « croit l'avoir portée dans une rue perpendiculaire au cours de Verdun ».

L'enquête diligentée par le juge Gonnot confirmera, en 1949, que « cette rencontre de Hardy-La Combe-Heilbronn et le transport de la valise se situent entre le 1er et le 10 juin 1943, selon Heilbronn. En fait, elle n'a pu avoir lieu, vraisemblablement, que dans la période du 4 juin, date du retour de Hardy de Nîmes, au 7 juin, date de son départ pour Paris ».

Il faut ajouter à ce constat ces lignes communiquées à l'auteur par Max Heilbronn lui-même :

« Fin mai ou début juin 1943, Hardy, suivi par des Allemands, confia une mallette à Heilbronn, en lui indiquant l'endroit où la déposer. Heilbronn en ignorait le contenu, comme il ignorait qu'il était suivi par les Allemands. Dans ces conditions, les Allemands mirent ainsi la main sur le Plan Vert, sur les annexes et compléments rédigés par Heilbronn, et sur le *Manuel du parfait dérailleur*. (Ces détails n'ont été connus par Heilbronn qu'ultérieurement) [13]. »

Il y a deux Hardy qui ressortent de ces événements. L'un est aux prises avec les affres d'une filature, pour tout dire d'une réelle peur de tomber, à tout moment, entre les mains des Allemands. L'autre, plus offensif, plus sûr de lui, pointe, après-guerre, un doigt accusateur en direction d'un autre membre de la Résistance : Henri Aubry.

Sachant que celui-ci a déclaré à Mme Raisin, sa secrétaire, une fois la convocation concernant « Vidal » et « Didot » remise au 14 de la rue Bouteille, qu'il savait que ces lieux étaient connus et surveillés par les Allemands, il aurait négligé, au cours d'une nouvelle rencontre avec Delestraint, le 4 juin, d'informer le général qu'il existait un risque évident de découverte de son rendez-vous prévu pour le 9 à Paris. Si cette rencontre a eu lieu effectivement, l'attitude d'Aubry devenait, pour le moins, incompréhensible. Or, le responsable de l'AS a confié, des années après ces événements, qu'il avait quitté Lyon le 29 mai *. Il était, le 4 juin, encore absent, parti pour plusieurs jours à Marseille, « au chevet de sa femme qui était gravement malade [14] ».

Une autre version des faits apparaît cependant en désaccord avec cet emploi du temps; celle confiée par Aubry lui-même, en 1955, à l'historienne de Combat, Marie Granet : « Ces rendez-vous donnés (celui, verbal, à Gastaldo, et celui, écrit, dans la boîte de Hardy), Aubry part à Marseille pour voir les responsables des services d'atterrissages et de parachutages de la région.

* *Cf.* chapitre v, p. 162-163.

Il y passe deux jours environ. Il revient à Lyon le 7, avec Malacrida *. »

Si Aubry n'avait passé que deux jours à Marseille pour revenir le 7 à Lyon, il pouvait très bien se trouver, le 4, dans cette dernière ville. Mais rien – si ce n'est l'allégation de Hardy – ne confirme qu'il ait pu, ce jour précis, y revoir Delestraint [15]...

Pendant ce temps, Hardy poursuit ses contacts lyonnais. Il rencontre Bénouville à qui il remet un exemplaire du Plan Vert. « La date de remise de ce document par Hardy, rapportera Bénouville, se situe vers le 5 ou 6 juin 1943. » Il ajoutera qu'il lui versa aussi, à cette occasion, une somme de 100 000 F **, prélevée sur son budget personnel, « après l'avoir conduit à un domicile commun qu'il avait à ce moment avec Frenay, alias " Tavernier " [...] 26, rue Tronchet, chez Mme Leyvastre [16] ».

Outre cette rencontre – que Hardy, et d'autres, semblent avoir oubliée – « nous avions déjeuné en hâte dans un petit restaurant de l'avenue de Saxe », précisera Bénouville qui ajoutera qu'en cette circonstance « j'avais rencontré, par hasard, Lazare Rochline *** », un de ses « anciens compagnons de 39-40 ». Celui-ci, « revenu d'Allemagne depuis peu de temps [...] travaillait pour les services anglais [...]. Comme à l'accoutumée, nous échangeâmes quelques paroles amicales. J'expliquai d'un mot à Chauvy (Hardy) que nous avions servi ensemble [17] ».

Dans tout cela, il n'est pas question du rendez-vous que doit avoir Hardy avec Delestraint. Pour Hardy, l'explication est simple : il ne se servait plus de la boîte

* Henri Malacrida était un des inspecteurs nationaux de l'AS. Aubry précise également que le 11 juin, toujours à Lyon, quai Saint-Vincent, au nouveau domicile de Frenay, il participe à une réunion où se trouvent notamment Bénouville et Bourdet.

** Hardy dira 10 000 F.

*** En fait, Rachline.

aux lettres de la rue Bouteille, ayant été informé – par qui, il ne le dit pas – qu'elle était grillée et il n'avait donc, de ce fait, pas pris connaissance de la convocation rédigée par Aubry. Il va même jusqu'à affirmer : « J'avisai mes correspondants, et notamment Aubry, chef d'état-major de l'AS, de ne plus utiliser la boîte aux lettres de Lyon, pensant qu'elle pouvait être grillée. Pourtant judicieuse, la recommandation ne servit strictement à rien [18]. »

Rien ne confirme cette alerte donnée par Hardy. Au contraire, lorsque l'on sait que, le 7 au soir, il prend le train... à destination de Paris. « J'allais effectivement à Paris, se justifiera-t-il constamment, mais à un autre rendez-vous. » Coïncidence selon lui, puisqu'il devait retrouver en la capitale Jean-Guy Bernard, alias « Thellys », organisateur des sabotages et intéressé par l'extension du NAP-Fer en zone nord. Le rendez-vous aurait été pris par l'intermédiaire de celle qui organisait les liaisons, Mlle Renoncourt. Lydie Bastien en conviendra : « Autant que je me souvienne, Hardy devait prendre des contacts à Paris pour monter en zone nord l'organisation qu'il avait réalisée en zone sud dans le réseau " Fer ". Je ne pense pas que Hardy m'ait dit qu'il allait voir à Paris le général " Vidal ". Je n'ai su qu'à mon arrivée à Paris, le 9 juin 1943 vraisemblablement, par Mlle Renoncourt, qui avait été chargée d'attendre Hardy au 222, avenue du Maine à Paris, que Hardy avait rendez-vous avec Jean-Guy Bernard [19]... »

A cette fin d'ailleurs, Lydie Bastien se charge, dans l'après-midi du 7, de retenir une place de couchette wagon-lit alors que, la veille ou l'avant-veille, Bossé, l'agent de liaison de « Didot », avait loué une place dans le train à destination de la gare de Lyon. Il fut ainsi établi, *sous le nom de Hardy*, un bulletin d'agence n° 499 087 pour une place n° 8 de wagon-lit, du train qui devait quitter Perrache, au soir du 7 juin.

A 21 h 50 précisément. Là, sur le quai de la gare lyonnaise, le destin du chef de Résistance-Fer semble basculer. « Didot », par un curieux hasard, croise celui que Bénouville, la veille ou l'avant-veille, lui a présenté : Lazare Rachline. Qui entend un homme visiblement affolé se confier ainsi, rapidement, à lui : « Si je suis arrêté, dites à Bénouville que " Lunel " (ou Multon) était dans le train. » Aussitôt après, Hardy prend place dans son wagon-lit. Rachline, sur le coup, juge de l'imprudence de celui qui vient de l'alerter. S'il est repéré, lui-même peut du coup être inquiété. De plus, Rachline ne voyage pas seul. Il est en compagnie de sa femme, de Mme Pierre Bloch, l'épouse du député et résistant socialiste, et d'un major anglais, Vic-Gerson, qui n'est autre que le chef du réseau d'évasion SOE auquel il appartient [20] !

Mais qu'était-il arrivé à Hardy ? Il venait de buter, sur sa route, sur Multon : « Quant à moi, écrira-t-il, habitué à vivre dans la clandestinité, méfiant, prudent, exercé, je le reconnus. » Sa seule réaction, cependant, assez surprenante pour quelqu'un qui, manifestement, court un grand danger, est de profiter de la présence, sur ce même quai, de Rachline, pour faire part de son inquiétude. D'ailleurs, Hardy s'opposera à celui-ci en affirmant qu'il lui parla dans le train et non sur le quai. Nuance qui a son importance, comme si Hardy voulait à tout prix nous faire comprendre que, déjà dans le train, il ne pouvait plus envisager une fuite qui eût été, dans son cas, un réflexe sensé et peut-être salutaire. Rachline maintiendra en ce qui le concerne : « J'affirme que c'était sur le quai [21]. »

Et Multon, que fait-il dans cette gare, ce lundi 7 juin ? Il n'est pas seul puisqu'à ses côtés figure Robert Moog qui a décidé de participer directement à l'action. Car

« la présence de Moog et Multon sur les quais de la gare de Lyon-Perrache puis dans le train se rendant à Paris n'a rien d'anormal. Multon sait que le centre principal de l'activité de " Didot " est Lyon... ». Et il est en mesure de l'identifier, ce que l'intéressé ne conteste pas, même s'il minimise cette possibilité : « Nous nous étions vus, ou plutôt croisés, une fois en mars 1943, au bar des Danaïdes, à Marseille. Il était en compagnie de Chevance-Bertin, moi avec Herbinger, un officier de renseignement interallié *. Multon connaissait Herbinger, il m'avait entr'aperçu... »

Hardy insiste ensuite pour nous dire qu'il avait changé suffisamment de physionomie depuis (« de couleur de cheveux » notamment!) pour que Multon ne puisse conserver de cette furtive rencontre que de vagues éléments. Mais en fait, « Lunel », le « traître », est bien aux côtés de Moog pour identifier Hardy. Participant à l'exploitation du message intercepté – mais remis en place, rappelons-le – de la rue Bouteille, Barbie reconnaîtra : « J'ai demandé à Multon comment il fallait procéder. Celui-ci m'a dit qu'il fallait faire surveiller le train car il était presque sûr que Hardy était à Lyon [22]... »

Il est une chose admise : dans cette mission qui visait, en sa conclusion, à l'arrestation du chef de l'AS, « Vidal », et de « Didot », de ces deux hommes Multon ne connaissait que le second et ne sera d'ailleurs d'aucune utilité dans la prise, au métro Muette, du premier.

Quant à Kramer, dans sa mise au point à propos de l'utilisation de « K 30 », il consignera : « ... Au cours du voyage de Lyon à Paris, " K 30 " (Moog) remarqua un homme ayant une attitude suspecte. Il observa en même temps que " André " (Multon) devint pâle en le

* Herbinger, alias « Brissac », était le chef du réseau « Mithridate ».

voyant. Il demanda à " André " s'il ne s'agissait pas de " Didot " (Hardy) et " André " répondit oui... »

Multon a donc parfaitement situé l'homme qui occupe, curieusement, le compartiment voisin du sien. Sur ce qui se déroule alors, le témoignage du conducteur des wagons-lits Alphonse Morice, de service ce jour-là, est fort précieux :

« Au départ de Lyon, aux environs de 21 heures, le 7 juin 1943, la voiture était complète, les 22 places retenues par des voyageurs munis de bulletins d'agence. Je n'ai rien remarqué d'insolite au départ de Lyon [...] Environ 1/4 d'heure avant d'arriver en gare de Chalon-sur-Saône, deux personnes, que je reconnus pour être les titulaires des lits 9 et 10 *, se présentèrent à l'office. L'un d'eux, d'assez forte corpulence, châtain clair, revêtu d'une gabardine claire, me tendit d'une main sa carte de Gestapo, de l'autre m'a braqué son revolver sur la poitrine en disant : " Pas un mot, ne bouge pas, ou je te crève. " C'est ainsi qu'ils prirent les clés de la cabine des lits 7 et 8 qu'ils ouvrirent [...] J'ai eu alors [après l'arrestation] l'impression très nette que l'affaire était montée de toutes pièces depuis Lyon, puisque les voyageurs des cabines 9 et 10, qui m'avaient interpellé [...] se trouvaient voisins de ceux qu'ils avaient arrêtés aux cabines 7 et 8 et qu'ils ne s'étaient ni déshabillés ni couchés avant Chalon-sur-Saône, restant constamment en train de deviser, assis sur leur lit et leur porte de cabine toujours ouverte depuis Lyon [23]. »

Après le départ de Chalon, les deux hommes informeront Morice que deux de leurs collègues allaient occuper les places 7 et 8, et qu'ils viendraient d'une « voiture de classe, accouplée à celle des wagons-lits ».

C'est ainsi que les occupants des couchettes 7 et 8 sont interpellés en entrant en gare de Chalon. Le pre-

* Moog et Multon. *Note de l'auteur.*

mier se nomme Roger Cressol, occupe les fonctions de directeur des services du Commissariat aux sports à Lyon et n'est strictement pour rien dans ces événements qui dépassent – ô ironie – ce fonctionnaire de Vichy. Il a simplement la malchance d'être le voisin de parcours du n° 8, René Hardy bien sûr. Quant aux deux collègues qui s'installent à leur place (qui parlent bien le français, estimera Morice), il s'agit probablement de René Saumande et d'André Morin, autre âme damnée de Moog. Ils sont donc quatre à poursuivre le voyage sur Paris. Objectif : « Vidal. » Le chef de l'Armée secrète, entre-temps, ne se doutant évidemment de rien, s'apprête pour son rendez-vous du 9...

Moog arrête « Vidal »

Charles Delestraint avait achevé son séjour lyonnais le 5 juin très exactement. En résumé, il avait eu une série de contacts avec Aubry, alias « Thomas », son chef d'état-major, Lassagne, adjoint au chef du 2e bureau, Gastaldo, alias « Galibier », chef du 2e bureau de l'AS. Ce dernier, avec Aubry, partageait le privilège de connaître le rendez-vous « Didot-Vidal » fixé à Paris. Étaient-ils vraiment les seuls ? La fille du général devait déclarer qu'elle savait son père de passage à Lyon, fin mai 1943, et qu'il devait se rendre ensuite à Paris. « J'ai su qu'il avait quitté Lyon en compagnie du docteur Relevet, d'Orléans. » Si elle reconnaît qu'elle ignorait la rencontre avec « Didot »-Hardy, elle savait, au moins, « en partie son activité et notamment qu'il était le chef de l'Armée secrète en France sous le pseudo de « Vidal » [24].

Une autre personne, mais celle-ci en raison de ses fonctions, est au courant de l'emploi du temps du général : François Guillain, futur docteur qui n'était à l'époque qu'un étudiant en médecine et un agent de liaison dévoué, au service de celui qui se faisait aussi appeler « Monsieur Duchêne » : « ... Le général devait rencontrer " Didot " au métro de la Muette, le mercredi 9 juin à 9 heures. Je ne pouvais pas l'accompagner, la première tranche de mes examens de médecine se situant du lundi 7 au vendredi 11 inclus, les examens cliniques ne commençant que le 28 juin. Le général m'avait affirmé que, s'il avait besoin de moi, il me convoquerait à Paris entre mes deux tranches d'examens. Le samedi 5 juin, le général prit le train pour Paris à Perrache, vers 16 heures; je l'ai accompagné jusqu'à son wagon. Un ami de notre famille, le Dr Relevet, d'Orléans, fit le voyage avec lui jusqu'à Paris [25]. »

Dans la capitale, « Vidal » avait prévu d'occuper un appartement laissé vacant par un couple d'Américains, 5, boulevard Murat, à quelques stations de la Muette, et dont la gardienne était une de ses anciennes domestiques. Si l'on ignore son activité des 6 et 7 juin, on le retrouve le 8 avec ses adjoints, Gastaldo et Theobalt, alias « Terrier », auxquels il demande d'avoir à se retrouver, le lendemain, à 9 h 15, au métro Pompe, juste après avoir parlé à « Didot ». Le général rencontre aussi, vers 16 heures, le commandant Perrette, officier de chars et, à ce titre, vieux compagnon : « Au cours de notre entretien, le général m'apparut calme, très détendu, avec son habituelle lucidité d'analyse, et son affabilité coutumière. »

S'il lui parle de ses préoccupations du moment, il ne lui souffle mot de son rendez-vous du lendemain avec « Didot ». En revanche, « il me parla chaleureusement d'Aubrac – Raymond Aubrac, dit " Ermelin " –, ce jeune ingénieur des Ponts et Chaussées, chef des groupes paramilitaires de Libération-Nord, que je ne connaissais pas; et à qui il entendait confier une place importante dans le dispositif de l'AS de la zone de débarquement [26]... ».

Le reste de cette journée du 8 juin – sa dernière de liberté –, Delestraint la consacre aussi à une lettre qu'il envoie, sous le prénom de « Georgette », à sa femme, à Bourg-en-Bresse. Quelques lignes de cette courte missive laissent percer un certain désenchantement, voire une certaine lassitude face à plusieurs difficultés tenaces :

« Je suis un peu fatiguée, écrit-il. Mes élèves, dès que la maîtresse n'est plus là, sont paresseux et indociles. C'est une éducation à reprendre constamment, et il faut une foi ardente dans le devoir imposé par la providence pour ne pas se laisser aller au découragement [27]... »

Encore « Vidal » ne soupçonnait-il pas ce qui l'attendait.

Si Moog, Multon et deux autres comparses poursuivent, dans la nuit du 7 au 8 juin, leur mission dans le train qui les conduit à Paris, le dispositif allemand déployé pour la circonstance était bien plus vaste. Nous avons sur ce véritable branle-bas de combat tous les détails grâce à Kramer, alias « Gegauf », qui en avait référé à ses supérieurs et avec lesquels il s'était réuni :

« ... Il fut décidé, au cours d'un entretien avec le capitaine Schmitt, que je devais me mettre en rapport avec le SD (rue des Saussaies), en vue d'obtenir un concours approprié. Le capitaine Schmitt entreprit également des démarches auprès du SD. " K 30 " m'informa qu'il se trouverait également à Paris à l'heure du rendez-vous (9 juin, 9 heures, métro Muette). Il quitta Lyon, en compagnie d' " André ", le 8 juin * pour se rendre au rendez-vous dont nous avions convenu. Le lendemain matin, je me rendis avec " K 30 " et " K 4 " au métro Muette. " André " était également présent, mais il ne vit rien de ce qui se passait, il fut complètement oublié et il ne rencontra " K 30 " que dans l'après-midi.

* Le 7 au soir exactement. *Note de l'auteur.*

Un certain nombre d'hommes du SD étaient en outre présents : sur ordre du commandant Gleichauf et en accord avec le capitaine Schmitt (poste directeur du SR), je m'étais mis en rapport avec le commando d'intervention du SD du Grand-Paris, afin d'avoir à notre disposition, pour cette affaire, des hommes pouvant, le cas échéant, prêter main-forte. Finalement, il y avait encore à proximité le capitaine Schmitt avec quelques hommes de sa section. Lorsqu'à 9 heures 2 minutes, un homme à l'allure rigide apparut, on fit signe à " K 30 " et " K 4 ", ceux-ci l'abordèrent et nous l'attirâmes dans une voiture, soi-disant pour le conduire chez " Didot "-Hardy. A ce moment, il nous déclara qu'il avait un autre rendez-vous à 10 heures au métro Pompe. En démarrant, je remarque que ni les fonctionnaires du Poste directeur du SR, ni ceux du SD n'avaient observé l'incident. Je fis donc faire demi-tour à la voiture, je dépassai [celle] du capitaine Schmitt et je fis signe au chauffeur de me suivre. Ce dernier suivit en direction du Trocadéro. Je le priai alors d'amener le capitaine Schmitt et ses hommes. A cet instant, le général commença à poser des questions exprimant des doutes. Lorsque le chauffeur revint avec le capitaine Schmitt et que je demandai à ce dernier, en allemand, si la voiture devait se rendre au poste directeur du SR ou à la rue des Saussaies, le général pâlit et demanda à être conduit chez le préfet de police. Après l'avoir remis au poste de garde du SD, rue des Saussaies, j'emmenai deux hommes du SD et je me rendis au métro Pompe avec " K 30 " et " K 4 ". Ceux-ci abordèrent les deux collaborateurs du général et les amenèrent à la voiture, où les hommes du SD les arrêtèrent [28]... »

Pour être plus précis, la personne du général « Vidal » semble avoir été identifiée au jugé, car « ce serait Moog qui se serait présenté à un homme assez âgé à l'allure sèche et militaire, au moment où il gravissait les marches de l'escalier de sortie du métro Muette. Il l'accosta par ces mots : « Mon général, vous attendez " Didot " ; il n'a pas pu venir, car il a jugé que c'était trop dangereux. Il vous attend au métro " Passy ". Le général " Vidal ", mis en confiance, dirigé vers une voiture qui stationnait à proximité, déclara qu'il avait un autre rendez-vous au métro La Pompe, quelques minutes plus tard, avec des collaborateurs. Le général était alors conduit au service de Kieffer, du B.d.S.-Paris. Ses déclarations au métro La Muette devaient entraîner les arrestations, vers 9 h 45, de Gastaldo [...] et de Théobalt [...] à la sortie du métro Pompe [29]. »

Avant de participer activement à ce coup de filet, Moog n'avait pas perdu de temps. Dans le train, après avoir fait arrêter Hardy et son infortuné compagnon de route, Cressol, à Chalon, il s'en prit, avec Multon, à Rachline, dit « Rachet », et à « Gerson » qui, pour avoir été vus en train d'échanger quelques mots sur le quai de la gare de Perrache avec « Didot », furent automatiquement suspectés. « Soumis à un long interrogatoire et à une fouille complète de leurs bagages », les deux hommes s'en tirèrent à bon compte. Mesdames Bloch et Rachline, à la gare de Lyon, subirent également les questions pressantes du duo Moog-Multon. Rachline finit par apprendre, par le préposé aux wagons-lits, qu'une double arrestation avait eu lieu à Chalon-sur-Saône. « Didot » était effectivement entre les mains des Allemands. Depuis Lyon, l'*Obersturmführer* Klaus Barbie va effectuer un déplacement spécial pour lui. « Lorsque j'ai pris mon premier contact avec Hardy, c'est à la prison de Chalon-sur-Saône. Je ne l'avais jamais vu auparavant. Je l'ai salué en lui disant : « Bonjour, Monsieur Hardy [30]... »

NOTES

1. R. HARDY, *Derniers mots*. Ce livre sera bien sûr l'une des références utilisées pour retracer l'action de René Hardy.

2. En l'occurrence, le juge d'instruction au tribunal militaire de Paris, Gonnot, dont le rapport complet découlant de ses investigations sert de référence (27 avril 1949, dossier R. Hardy). Inédit.

3. Les déclarations de Hardy sont ici extraites de *Derniers mots*.

4. Ce jugement sera pourtant, dans ces mêmes *Derniers mots* de Hardy, totalement modifié en fin d'ouvrage, en des termes irrévocables...

5. Rapport Gonnot, *op. cit.*

6. Témoignage Maurice Picard recueilli par l'auteur le 26 avril 1988.

7. C. BOURDET, *op. cit.*

8. Document sur l'activité de Max Heilbronn, remis par ce dernier à l'auteur le 14 janvier 1988.

9. Rapport Gonnot, *op. cit.*

10. Audition de Lydie Bastien devant le juge d'instruction militaire Gonnot, le 27 avril 1948. (Dossier Hardy.)

11. Rapport Gonnot, *op. cit.*

12. Audition de Lydie Bastien devant le juge Gonnot, 18 mai 1948 (dossier Hardy). Cependant, Hardy affirmera avoir utilisé ensuite son « PC » sans inconvénients majeurs...

13. Note sur les souvenirs d'Heilbronn communiquée par ce dernier à l'auteur le 14 janvier 1988.

14. H. NOGUÈRES, in *La vérité aura le dernier mot*, p. 130.

15. Témoignage d'H. Aubry recueilli par Mme Granet, les 14 mars et 3 mai 1955 (AN, Fonds Granet, 397 AP 2). Il faut préciser que, durement malmené par maître Garçon, lors du procès Hardy, Aubry apparut désarçonné après cette question : « Comment se fait-il, lui demande l'avocat, que vous n'en ayez averti ni Hardy ni le général? – J'avoue que c'est la première fois que cette question se pose pour moi », finit par admettre le témoin, visiblement très ému... (*in* J.M. Theolleyre, *Procès d'après-guerre*, La Découverte-Le Monde, 1985).

16. Audition de P. Bénouville devant le juge Gonnot le 7 octobre 1948 et rapport Gonnot, *op. cit.*

17. In *Le Sacrifice du matin*, p. 347-348.

18. *Derniers mots, op. cit.*, p. 190.

19. Audition L. Bastien du 27 avril 1948 (dossier Hardy).

20. Autre hasard dans cette histoire qui n'en manque pas. Rachline, dans ses missions pour le SOE, a été en relation, sur Toulouse, avec « Eugène », c'est-à-dire Pertschuk, et le radio « Urbain ». « Eugène », le frère de Rachline et « Urbain », précisera Rachline en donnant témoignage de son action, devaient être fusillés par les Allemands (témoignage recueilli en 1950 et 1951 par la Commission d'histoire de l'Occupation, *in* archives Gouineau, AN 72 AJ 1911). Or, Moog, dans le cadre de l'Affaire Jura sur Toulouse, compte parmi ses victimes « Eugène » et « Urbain »...

21. Lors de sa déposition au procès Hardy en 1950.

22. Interrogatoire de K. Barbie par le commissaire Bibes, du 16 juillet 1948.

23. Audition à la DST du 28 février 1947 (dossier Hardy).

24. Audition de Mme Bihiane Delestraint-Tourtel du 8 mai 1948 (dossier Hardy).

25. In *Le Général Delestraint*, de J.F. Perrette, Presses de la Cité.

26. *Ibid.*

27. *Ibid.*

28. Rapport « Gegauf », mise au point relative aux informateurs « K 30 » et « K 4 » (dossier Hardy).

29. Rapport Gonnot, *op. cit.*

30. Interrogatoire par le commissaire Bibes, *op. cit.*

CHAPITRE VIII

Objectif : Armée secrète

Il devait être 1 heure du matin lorsque le train stoppa en gare de Chalon. Nous étions le 9 juin : « ... Je subis un interrogatoire d'identité par un militaire allemand, sans plus. Il examine mes papiers. Il ne sait rien ; il me dit qu'il va faire vérifier cette identité et me demande simplement des explications sur une lettre adressée à ma fiancée, Mlle Bastien, lettre trouvée dans la poche d'un complet se trouvant dans ma valise... Visiblement, cet Allemand ne sait rien des raisons de mon arrestation, estime René Hardy [1]... »

Klaus Barbie, pour sa part, dit avoir reçu de ses collègues de Chalon un coup de téléphone. Dans cette ville il faut qu'il se rende, rapidement. Ce qu'il fait, en civil, par la route, à bord, précisera-t-il, d'une voiture Citroën d'immatriculation française... Il se vantera d'avoir, d'emblée, salué le prisonnier, pour lequel il s'était déplacé, par son nom : « ... Je connaissais son véritable nom par Multon... » Hardy se bornera à dire que, ces jours-là, on pouvait évidemment l'appeler par son vrai nom puisqu'il avait sur lui ses véritables papiers. Dans sa confession recueillie par la DST le 24 mars 1947, voici ce qu'écrira le responsable de Résistance-Fer :

« ... Je suis arrêté à Chalon, emmené à la prison et on

découvre dans un complet, dans ma valise, une lettre vieille de plusieurs jours, portant l'adresse de mes beaux-parents futurs. Je suis succinctement interrogé et mis nu dans une cellule. Je resterai deux jours ainsi, puis on me rend mes affaires minutieusement examinées. Le 10, je crois, je suis à nouveau interrogé, frappé * et emmené à Lyon. J'apprends l'arrestation du général Delestraint, on m'indique que l'on avait intercepté une convocation dans une boîte où cependant depuis quelques jours il n'arrivait plus rien, c'était la boîte-fer ; je vois la convocation émanant du chef d'état-major d'AS un mois plus tard seulement. Mais dès cet instant, je suppose un piège. Je suis identifié comme chef de la Résistance-Fer par " Lunel ". Je nie. Aucun papier n'a été saisi sur moi prouvant mon activité, on me fait le chantage aux otages sur la lettre saisie. Je demande à être remis en liberté. La maison de mes beaux-parents sera surveillée. J'ai là des armes cachées et suis inquiet. Je veux savoir qui a tendu le piège au général. J'offre, si on me libère, d'essayer de renouer avec des relations que je sais être de la Résistance. Je persuade de la difficulté de ce travail, les Allemands, ayant des otages sous la main, acceptent de me laisser libre sous la condition que je passerai tous les jours devant la maison des Bastien [2]... »

« Didot » démasqué

Si Hardy conteste avoir été pris pour « Didot » et l'un des chefs de la Résistance, pourquoi alors le chef de la section IV du « KdS. »-Lyon se serait-il déplacé en personne et quelle valeur aurait pu revêtir un tel marché ainsi passé s'il n'avait été qu'un comparse? Barbie apporte sur ce point une foule de précisions :

* Le mot est inséré après coup. *Note de l'auteur.*

« ... Hardy a compris alors qu'il n'était plus question de jouer avec moi et il m'a déclaré que c'était Multon alias " Lunel " qui l'avait trahi car il l'avait vu dans le train. Hardy m'a parlé ensuite de sa fiancée car j'avais trouvé sur lui une lettre d'elle. Je dois ajouter que sa fouille, ainsi que celle de ses bagages, avait été négative à part cette lettre. Hardy m'a dit nourrir des sentiments profonds pour sa fiancée et a craint que je l'arrête également.. »

Un jeu insidieux prenait forme, fait de pressions, et de promesses réciproques. Barbie déclara avoir réservé à son hôte, dont il soupesait la valeur, un traitement de faveur lorsque, une fois transféré à Lyon – ce qui se fit le 10 juin vers 16 heures –, il le garde dans ses propres services, à l'École de santé militaire, avenue Berthelot. « J'ai retiré l'impression qu'on pouvait parler avec lui... »

C'est bien là l'essentiel à retenir et Hardy ne dit pas autre chose, même s'il se défend farouchement d'avoir donné quoi que ce soit tout en s'étendant sur un savant stratagème de défense. « Hardy s'est engagé vis-à-vis de moi à continuer ses activités de chef de réseau de la Résistance et à me rendre compte de tout ce qui se passerait [3]. » L'intéressé finira par confirmer, le 25 octobre 1948 : « Barbie *n'avait qu'un objet* : m'arracher les renseignements sur l'organisation de sabotage des chemins de fer... »

D'autres officiers allemands sont quasiment persuadés que cette obstination partait d'une conviction bien établie. Max Hartwig appartenait à un *Sonderkommando* détaché sur Lyon [4] : à l'École de santé, « dans une pièce, déposera-t-il, Barbie a ouvert devant nous une valise qui contenait quelques plans, l'un assez grand représentant la région lyonnaise ; de nombreuses croix indiquaient des ponts. Après plusieurs questions, Hardy a consenti à parler, déclarant que ces points étaient des emplacements devant sauter lors du débarquement allié [5] ».

L'*Oberscharführer* SS Harry Stengritt, rattaché à la section VI du « KdS » de Lyon, a été amené à prendre connaissance de ce dossier traité par Barbie : « ... Il a vu Hardy dans le bureau de Barbie, dans la soirée du jour de son transfert de Chalon. Barbie lui dit, tout de suite : " C'est Hardy ", car il connaissait son activité par Multon. Il s'est étonné de la manière avec laquelle il était venu à résipiscence. L'initiative des propositions est venue de Barbie et Hardy a accepté. »

Comme pour Hartwig, Stengritt affirme que des éléments du Plan Vert ont été reconstitués par leur prisonnier [6].

Ces deux témoignages, certes, doivent être replacés dans le contexte brumeux du procès Hardy qui fera apparaître les récits de ces officiers SS, qui avaient – plus ou moins – des comptes à rendre à la justice française, sous un jour peu favorable. Ainsi Stengritt, au cours de l'audience du 5 mai 1950, faisant état de pressions, de contraintes, aura-t-il un comportement plus évasif. Mais il existe, en revanche, deux documents qui ne souffraient pas, eux, d'avoir été commis pour les besoins d'une quelconque procédure judiciaire à l'encontre de Hardy. Il s'agit d'abord du rapport Kaltenbrunner, le second rédigé en un mois par le chef de toutes les polices du Reich, en date cette fois-ci du 29 juin 1943, soit quelques jours après ces événements. Ayant, comme pour celui du 27 mai, pour objet l'Armée secrète en France, il y relate la découverte de la boîte aux lettres du département Sabotage des chemins de fer et du rendez-vous fixé entre « Didot » et un général qui s'avéra être Delestraint. Pour ce qui est de Hardy, il y est rapporté :

« ... Au cours de son interrogatoire, le chef du sabotage des chemins de fer, Hardy, alias " Didot ", a fait une ample déposition et a, entre autres, avoué avoir élaboré un plan d'environ 150 pages sur les opérations de sabotage des Chemins de fer à réaliser dans le cadre d'une invasion anglo-américaine et l'avoir remis à son chef pour examen [...]. Hardy a pu, en raison de ses amples déclarations et de sa volonté de collaborer *(Willigkeit zur Mitarbeit *)*, être employé déjà plusieurs fois avec succès pour des rendez-vous et il a en plus reconstitué de mémoire le plan de sabotage des Chemins de fer au bénéfice des Services allemands[7]... »

Enfin, le rapport Flora, signé à Marseille, le 19 juillet 1943, par Ernst Dunker, confirme : « ... A la suite de la surveillance de la boîte aux lettres de la section de sabotage des trains, Multon a eu connaissance d'une rencontre prévue entre " Didot " et " Max " **, le 9 juin 1943, à Paris. C'est ainsi que dans le train de Paris, sur l'instigation de Multon, fut arrêté et remis à l'" EK " de Lyon : N° 106 – " Didot " (pseudonyme), chef national Sabotage des trains des MUR », à propos duquel il est immédiatement précisé qu'il sera utilisé « en qualité d'agent double de l'" EK " de Lyon... »

Liberté surveillée

Si, assez vite, Barbie a remis en liberté Cressol, il va... en faire de même avec Hardy. A cette différence près que le résistant est « tenu par un fil », dont l'Allemand serre et desserre à volonté la rigidité. Il s'est couvert, d'ailleurs, le lieutenant SS, en demandant une « autorisation d'emploi au " BdS "-Paris par un *Fernschreiber* ou télégramme rapide ». Paris a à son tour interrogé Berlin. Hardy n'est décidément pas considéré comme

* Littéralement peut se traduire par « docile collaboration ».
** Il s'agit en fait de « Vidal ». Quelques lignes après, les véritables protagonistes sont exactement situés.

menu fretin. Stengritt, dans son interrogatoire du 6 décembre 1948, évoquera cette démarche, spécifiant que le Français « avait pour mission générale de reprendre contact avec les chefs de l'armée secrète et d'en informer Barbie ». Tout en soulignant que, l'autorisation de ses supérieurs tardant à venir, le chef de la section IV « a pris sur lui de libérer Hardy et il m'en fit part ».

L'heure d'une remise en liberté – très relative – a donc sonné. Hardy l'a située au 10 juin, au soir. Pour Barbie, les délais, dépendant d'une réponse, lente à venir, de sa hiérarchie, cela ne peut se situer que le 11. D'ailleurs, Multon « lors de l'information suivie conjointement contre lui et Hardy devant la cour de justice de la Seine a déclaré qu'il avait vu Hardy le 11 juin 1943 dans l'antichambre, puis dans le bureau de Barbie, où [il] avait l'air de jouir d'une certaine liberté [8]... ».

Un redoutable mécanisme se met brutalement à jouer de toutes ses pièces. Ce 10 juin, et alors que Barbie « entretenait » savamment Hardy, à Bourg-en-Bresse, devant le 41, boulevard Voltaire, le domicile de Delestraint, une Peugeot 402 stoppe. Bihiane Tourtel, fille du général, voit descendre trois hommes qui pénètrent dans l'immeuble où habitent ses parents. Ils forcent Mme Delestraint à les laisser entrer dans l'appartement. L'un d'eux demande si les deux femmes connaissent « Vidal » : « Ma mère et moi avons nié. Il me fut demandé aussi si je savais que mon père était à Paris. Nous avons répondu, ainsi qu'il avait été convenu avec mon père avant son départ, qu'il s'était rendu à Lille auprès de son père. » Une perquisition sauvage permet aux poches des visiteurs de s'enrichir d'une photo du général, d'une quantité appréciable de papiers personnels, dont, heureusement, aucun n'est relatif à la Résistance. Également, au passage, divers objets jugés précieux disparaissent, selon une pratique courante chez les gens de la Gestapo. Enfin, « l'un d'entre eux me déclara : C'est " Didot " qui a dénoncé votre père. Il avait un rendez-vous et on l'a arrêté. Il devait rencontrer " Didot " et c'est l'un de nous qui est allé vers le général [9]. »

Cette vantardise – mais y avait-il volonté de semer un doute flagrant ? – épingle une fois encore au tableau de chasse allemand René Hardy. Parmi les photos que l'on présentera à Bihiane Tourtel, celle-ci retiendra sans hésiter le visage de l'un de ces trois hommes qui s'exprimait fort bien en français : Moog.

Robert Moog, qui prend chaque jour davantage de l'assurance, s'affirme comme un redoutable rabatteur, à Lyon comme à Toulouse. Son équipe, épaulée par les services allemands, une fois arrêtés à Paris le général Delestraint, puis ses adjoints Gastaldo et Theobalt, organise une souricière au domicile de ce dernier. Ce qui entraîne l'arrestation de plusieurs personnes : Mme Spiquel, née Patenotte Flore, Mlle Olivier, le couple Machureau, concierges de l'immeuble dont la femme est frappée au visage par Saumande...

Triste équipe, mais soudée par les sentiments les plus exécrables, du fanatisme aveugle à l'expression du lucre et de la dernière violence. De retour à Lyon, remis à la disposition de Barbie, Moog a bien mérité de diriger « une section purement française », pratiquement autonome, bien que supervisée par l'Allemand Krull, de la section IV E. On y retrouve une brochette de personnages qui, en s'étoffant, se taillera un redoutable palmarès dans cette chasse à l'homme plus que jamais ouverte : Lucien Doussot, dit « André », déjà rencontré dans les « arcanes gestapistes », et son fidèle bras droit, André Thévenot, dit « Henri ». André Jacquin, qui jouera les secrétaires, chargé de recevoir, en disposant bientôt d'un bureau tant les « entrées », avenue Berthelot, devenaient nombreuses, les dénonciateurs de tout acabit. André Morin, alias « Bob », alias « Maurice Burnier », un mouton transformé en fauve. Louis Thys, dit « Le Boiteux »... Telles sont quelques-unes de ces figures que tout résistant se devait d'éviter. Moog a désormais droit à une fiche élogieuse que connaîtront peu à peu ses adversaires : « ... Se fait appeler " Bobby ", " Peters ", " Pierre ", " Peter Walter ", « Bulard Claude ", " Novy ", 30 ans, 1,77 m. Taille athlétique. Très blond. Nez retroussé. Yeux bleus. Oreilles décollées. Signes particuliers : grosse bague en or, initiales R M à l'auriculaire gauche. Fanatique de l'idée allemande. Très orgueilleux... »

A Paris, cependant, se joue un drame au centre duquel sont placés Delestraint, Gastaldo et Theobalt. Après la rue des Saussaies, ils font connaissance avec le 84 de l'avenue Foch, l'un des sièges du « Sipo-SD » de la capitale, qui traite de la recherche et de la répression de la Résistance. Gastaldo a relaté ce difficile séjour : « Au cours de mon transfert à l'avenue Foch, je réussis à avaler les documents que j'avais sur moi et qui concernaient les terrains d'aviation de la zone nord. Je suis interrogé 60 heures sans interruption [...] et je maintiens que je suis le professeur de géographie Garin, né à Alger, et n'ayant aucun parent en France. Finalement, le 11 juin, les officiers de la Gestapo me mettent sous les yeux tous les documents qu'ils possèdent concernant l'AS et un télégramme émanant de Lyon dans lequel il est parlé de l'arrestation à Chalon le 8 juin de " Didot " avec lequel nous avions rendez-vous le 9. Il était parlé également dans ce télégramme d'une réunion *qui avait eu lieu en mars* * à Lyon, chez Lassagne, à laquelle il était dit que j'avais pris part sous le nom de Garin avec " Max ", " Vidal ", Frenay, Aubrac, " Veni ", " Didot ". Mes interrogateurs, poursuit

* Souligné par nous.

Gastaldo, me demandèrent le signalement de tous ceux-ci sauf de “ Vidal ”, arrêté avec moi, et de Frenay qu'ils connaissaient. Je donnai un signalement exact de “ Didot ” que je savais arrêté et faux de tous les autres. Puis, me basant sur les documents qu'ils m'avaient mis sous les yeux, je répondis d'une façon plus ou moins fantaisiste aux questions qui m'étaient posées [10]... »

Ce témoignage appelle plusieurs remarques. D'abord, il est repris par le commandant Gardon dans son « exposé des faits », établi lors du second procès ouvert contre Hardy, mais avec des variantes : « Le 11 juin 1943, en effet, est-il écrit, vers 6 heures du matin, au vu d'un télégramme arrivé de Lyon dans la nuit, et dont le texte est mis sous les yeux du témoin [Gastaldo] », les questions suivantes lui sont posées : « Donner signalement des participants avec vous à réunion qui eut lieu *le 3 mai 1943* * chez Lassagne, 302, boulevard Lafayette, Lyon : “ Vidal ”, Tavernier, Aubrac, Didot, Max. Saviez-vous que “ Didot ” s'identifiait avec Hardy et s'occupait de la Résistance-Fer ? »

Où la date passe donc de mars 1943 au 3 mai 1943, où il est spécifié l'adresse complète de Lassagne et où les participants ne sont pas exactement les mêmes. Sur ce dernier point cependant, si l'on considère tour à tour les deux dates, il y a incompatibilité apparente : en mars 1943, une réunion en présence de « Max » (Jean Moulin) n'est possible qu'entre le 20 mars, jour de son retour de Londres où il est demeuré depuis le 13 février, et le 31 de ce même mois. Or, durant cette période, Aubrac, autre participant mentionné, est entre les mains de la police lyonnaise depuis le coup de filet opéré à la mi-mars. S'il s'agit du 3 mai 1943, la même observation vaut pour Aubrac qui ne sera remis en liberté provisoire que le 14 mai 1943.

Peut-être ne s'agit-il, en fin de compte, que d'un

* Souligné par nous.

« test » préparé par les Allemands, reprenant pêle-mêle les noms et les éléments en leur possession pour influencer Gastaldo au cours de son interrogatoire? Cependant le nom de Lassagne – et son adresse – figurerait dans ce télégramme, ce qui n'est pas sans importance pour ce qui va suivre... Un télégramme à propos duquel Gastaldo, appelé à la barre des témoins en mai 1950, maintiendra : « Je suis sûr d'avoir vu sur le télégramme de la Gestapo la phrase suivante : " Didot "-Hardy arrêté gare Chalon, et j'ai vu ce télégramme le 11 juin 1943 à 6 heures du matin [11]... »

Vingt-quatre heures plus tard, ce même « Didot » apparaît libre de ses mouvements : « Je renoue effectivement mes contacts. Je fais attention aux filatures possibles. Étant donné l'affaire Delestraint, je ne puis m'ouvrir à personne de mon aventure. Je prépare le départ de mon service pour Paris. Je mets en vacances des collaborateurs. Je fais disparaître tous les documents qui permettraient des identifications... »

La relation est trop belle pour être vraie puisque Hardy se comporte différemment, apaisant au contraire ses collaborateurs en leur racontant une histoire que n'aurait pas reniée le meilleur auteur de roman de cape et d'épée. Son agent de liaison, Bossé, alias « Leblond », fut peut-être l'un des premiers, le 12 juin, à entendre ce récit d'évasion spectaculaire venant à point pour expliquer sa longue absence, depuis le 7 au soir : « ... Je sors, je suis au bout du couloir. Et je vais refaire la vieille gymnastique, cent fois pratiquée dans les gares de triage... Je tiens la poignée, je suis sur le marchepied, le train commence à prendre de la vitesse, le quai commence à fuir, plus vite, toujours plus vite : alors je lâche la barre, fléchis les jambes, saute, le corps rejeté en arrière et récupère, quelques instants après, une valise trouée et fort malmenée. Avec l'air frais de la nuit, la joie silencieuse pénètre en moi comme après chaque partie gagnée sur l'ennemi... »

Avec le temps, l'échappée glorieuse s'enjolivera jusqu'au jour de mars 1947 où le mensonge ne pourra plus tenir [12]. Hardy s'expliquera alors longuement sur le choix qu'il aurait fait, une fois relâché : « ... En premier lieu, fuir mes compagnons de combat qui pourraient m'interroger : Delestraint avait été arrêté à ce rendez-vous que j'ignorais en me rendant à Paris, mais que je connaissais à présent, les Allemands m'ayant mis au courant. Si je ne mentais pas, l'arrestation du général " Vidal " risquait de m'être imputée, et moi d'être abattu par mes propres amis. Tant que la preuve ne serait pas faite de mon innocence dans l'affaire " Vidal ", je serais tenu de me taire et – je l'ai écrit antérieurement – l'avenir me donna raison [13]... »

Or Hardy, dans ses démarches de juin 1943, ne cherchera jamais à connaître cette vérité qu'il dit indispensable pour prouver « son innocence dans l'affaire " Vidal " »...

Un intermède rajoute une certaine confusion plus qu'il n'éclaircit l'attitude de Hardy. Le chef de Résistance-Fer maintient en effet être parti le 11 juin, jour selon lui de ses retrouvailles avec la liberté, pour Nîmes. Évidemment, Barbie, dans ses déclarations, estimait le résistant toujours prisonnier à cette date. Hardy se devait de prouver qu'il n'en était rien et d'établir la liste de ceux qu'il aurait donc vu, à Nîmes, à cet instant. Liste assez longue pour quelqu'un qui sort des griffes de la Gestapo et doit donc – il en convient vivement –, de la façon la plus élémentaire, se méfier de toutes filatures : pourtant, nous dénombrons des responsables de l'AS tels que Pierre Choisy et Guigon, du NAP, avec Alméras, Jean Bailly, Massié, pour ne citer que ces rencontres. « La synthèse de leurs dépositions, faite par le commissaire Gouillaud, précisera Hardy, ne permet aucun doute sur mon passage à Nîmes le 11 juin 1943. » C'était aller vite en besogne et négliger ce que l'enquête avait réellement déterminé [14]. Le juge Gonnot, dans l'exposé concluant son instruction, n'était nullement du même avis et dressait le tableau suivant :

Témoins	Jour (s) de rencontre à Nîmes
BAILLY	Un jour de la semaine débutant le 7 juin 1943.
CHOULEUR	Ne peut préciser.
CHOISY	Entre le 8 ou le 9 juin 1943 et le 15 juin 1943.
GUIGON	Entre le 7 et le 11 juin 1943.
BASTID	En 1943, début de la saison chaude.
ALMERAS	Après le 4 juin 1943.

En conclusion, « aucun d'eux, écrit Gonnot, ne peut affirmer avoir vu Hardy à Nîmes le 11 juin 1943 ».

De plus, Hardy n'explique à aucun moment la teneur de ses contacts dans cette ville, qu'il avait quittée – c'était là une certitude – le 3 juin au soir pour regagner Lyon. Enfin, pour corser le tout, dans ses *Derniers mots*, il sera rajouté – en note de bas de page! – cette révélation : Hardy, avant de partir pour Nîmes, aurait confié à Bénouville, sous le sceau du secret – qui aurait été ainsi préservé plus de quarante ans! –, qu'il avait été arrêté puis relâché par les Allemands et les deux hommes auraient décidé de taire tout cela. Aussitôt, Guillain de Bénouville adressa à celui qu'il avait toujours soutenu une cinglante lettre de démenti. Quant à Henri Noguères, il en profita pour feuilleter le Chaix et constater que Hardy ayant indiqué être arrivé à Nîmes vers 13 heures, il lui a donc fallu prendre le train de 7 h 15 au départ de Lyon-Perrache. Libéré, d'après lui, dans la nuit du 10 au 11 juin, quand aurait-il pu prendre le temps, compte tenu du couvre-feu, de raconter une si délicate aventure à son ami Bénouville [15] ?...

Heilbronn arrêté

Ce mystérieux voyage de Nîmes n'empêchera pas, en tout cas, Hardy de poursuivre, sur Lyon, ses activités. Après « Bossé », c'est à La Combe, toujours le 12, qu'il expose les péripéties de son évasion mais, surtout, loin de vouloir couper les ponts, il accepte de continuer, comme si de rien n'était, sa besogne clandestine. Il écoute La Combe lui parler de Heilbronn qui souhaite le rencontrer, vraisemblablement pour réitérer une demande d'entretien avec « Vidal » dont, pour l'instant, il ignore l'arrestation. La Combe lui a donc fixé avec son chef direct un rendez-vous pour ce jour, à 14 heures , à la sortie de la gare de Perrache. Un rendez-vous que rapporte ainsi Heilbronn : « ... Hardy vint vers moi, avec visiblement l'allure d'un homme traqué. » Il raconte « son » histoire de train – son échappée qu'il situe à Mâcon – et se dit démuni de tout, « au point que je lui donnai l'un de mes deux stylos », précise Heilbronn. L'entretien fut très court mais Hardy eut le temps de dire qu'il n'avait « pu me fixer de rendez-vous avec le général " Vidal " ; il m'en donna la raison comme il est dit ci-dessus... » Il est à croire que si Hardy prétendit ne pas avoir pu parler de Heilbronn à « Vidal » parce qu'il avait dû sauter du train qui l'emmenait à Paris pour échapper aux Allemands, c'est qu'il reconnaissait implicitement que ce voyage devait bien le conduire jusqu'au chef de l'Armée secrète... Le plus grave se produit cependant juste après, alors que Heilbronn trouve l'attitude de son interlocuteur « révélatrice d'un grand désarroi. C'est ainsi qu'il me répéta plusieurs fois : " Ça va mal, ça va mal " [16]. »

A peine Hardy a-t-il quitté son collaborateur que celui-ci se retrouve encadré par deux hommes : « Police allemande. » Il est jeté dans une Citroën qui attendait vers la place Carnot, non sans avoir aperçu auparavant un homme suspect, « 55 ans, moustache grise, longue, mince, tout de noir vêtu », qui semblait observer la scène... Heilbronn se sent rassuré par le fait qu'il ne se trouve en sa possession « aucun papier compromettant ». La question de son identité en revanche se pose d'emblée puisque, emmené à l'École de santé, les deux individus qui l'avaient arrêté le questionnent, en le rouant de coups : « C'est toi " Didot ", avoue que tu es " Didot " ! » Voilà qui pouvait paraître étrange puisque « Didot » était, selon toute vraisemblance, identifié, et Barbie était bien le premier à le prétendre. L'officier SS, lorsqu'on lui soumit la question, répondit que « Heilbronn alias Hennequin a été arrêté par des hommes du Sonderkommando AS dirigé par un certain Werth » et, dit-il, « je n'ai rien eu à voir avec son interrogatoire ». Cet *Obersturmführer* et *Kriminal Kommissar* avait été, spécifia Barbie, détaché début juin sur Lyon et Werth dépendait directement du « RSHA * Berlin, section IV E ». Cette dépendance est reconnue lorsque l'on sait le rôle imparti à ces Sonderkommando, qui caractérise d'ailleurs le parallélisme souvent rencontré dans l'action policière nazie : le SD et l'*Abwehr*, tantôt complémentaires, tantôt rivaux, en sont une autre illustration. Barbie ajoute que la question posée à Heilbronn (« Avoue que tu es " Didot " ») relève probablement d'un stratagème visant à protéger Hardy, pour qu'on le sache toujours « libre et sans contrainte ». Procédé effectivement utilisé fréquemment mais que le chef de Résistance-Fer estime

* L'organe central des polices du Reich.

ici trop beau pour être vrai. En fait, l'identité réelle d'« Hennequin » fut, le jour même de sa capture, révélée puisqu'on découvrit sur lui « une carte d'entrée du ministère de la Guerre au nom du capitaine du génie Heilbronn et avec sa photographie ». Il est, en définitive, possible que Werth et ses hommes, comme l'admet Hardy, aient agi « sans que Barbie l'ait su », sans disposer tout de suite des renseignements qu'il détenait. Pour Heilbronn, ce n'est que le 25 août 1943, alors qu'il est interrogé par Lutgens, que celui-ci lui déclara que « " Didot " m'avait livré ». A cette époque, objectera Hardy, les Allemands savaient tout. Mais le rapport Kaltenbrunner, signé en date du 29 juin 1943, se montre particulièrement accablant pour lui :

« ... Son plus proche collaborateur et adjoint pour les questions de sabotages des chemins de fer, chargé également de l'organisation de la grève des cheminots, était le juif Heilbronner, alias " Harel ", alias " Hennequin " qui, avec le concours de Hardy, a pu être arrêté lors d'un rendez-vous... »

Entre le doute et la confiance

Dans l'entourage de « Didot », que pense-t-on, que sait-on, hormis la version de l'intéressé ? L'idée d'une arrestation possible de Hardy a couru à Lyon, dans le milieu de la Résistance. A l'origine, Rachline, qui avait reçu la confidence angoissée de Hardy sur le quai de la gare de Perrache. « Lui-même avait été inquiété avec le major " Gerson " vers 1 heure du matin et il avait dû descendre du train en marche », dès l'entrée en gare de Lyon. Il avait su, aussi, sans connaître leur identité, « que deux personnes avaient été arrêtées et descendues à Chalon ».

L'information avait fait son chemin. « ... Une semaine

environ après que " Chauvy " (Hardy) fut parti pour Paris, consignera Bénouville, j'appris de la bouche d'un des seconds de " Rachet " (Rachline) qu'avant de monter dans le train, sur le quai même de la gare de Perrache, " Chauvy " avait reconnu " Rachet " qui partait lui aussi pour Paris, l'avait rejoint et lui avait dit d'une voix précipitée par l'angoisse : " Si je suis fait ce soir dans le train, vous direz à notre ami commun que " Lunel " y était aussi et que c'est certainement lui qui m'aura donné " [17]. »

Ainsi Bénouville a appris les graves ennuis de « Didot ». Jacques Baumel, secrétaire général des MUR, sut par son intermédiaire, dès « le 9 ou le 10 juin », que Hardy avait disparu depuis son départ pour Paris. Enfin, « au cours d'une réunion des chefs de la Résistance quai Saint-Vincent, il aurait été question d'une possibilité d'arrestation dans le train Lyon-Paris de Hardy que l'on n'avait plus revu depuis son départ », le 7 juin. Cet échange au sommet regroupait de Bénouville, Aubry, Bourdet, d'Ivernois et Malacrida [18]. Aubry, indirectement – car il ne s'étend pas sur le sujet et se contredit parfois sur les dates –, confirme, lors d'un entretien avec l'historienne Marie Granet, qu'étant revenu à Lyon le 7, il revit Frenay avant son départ pour Londres : « C'était chez lui, quai Saint-Vincent, où il logeait à cette époque, qu'Aubry vint le voir le 11 juin, avec Malacrida et d'Yvernois. Assistaient aussi à cette réunion Bénouville et C. Bourdet [19]. »

Pour Bourdet, « tout ce que nous savions, c'est qu'il avait échappé à Multon le 7 juin », et de rappeler que Hardy avait, sans conséquences fâcheuses, vu, depuis sa réapparition, le 12 juin, pas mal de monde : Frenay, dans « son bureau qu'il utilisait à la Croix-Rousse », Bénouville, Baumel [20]...

Antoine de Graaf, quant à lui, agent de liaison rattaché au secrétariat de Jean Moulin : « C'est par l'intermédiaire de " Leopold ", un de ses camarades qui fait la navette entre Lyon et Paris, qu'il apprit, " le 12 juin, à midi ", les arrestations du métro La Muette. C'est à Paris, le lendemain, qu'il entend parler, pour la première fois, " d'une responsabilité de Hardy ". »

Quels doutes peuvent assaillir les gens de Combat, ses plus proches compagnons? Pour Bénouville, « je n'ai pas alors de raison de douter de sa parole. Nous avons passé des mois dans la même cellule à Toulon. Ça forge des liens solides. Et puis à l'époque, sauter d'un train est relativement banal [21]... »

Pour Frenay, la nouvelle de l'arrestation de « Vidal » et de « Galibier » est arrivée « le 12 juin, dans le courrier », par « un mot laconique ». « Je savais, souligne-t-il, qu'ils devaient partir dans la capitale pour prendre contact avec les mouvements de zone nord. » Cette précision semblant éluder toutes références à la rencontre prévue entre Hardy et Delestraint. « L'Armée secrète est durement frappée », conclut-il [22].

Quant à Hardy, Frenay en accepte également les explications même si quelques remarques ne lui échappent pas : « Son aspect me dit-on, a changé : ses cheveux, qu'il a fait teindre, ont des reflets curieusement bleutés. Il porte des lunettes mais, depuis cet accident, après tout prévisible dans l'existence que nous menons, il manifeste une grande nervosité [23]... »

Notes

1. Interrogatoire de R. Hardy, le 22 juillet 1947, par le juge Gonnot.

2. PV de l'audition devant le commissaire Jean Ponceau de la DST (dossier Hardy).

3. Interrogatoire de Barbie par le commissaire Bibes, 16 juillet 1948.

4. Équipe spécialement formée dépendant de Berlin, mise ici à la disposition du « BdS »–Paris qui les plaçait pour des missions spécifiques ou de renfort auprès des antennes régionales.

5. Exposé du juge Gonnot, 27 avril 1949 (dossier Hardy). Notes d'audiences, du 3 mai 1950 (procès Hardy). La valise évoquée pourrait très bien être celle dont Heilbronn avait hérité...

6. Exposé Gonnot, *op. cit.*

7. La traduction de ce document Kaltenbrunner figure au dossier du second procès Hardy (« Berlin, le 5 février 1948 »). Une publication en a été faite, en version française, par *Paris-Match* du 4 mars 1983. Voir aussi L. Steinberg, *Les Allemands en France, 1940-1944*, Albin Michel, 1980.

8. Exposé Gonnot, *op. cit.* Exposé des faits du commissaire du gouvernement C. Sudaka, Cour de justice de la Seine, 25 mai 1946.

9. Audition de Mme B. Delestraint devant le juge Gonnot du 8 mai 1948 (dossier Hardy).

10. Rapport du chef d'escadron Gastaldo (« Galibier » dans la Résistance) à M. le ministre de la Guerre (Cabinet

militaire), le 15 juillet 1945. A.N., Papiers Gouineau, 72 AJ 1910.

11. Audience du 3 mai 1950. Notes d'audiences. Tribunal militaire. Dossier Hardy.

12. Ce récit mensonger publié ici est celui reproduit le 8 février 1947 par le journal *Ce Matin* (cité *in* l'article de Francis Crémieux : « Crimes de guerre et anticommunisme », *L'Humanité* du 21 juin 1972). Roger Wybot (in *Roger Wybot et la bataille pour la DST*, de P. Bernert), raconte comment il fut amené à récupérer Hardy et à l'obliger à reconnaître son mensonge. De là découla sa déposition écrite à la DST, dont il est fait état par ailleurs, puis l'ouverture d'un second procès...

13. *Derniers mots, op. cit.*, p. 221.

14. Les dossiers étant jusqu'alors, semble-t-il, demeurés totalement inaccessibles, Hardy avait beau jeu d'affirmer ce qu'il voulait...

15. *La Vérité..., op. cit.*, p. 162-163.

16. Outre cette déposition du 13 avril 1948, Heilbronn réitérera ses déclarations au procès Hardy de 1950.

17. *Le Sacrifice du matin, op. cit.*

18. Exposé Gonnot, *op. cit.*

19. Témoignage Aubry, mars 1955 (AN, Fonds Granet, 397 AP2).

20. *L'Aventure incertaine, op. cit.*

21. « Affaire Jean Moulin : Guillain de Bénouville répond », *Le Figaro* du 23 oct. 1989. Propos recueillis par G. Suffert.

22. H. Calef, *Jean Moulin, une vie*, Plon, 1980. Outre l'étonnement qu'il manifeste devant la connaissance, si tôt, de cette information par le chef de Combat, se dit aussi étonné « du laconisme » avec lequel est commentée cette nouvelle si grave de l'arrestation du général commandant l'Armée secrète et de son adjoint. P. 376.

23. H. Frenay, *La nuit finira*, Laffont.

Chapitre IX

Discordances

Un danger imminent plane sur la Résistance, encore flou, incertain.

René Hardy se débat dans une insoluble situation : « ... Je déménage des armes qui sont chez les Bastien et je vais tenter de les faire envoyer à la campagne par leur fille sans donner de motif, prétextant la fatigue de mon père. J'ai présumé de mes forces sur la rapidité de ces mouvements et les jours passent. Je vis dans les transes d'une filature dont je ne m'apercevrais pas, je prends toutes les précautions en entrant dans les immeubles, je sors le moins possible pour réaliser tout cela. Je réussis à faire déménager Lydie Bastien et lui fixe rendez-vous à Paris. Je devais aller à Limoges et ne plus reparaître à Lyon, ayant fixé des vacances à tous mes collaborateurs et un point de ralliement. Je suis content, à chaque question posée par les Allemands, je réponds que je suis sur le point d'aboutir mais qu'on me laisse encore libre quelques jours... »

Suite poignante d'une confession qui, après des bribes d'une défense désespérée, aboutit à des aveux. Les seuls aveux écrits – vraisemblablement – par Hardy concernant sa « dépendance » totale vis-à-vis des Allemands [1]. Dans les faits, l'action de Hardy transparaît avec autant d'implacable rigueur : « A mon retour de Paris, que je situe vers le 16 ou le 17 juin 1943, relatera la maîtresse de Hardy, j'ai appris par ma mère que, durant mon absence, Hardy était venu voir mes parents une fois et qu'il était accompagné d'un ami. J'ai demandé quelque temps après à ma mère de me faire la description de la personne qui avait accompagné Hardy. Elle me déclara qu'il était grand, blond. J'ai l'impression d'avoir demandé sur-le-champ à Hardy qui c'était. Il m'a répondu que c'était " Nizan " (Alain de Camaret) [2]. »

Ne se contentant pas apparemment de cette réponse, Lydie Bastien insista : « ... S'agissait-il bien de " Nizan " (de Camaret *) ? Un doute était né dans son esprit entre le rapprochement fait par elle avec l'impression qu'avait eue son père, lorsque le jour de [son] arrestation, le 2 septembre 1943, il avait cru reconnaître dans le personnage qui se présentait derrière le judas de la porte de l'appartement et qui se disait être un ami de " Didot ", l'individu qui était venu avec Hardy vers le 16 juin 1943. La question fut posée par elle à Hardy qui déclara qu'effectivement, il n'avait pu empêcher le fait de venir ce jour-là chez ses parents en compagnie d'un Allemand, car il avait usé de tous les subterfuges et n'avait pu éviter de prétexter qu'il allait chercher un carnet qui se trouvait à cette adresse. Ce carnet, selon Hardy, ne contenait que des notes insignifiantes et il ne fut pas trouvé [3]. »

Le récit d'un voyage à Paris, entrepris le dimanche 13 juin par Hardy, n'est pas moins révélateur, même si ce dernier conteste la présence d'un Allemand chargé de l'accompagner dans ce déplacement : Max Hartwig, déjà nommé à propos de l'interrogatoire de « Didot » qu'il mena juste après son arrestation de Chalon. Selon Hardy, s'il va à Paris – seul insiste-t-il –, c'est pour y retrouver Lydie Bastien. Ce que Barbie confirmera en

* Un des adjoints de Bénouville.

disant, de son côté, ignorer le rôle de Hartwig, qui dépendait du Sonderkommando Werth. Le « chien de garde » allemand ne put dire par la suite s'il s'était rendu au « 222, avenue du Maine », chez Mlle Renoncourt, où son « protégé » prétendra être allé *. Conduit sur place, lors d'une reconstitution, il lui sera impossible de « préciser, à plusieurs années de distance », les lieux où Hardy soutiendra avoir été. Mais on voit mal pourquoi Hartwig aurait inventé de tels détails alors que, pour sa part, Hardy ne trouva ni Lydie Bastien et ne vit aucun de ses camarades de clandestinité. « Épuisé de fatigue, il s'endort le dimanche dans la soirée, et ne se réveille que le lundi 14 juin vers 13 heures [4]. » Un emploi du temps qui ne cadrera pas, là non plus, avec ce que dira un ingénieur des chemins de fer, qui sert de conseiller technique à Hardy, Delombre. Il maintiendra avoir eu rendez-vous avec lui, à Lyon, sans se souvenir du lieu, mais forcément avant son départ pour Paris qui se produisit le 14 au matin, devant faire passer le lendemain des examens dans la capitale...

En revanche, Hardy semble avoir tenté quelques entorses aux « convenances » qui le lient à Hartwig qui, deux ou trois jours après les fêtes de Pentecôte (les 12 et 13 juin), ne le revit point à une rencontre convenue sur un pont de la Saône, un matin, très tôt. Hardy devait lui remettre quelque chose, mais il ne vint pas. Hartwig rendit compte aussitôt à Barbie... Le pathétique ne manque pas, reconnaissons-le, dans ce jeu du chat et de la souris. Alors que, parallèlement...

* Cette adresse, Hardy affirmera qu'elle était, à l'exclusion de tout autre rendez-vous avec « Vidal », la destination de son voyage entrepris le 7 au soir, pour y retrouver J.-G. Bernard, alias « Thélis », qui, mort en déportation, ne pourra pas en témoigner...

Jean Moulin est à Lyon, en ce dimanche de Pentecôte. Mais il décide de s'éloigner quelque peu de la ville pour se mettre au vert, à Trévoux, au domicile d'Hélène Vernay, sa secrétaire : « ... Ces jours de détente se passèrent très bien pour lui dans le jardin et en promenade dans la campagne... Pour ma part, je n'étais pas tellement contente car je devais taper un long rapport et le dimanche je m'étais enfermée au salon pour ce travail. Au cours du déjeuner ce monsieur me dit : " Vous travaillez même les jours de fêtes ? ", d'un air moqueur, et je répondis : " J'ai un patron exigeant et qui, en plus, n'écrit pas très bien, aussi ses rapports ne sont pas faciles. " Le mardi *, nous sommes repartis et en arrivant à Lyon, mon invité me dit alors qu'il était " Max " et que je devais lui remettre les papiers que j'avais tapés. J'étais très surprise de me trouver devant le grand patron [5]. »

Un grand patron qui, à son retour, reçoit une mauvaise nouvelle. Dans sa petite chambre de la place Raspail, « d'où il avait, décrira son secrétaire Daniel Cordier, une vue plongeante sur le Rhône et l'Hôtel-Dieu », c'est justement ce dernier qui était porteur d'une annonce dramatique : « J'étais venu spécialement de Paris pour la lui annoncer. Il mesura immédiatement l'étendue de la catastrophe, non seulement pour la cohésion de l'Armée secrète des deux zones et sa reprise en main, mais surtout pour la garantie de sérieux que la personnalité du général conférait aux entreprises paramilitaires de la Résistance auprès de l'état-major allié. » Cela arrive quelques semaines seulement après l'incontestable victoire remportée par Jean Moulin : la constitution du CNR (Conseil national de la Résistance), réuni pour la première fois le 27 mai

* Le 15 juin.

1943. La portée de cette unanimité déclarée dépasse de loin les frontières de l'Hexagone. Comme l'écrivait « Max » lui-même dès le 15 mai, en s'exprimant en tant que président du CNR, envoyant à Londres « le premier message du parlement de la Résistance », proclamant qu'à la veille du départ du général de Gaulle pour l'Algérie, « tous les mouvements et partis de la Résistance de la zone nord et de la zone sud lui renouvellent [...] l'assurance de leur attachement total aux principes qu'il incarne... ». « A propos de ce texte-sommation, Charles de Gaulle écrit dans ses *Mémoires* qu'il eut " un effet décisif ". Et de préciser : " J'en fus, à l'instant même, plus fort, tandis que Washington et Londres mesuraient sans plaisir, mais non sans lucidité, la portée de l'événement. " En l'on sait que, deux jours plus tard, Giraud invitait son compétiteur à Alger [6]. »

Inutile de s'appesantir sur l'enjeu, que de Gaulle décrit ainsi dans ses *Mémoires de guerre* : « ... Le Conseil (le CNR) doit apparaître comme une sorte de première représentation des désirs et des sentiments de tous ceux qui, à l'intérieur, auront participé à la lutte [afin de] faire valoir sans délai, vis-à-vis des puissances étrangères, les droits et les intérêts de la France. » Le style était déjà gaullien...

Ce grand pas n'efface aucunement les piétinements désespérés qui retardent la cohésion effective de la Résistance française. L'opposition Frenay-Moulin conserve son acuité, mais au moment où tombe la nouvelle de l'arrestation du chef de l'Armée secrète, les positions avaient sensiblement évolué en défaveur de Frenay. A Londres comme en France, une sorte de barrage se dresse progressivement contre le chef de Combat, ce que l'on constate grâce à la documentation publiée par Daniel Cordier, qui confère un aspect « comploteur » à certains – même s'il ne faut pas exagérer le poids des termes facilement enflammés. Ainsi, Pascal Copeau, qui supplée au comité directeur des MUR, pour Libération, d'Astier de la Vigerie qui a gagné Londres, écrit-il à ce dernier, le 4 juin 1943 : « De la façon un peu outrancière que vous connaissez, Raymond (Aubrac) est même allé jusqu'à déclarer que le plus grand service qu'on pouvait à l'heure actuelle rendre à la Résistance était l'élimination, par n'importe quel moyen, d'un certains nombres d'éléments, à commencer par " Gervais " (Frenay) lui-même. C'est ainsi que nous avons été d'accord, à la suite de votre télégramme appelant " Gervais " (Frenay) à Londres, pour vous demander de vous arranger pour que l'absence du chef de Combat soit aussi prolongée que possible, et même définitive [...]. En ce qui concerne l'élimination de " Gervais " (Frenay) le problème était de vous faire tenir notre avis, au cas où celui-ci serait parti avant la fin de la dernière lune. Nous étions d'avis, Raymond (Aubrac) et moi, que ce serait aller trop loin que de mettre Max (Moulin) dans la confidence [...]. Claudius (Petit) m'a pris à part pour me dire qu'il allait se rendre à Paris pour voir Max (Moulin), lui faire comprendre l'erreur qu'il commettait en s'opposant au départ de Gervais (Frenay) et lui suggérer même de s'arranger pour que G. (Frenay) ne revienne pas[7]... » Quant à Frenay, quittant Lyon et s'envolant pour Londres le 17 juin, dans la mesure où de Gaulle est parti pour Alger, c'est là, écrit-il en persistant dans sa conviction, « qu'il faudra me rendre car, je ne peux en douter, c'est de De Gaulle et de lui seul que dépend la solution de nos problèmes, la fin de tous nos maux. »

Il laisse à sa place, comme représentant de Combat au Comité directeur des MUR, Claude Bourdet qui découvre une situation bien plus complexe. « La fusion était chose faite, admettait-il, et l'orientation correcte des Mouvements unis dépendait de l'équilibre au sein du Comité directeur. Or, d'Astier et son remplaçant, Pascal Copeau, étaient de meilleurs manœuvriers que moi ; de plus, l'hostilité entre Moulin et Frenay jouait en leur faveur. Jean-Pierre Lévy était à Londres ; ses remplaçants, Claudius-Petit et Avinin, ne discernaient pas toujours les aspects les plus subtils de ces batailles politiques. J'ai déjà parlé du rôle capital de Pierre Hervé, secrétaire général des MUR et responsable de la liaison avec les régions, en face de qui Jacques Baumel faisait d'autant moins le poids que ses fonctions de simple secrétaire du Comité directeur limitaient ses moyens d'action [8]... »

Tel est le contexte quand, le 15, Jean Moulin rédige pour Londres une lettre personnelle à de Gaulle, qui a « pour triste devoir » de rendre compte de la capture de « Vidal » par la Gestapo. Commencent alors les démarches en vue de réunir les principaux représentants de la Résistance. Un certain nombre de contacts auraient été pris : avec Cotton, de France d'abord, où le colonel Schwartzfeld, un homme visiblement neuf du point de vue des responsabilités – et relativement neutre politiquement –, pourrait faire office de remplaçant, en attendant une désignation officielle. Daniel Cordier souligne que Jean Moulin « craignait (avec juste raison) *[sic]*, que les hommes de Combat ne profitent de la situation pour reprendre le contrôle de l'Armée secrète ». Aubry, pourtant, que l'on souhaite joindre d'urgence, est introuvable – il est en fait à Marseille. André Lassagne, de Libération, est mis en alerte pour la recherche d'un lieu de réunion à laquelle il est intéressé en tant que membre actif de l'AS. Le plus surprenant, ce que rapporte Daniel Cordier : « Toujours dans la matinée du 15 juin, Jean Moulin apprit que Hardy était en liberté à Lyon. Ne comprenant pas comment cela était possible puisque

Delestraint, avec qui il avait rendez-vous à Paris, avait été arrêté, Jean Moulin prescrivit aussitôt à ses collaborateurs de se méfier de tout rendez-vous proposé par Hardy. »

On se sait rien de plus [9], mais qui peut dire jusqu'à quelle limite s'est élargi le cercle desdits collaborateurs prévenus?...

Le 16, dans l'après-midi, Moulin, alias « Max », rencontre Pascal Copeau et Raymond Aubrac, proposant au second de s'impliquer dans les décisions à prendre. Lucie Aubrac restitue, sans commentaires superflus, cette scène, à la date du 15 juin : « Raymond et André (Lassagne) réfléchissent, comme " Max " leur a demandé, à la meilleure manière de remettre sur pied une nouvelle direction de l'Armée secrète. Ce n'était pas forcément aisé [10]! »

Au soir du 16, Moulin donne des instructions à sa petite équipe, à la fois pour que l'on essaie de savoir ce qu'il est advenu de Delestraint et afin de se préparer, avec un maximum de discrétion, à cette prochaine réunion, sur Lyon...

Didot à la Gestapo

16 juin. Lydie Bastien retrouve René Hardy. Trois jours plus tôt, à Paris, elle était sans nouvelles de lui. Boulevard Exelmans, croisant « le beau-frère de Mme Pinault de Lyon », elle lui confia son inquiétude. « Par association d'idées, il me déclara qu'il avait appris par un ami qui se trouvait dans le train de Lyon-Paris, du 7 juin 1943, qu'il y avait eu des arrestations. » Lydie fit un rapprochement immédiat avec la disparition de Hardy [11]. Décidément, ce qui s'était déroulé durant ce trajet Lyon-Paris n'était pas passé inaperçu! Cette femme dans le doute sera bientôt rassurée. Le

16 *, elle est, à Lyon, avec son compagnon, dans le Train bleu qui les emmène en banlieue. Ils y font une rencontre : celle de Monsieur Léon Damas. Surveillant à la prison Saint-Paul de Lyon, lui et sa femme, Germaine, avaient été présentés à Hardy par l'intermédiaire de Claire Raynouard, en février ou mars 1943. Madame Damas, surveillante à la prison Saint-Joseph, se souvenait, plus de quarante ans après, de ce grand jeune homme qui présentait bien. C'est tout naturellement qu'il lui a été offert l'hospitalité car, de toute évidence, le couple, ce 16 juin, n'est plus très sûr de son gîte habituel. « C'est durant quatre jours, les 17, 18, 19 et 20 juin que tous deux seront reçus par la famille Damas. Lydie Bastien et Hardy reconnaîtront s'y être rendus ensemble effectivement les 19 et 20 juin, et Hardy, seul, les 17 et 18... » Y passe-t-il également toutes ses nuits, comme il l'affirmera toujours? C'est la question que l'on est en droit de se poser, sachant que Barbie déclarera : « Hardy a été obligé par moi, étant responsable de ses faits et gestes, de coucher à l'École du service de santé [...]. Il est venu au moins cinq fois. Hardy s'est toujours présenté à moi-même lorsqu'il est rentré le soir. Le garde, qui le connaissait, le laissait venir directement [12]. » Mme Damas, interrogée par l'auteur, ne se montrait plus catégorique sur les nuits du 17 au 19. Elle se rappelait clairement, en revanche, du séjour du 20 au 21 juin, juste avant le drame de Caluire [13]. Une fois encore, c'est Lydie Bastien, face au juge Gonnot, qui fera cette terrible confidence :

« ...Alors qu'elle (L. Bastien) lui reprochait de l'avoir trompée avec sa secrétaire, Mme Will, et notamment d'avoir dîné avec elle le 17 juin en compagnie de Roiffé, alias " Thébourda " et de « Mad », secrétaire de ce dernier. Il protesta avec énergie et lui reprocha sa

* « Le 16 ou le 17 », hésitera L. Bastien. Le juge Gonnot écrira « le 16 juin » dans son exposé clôturant l'instruction.

sotte jalousie, déclarant spontanément que ce soir-là, comme d'autres soirs, il avait été contraint d'aller coucher à l'École de santé militaire, siège de la Gestapo. Il lui rappela un autre fait, le lendemain, où il avait dû la quitter place Bellecour, rapidement, à 21 heures, alors qu'elle était venue le raccompagner après une visite de Hardy au domicile de ses parents. Ayant cru qu'il s'agissait d'une feinte lui permettant de rejoindre Marcelle Will, rue d'Enghien, elle insista. Hardy lui expliqua qu'en réalité il était forcé de réintégrer l'École de santé à une heure fixe [14]. »

A son second procès, René Hardy opposera aux affirmations de sa maîtresse sur ses séjours nocturnes à la Gestapo : « Elle était affreusement jalouse, monsieur le Président, c'était une boutade... »

Le jeudi 17 juin, « Didot » aurait retrouvé « Barrès » ou « Duroc », autrement dit de Bénouville. Pour être précis, de Bénouville situe cette rencontre le 18 juin. « Il est probable, ainsi que je l'ai indiqué le 19 décembre 1945, réaffirme-t-il au cours de l'une de ses auditions, que j'ai dû rencontrer Hardy le 18 juin 1943 à Lyon, avec " Lorrain ", l'alias de Bourdet [15]. » Il ne dit pas autre chose le 12 juin 1987, interviewé par Henri Amouroux [16].

Le juge Gonnot, lui, se fondant sur l'ensemble des témoignages recueillis, déduit qu'il y a eu une précédente rencontre, la veille :

« 17 juin 1943 : de Bénouville, alias " Barrès ", alias " Duroc ", et sa fiancée, le premier chargé des relations extérieures, rencontrent Hardy, en compagnie de La Combe, rue Vaubecour, à Lyon. Hardy leur explique que, se rendant à Paris, pris de peur en réalisant ce que la présence de " Lunel " faisait peser sur lui, il avait sauté du train avant Mâcon et pris un train vers le Midi. De Bénouville n'a eu aucun soupçon au récit fait à lui par Hardy. Ils sont allés prendre une douche ensemble [17]. »

Une douche que Bénouville situe aux bains d'Ainay alors qu'il fait ainsi la description de son compagnon – sans précision de date – dans son livre, *Le Sacrifice du matin* : « ... A quelque temps de là, un après-midi, après le départ de Frenay, je me trouvais nez à nez avec lui sur les quais *. Il était en compagnie de La Combe, son adjoint. Mal rasé, l'œil hagard, les vêtements fripés, il avait l'apparence d'un clochard qui a passé plusieurs nuits au violon... »

Enregistrant, sans exprimer de doute car Bénouville se sent lié par une déjà longue et solide amitié avec Hardy, son récit sur son évasion aux environs de Mâcon, le responsable de Combat va rectifier par la même occasion ce qu'il écrit à propos de Hardy dans un télégramme expédié, en date du 17 juin 1943, à ses collègues de la Délégation en Suisse, Davet et Monod :

« Mes chers amis,

Xaintrailles (Frenay) est parti, et je suppose qu'il est maintenant arrivé. Avant son départ, nous avons eu les coups les plus durs. " Didot " qui, comme vous le savez, était condamné à mort à Paris y a été arrêté. Il est probable qu'à l'heure où je vous écris il a déjà été exécuté. Vous saviez quels étaient mes rapports personnels avec lui. I ** n'a certainement pas oublié sa belle attitude à Toulon; cette dramatique arrestation nous prive non seulement d'un ami très cher, mais encore d'un de nos chefs de service les plus remarquables. Sa suite a été prise par son second... »

Henri Amouroux, commentant, en 1987, ce texte alors au centre d'une polémique écrit :

« Il a été beaucoup question ces jours-ci d'une correspondance échangée entre Bénouville, chef des Mouve-

* Le départ pour Londres de Frenay eut lieu le 17 juin. A signaler que le lieu mentionné – sur les quais – se trouve peu éloigné et parallèle à la rue Vaubecour mentionnée par le juge Gonnot.

** « I » désigne ici Davet.

ments unis de résistance, Philippe Monod et Davet, résistants qui se trouvaient alors en Suisse. Cette correspondance, imparfaitement reproduite, a donné matière à de nombreux commentaires dans la mesure où Benouville [...] informait le 17 juin 1943 Monod et Davet du départ de Frenay pour Londres et de l'arrestation de Hardy (Didot) à Paris. Or Bénouville a toujours dit qu'il avait ignoré l'arrestation de Hardy. Mais le 17 juin, il n'avait pas revu Hardy – il le rencontrera le 18. Il savait qu'il avait été arrêté à Paris, croyait-il, et il l'imaginait fusillé. Le 18 il retrouve Hardy qui lui dit avoir échappé aux Allemands. De cette évasion (fausse), il fera part le 21 juin à Monod et Davet... J'ai entre les mains, précise Amouroux, l'intégralité de la correspondance échangée entre Bénouville et ses amis basés en Suisse les 17, 21 et 27 juin. Elle lève des mystères fondés sur l'ignorance des textes dans leur totalité [18]. »

Ce télégramme soulève cependant au moins deux remarques : sur la date, il coïnciderait avec la rencontre qui aurait eu lieu le 17 (si l'on suit le rapport Gonnot) avec Hardy, mais il y a là des possibilités chronologiques qui font que ce texte a pu être envoyé juste avant les retrouvailles de Bénouville et de Hardy. Par contre, on ne saisit pas très bien la phrase : « Sa suite (à " Didot ") a été prise par son second. » Or ce second, qui ne pouvait être, à notre connaissance, que La Combe, alias « Bottin », savait, depuis le 11 ou, au plus tard, le 12 juin, que Hardy non seulement n'avait pas été exécuté mais qu'il était apparemment libre, pour avoir renoué physiquement avec lui...

Ce qui est certain, c'est que « Didot » a revu beaucoup de personnes liées à son activité clandestine sans que pour autant – il le relèvera avec insistance – elles soient inquiétées, excepté Heilbronn. Une exception qui confirme peut-être une règle qui voulait que, à part cette arrestation qui attesterait tragiquement que Hardy était bien à même de conduire à de bonnes pistes, les Allemands avaient surtout envisagé une pêche au gros d'une autre importance. Pour cela, Bénouville, Bourdet, La Combe, etc. ne verront pas se refermer sur eux la nasse; tout comme le PC de la rue d'Enghien – où viennent encore, entre le 10 et le 14 juin, Carnier, alias « Ledoux », chargé de l'action immédiate Sabotage-Fer, Thomas, alias « Tricoire », du Service maquis et bien d'autres –, ne souffrira pas d'une descente de la police allemande.

L'ami « Didot »

Mais Moog et Barbie, conjointement – parfois parallèlement –, mènent rondement leurs affaires, et à la mi-juin de cette année 1943, ils sont sur le point de voir leurs efforts payer. Comme le laisse penser ce que racontera après-guerre Mauricette Eychenne – qui viendra à la barre des témoins au procès Hardy –, et dont on pourra toujours dire, pour semer le doute, qu'elle était la maîtresse de Moog. Elle ne faisait que rajouter à la liste déjà longue qui accablera Hardy. Retrouvant son amant qui désormais opère à partir de Lyon, Mauricette Echeynne a quitté Toulouse. « Je suis allée le voir à Lyon, une première fois, lors de la fête des Mères, vers juin 1943. J'ai habité pendant huit jours, prenant mes repas et logeant à l'hôtel Terminus... »

Peu à peu, elle côtoie une faune qui n'éprouve aucun complexe à s'étendre, autour d'un verre, sur ses multiples exploits. Or, au cours d'une discussion, Mauricette surprend le nom de « Didot », dont elle ne sait évidemment rien, mais qui paraît animer grandement les propos de Moog et de ses acolytes. Elle reçoit bientôt les confidences de « K 30 » sur les circonstances qui ont entraîné la capture du résistant : « ... D'après ce que m'a dit Moog, un certain soir, il se trouvait dans le train, départ de Lyon, en compagnie d'André, que je reconnais sur les photos pour être Multon alias " Lunel ". J'ignore où ils se rendaient tous deux. Ils se trouvaient dans le wagon-lit quand Multon eut un mouvement de recul en apercevant un autre voyageur. Ce geste n'a pas échappé à Moog et, après explications, " Didot " fut identifié par Moog. J'ignore complètement comment s'est passée l'arrestation de " Didot " dans le wagon-lit, car Moog ne m'a donné aucune explication à ce sujet et je n'ai pas entendu ses camarades en parler devant moi. »

« A quelque temps de là, poursuivra Mauricette Eychenne, alors que je me trouvais avec Moog, j'ai rencontré certains de ses camarades, en compagnie de l'Allemand Barbie. Ce dernier paraissait avoir une certaine influence dans le groupe et préconisait d'agir à l'influence vis-à-vis de " Didot ", pour le faire travailler au service des Allemands. Barbie paraissait même assez pressé que " Didot " acceptât cette offre. Ce jour-là, les Français du groupe avaient répliqué à Barbie qu'il ne fallait pas ménager l'argent à " Didot ", s'il souhaitait qu'il acceptât. Ils faisaient remarquer que " Didot " était très payé auparavant par la résistance et que si on voulait obtenir son concours, il fallait au moins lui donner une somme équivalente. Barbie s'était rallié à cette solution. Ils jugeaient tous que " Didot ", en raison de son poste important, devait toucher de la résistance un salaire très élevé et c'est pourquoi ils envisageaient de le payer considérablement s'il acceptait de travailler pour eux [19]. »

« Il est déjà tard... »

Jean Moulin nourrissait-il un sentiment très pessimiste quant à l'accomplissement – et à la conclusion – de sa mission ? Le week-end de Pâques, à Saint-Andiol, en Provence, en cette fin d'avril 1943, profitant de rares instants de détente, il confie, en la quittant, à sa sœur Laure : « ... Si je réussis, comme je l'espère, je passerai de l'autre côté de la Manche pour me faire oublier quelque temps. Je suis très visé, je dois redoubler de précautions... »

« Sa silhouette devint incertaine et s'effaça. Je rentrai le cœur gros. Je n'ai jamais revu mon frère [20]. »

Le 7 mai, dans un message à de Gaulle, ce passage a souvent été cité : « ... Je suis recherché maintenant tout à la fois par Vichy et la Gestapo qui, en partie grâce aux méthodes de certains éléments des mouvements, n'ignore rien de mon identité ni de mes activités. Je suis bien décidé à tenir le plus longtemps possible, mais si je venais à disparaître, je n'aurais pas eu le temps de mettre au courant mes successeurs. »

Même s'il peint trop en noir sa situation – il n'est pas en effet « identifié » –, il sent, sur lui, une étreinte se resserrer. « Max » souffrait surtout, chaque jour davantage, d'un isolement qui n'était pas dû seulement à l'état de clandestinité. « Vidal », écrivait-il à Londres le 4 juin, fait en ce moment un travail considérable. Mais il le fait pratiquement seul et prend des risques excessifs du fait qu'il n'est pas secondé... » Il faut se rappeler la lettre (déjà citée) écrite, à la veille de son arrestation, par Delestraint à sa femme. Elle trahissait la même inquiétude. « Il est déjà tard, poursuivait Moulin. Souhaitons qu'il ne soit pas trop tard... »

Le 9 juin, « Vidal » était cueilli. Devant l'insistance de « Max », on lui dépêche un homme pour le seconder : Claude Serreules. Il avait occupé pendant deux ans le poste de chef de cabinet du général de Gaulle. Désirant participer plus activement à la guerre, c'est finalement par l'intermédiaire du BCRA, à Londres *, qu'il sera recommandé à Jean Moulin. Serreules est parachuté le 16 juin en Saône-et-Loire. Il gagne Lyon où « Max », informé de son arrivée, lui fixe un rendez-vous dès le 17. Dans les allées avenantes du parc de la Tête d'Or, les deux hommes discutent : Serreules « lui raconta les dernières nouvelles de Londres et ce qu'on y connaissait des affaires Giraud, de la politique américaine en Algérie, etc. Il était utile que Moulin soit exactement au courant parce qu'il était évident que la position de De Gaulle serait singulièrement renforcée par le soutien du CNR qu'il venait de créer [21] ».

« Max » convient de revoir, le lendemain, « Sophie » (l'alias de Serreules), en un autre endroit. Le soir de ce 17 juin, il doit se concerter avec Lassagne pour définir le lieu de cette importante réunion qui doit, rapidement, se dérouler. « Lassagne avait pensé trouver un asile chez un ami, professeur comme lui ; mais celui-ci (il s'agissait de Lonjarret qui habitait au 7, quai de Serbie) venait d'être convoqué à Paris pour le début de la semaine suivante. L'afflux de visiteurs pendant son absence aurait risqué d'attirer l'attention. Il lui faut poursuivre sa quête. " Max " lui renouvelle les consignes d'extrême prudence [22]... »

Si Jean Moulin essaie d'activer les choses, avec une égale promptitude, mais un temps de retard, les dirigeants de Combat s'interrogent sur la succession de Delestraint. Bénouville déclarera qu'il « avait été averti d'une réunion sans précision de lieu » et ce par Aubry. « A mon avis, Aubry, précise-t-il, a dû m'en aviser dès

* Bureau central de renseignements et d'action, chargé d'assurer les liaisons entre Londres et la France, le renseignement et la transmission des moyens matériels et humains nécessaires à la Résistance intérieure.

qu'il l'a su lui-même [23]... » Qu'en pense Aubry? Demeuré à Marseille du week-end de la Pentecôte (13 juin) jusqu'au samedi 18, c'est le lendemain, au matin, qu'il dit revenir à Lyon : « Place Bellecour, sa secrétaire, Mme Raisin, l'attend, comme convenu, pour lui remettre son courrier. Quatre rendez-vous lui étaient demandés par Hardy, Bénouville, Baumel et Jean Moulin [...] Aubry apprend aussi que Delestraint et Gastaldo ont été arrêtés le 9 juin au métro Muette. On lui dit aussi que Hardy a failli être pris dans le train qui l'emmenait à Paris [...] Baumel veut le voir pour la fusion des MUR et Moulin pour les dispositions à prendre après la disparition du général Delestraint [24]... »

« Jean Moulin voulait me voir, précisera Aubry à Henri Noguères, et organiser une réunion le plus vite possible et tempêtait parce que je n'étais pas là. » C'est donc le 19 que le chef d'état-major de l'AS aurait été informé d'une réunion à venir. La veille cependant, les dirigeants de Combat auraient interrogé Londres, où Frenay devait être arrivé *. Il s'agissait d'obtenir des directives sur le contrôle futur de l'AS : « " Vidal " arrêté [...] Lorrain (Bourdet) va proposer CD (Comité directeur), chefs région AS dépendent chefs de région CD prennent direction AS. Attends réponse [25]. »

Il s'agit d'une autre réunion, celle du Comité directeur des MUR, prévue « quelque part au bord de la Saône », précisera Bourdet qui indique, en se trompant semble-t-il, la date du 21 juin **. Devaient participer : Copeau pour Libération, Jacques Baumel, Pierre Hervé, Bourdet et un représentant de Franc-Tireur.

Déjà éloigné par la pensée puis physiquement des rivages de Rhône et Saône, Frenay s'en tenait à ce qu'il

* Il n'arriva finalement que le 19.
** D. Cordier parle du mardi 22 juin.

avait appris, « le 12 juin », par un courrier laconique qui lui avait révélé l'arrestation de « Vidal » et de « Gastaldo ». Bénouville dira aussi, dans sa déposition du 7 octobre 1948, que, outre Aubry, il est possible que par Frenay – parti le 17 juin –, « j'aie appris le principe d'une réunion » sans qu'il ne sache « ni le lieu ni la date »... Or, si l'on se réfère à Cordier, c'est le 18 juin « que les responsables de Combat apprirent (peut-être par Hardy) [*sic*], l'arrestation de Delestraint, dissimulée jusque-là par Moulin. »

Un fait est certain : d'âpres discussions s'ouvraient pour nommer le remplaçant de « Vidal ».

Réunion secrète

Au soir du 18 juin, Mme Will en a fini avec son trajet de retour Nîmes-Lyon. La Combe l'a récupérée, face à la gare de Perrache. Elle sait maintenant que Hardy « a failli être arrêté à Mâcon et qu'il a pu s'échapper » et elle a sans doute tout loisir d'entendre le détail de cette aventure puisqu'elle va dîner en compagnie de « Didot », de Roiffé, alias « Thébourda », responsable de Toulouse, et de sa secrétaire, « Mad ». Elle « couchera seule, rue d'Enghien, cette nuit-là [26]... ». Quant à Hardy, il a eu une journée assez bien remplie puisqu'il s'est rendu « à une réunion à laquelle assistaient notamment Jacques Baumel, alias " Berneix ", secrétaire général des MUR, et Claude Bourdet, remplaçant de Frenay [27]... »

Son ardeur doit être constante car, le lendemain, le hasard même veut qu'il croise sur sa route Henri Aubry, lequel a raconté comme suit son début de journée :

« Aubry donne rendez-vous à sa secrétaire pour déjeuner (il a convenu déjà de déjeuner avec d'" Ivernois "), à 12 h 30. En attendant, il rentre chez lui : il habitait chez les Cornu, à la Demi-Lune, dans les environs de Lyon. Puis il revient à Lyon. Il y rencontre, rue de la République, " Pascal ", pseudo de Dreyfus, qui avait travaillé pour l'AS [...], a eu des ennuis avec la police et se cache à Lyon [...] et aussi Hardy, en compagnie de la jolie Lydie Bastien. Il le trouve tout à fait normal et Lydie très gaie au cours de la conversation. Il est fait allusion à l'évasion de Hardy. Aubry lui dit de venir le lendemain au pont Morand où il a déjà un rendez-vous à 11 heures. Sitôt ce rendez-vous terminé, ils pourront aller déjeuner ensemble et Hardy pourra raconter son aventure à Aubry [28]... »

Rien ne filtre, d'après ces dires – ainsi que dans une autre relation d'Aubry reproduite par Henri Noguères – sur une confidence faite à « Didot » à propos de la réunion suscitée par Jean Moulin. Il existe cependant un témoignage important sur la connaissance que pouvait avoir, dès le 19 juin, René Hardy de cet événement. Maurice Picard, précise en quelques lignes le rapport du juge Gonnot, a vu Hardy, avec Thévenon, alias « Lacroix », et La Combe, vers le (?). La date n'y est pas autrement indiquée que par ce point d'interrogation. « Il a entendu, poursuit le rapport, Hardy raconter son " évasion ". Ce rendez-vous eut lieu à l'angle du cours Gambetta et de l'avenue Sébastien-Gryphe, à Lyon. »

Maurice Picard, membre de Combat, l'un des responsables de l'action des NAP sur la région lyonnaise, a bien voulu, quarante-cinq ans après cette rencontre, reprendre dans le détail son déroulement :

« ... Nous avons appris que Hardy avait refait surface. Il était intéressant pour nous de renouer le contact. Nous l'avons fait, à mon initiative, non par l'intermédiaire de la boîte aux lettres de la rue Bouteille qui était désormais abandonnée, mais par celle du centre qui nous a appris, en retour, ce rendez-vous à l'angle du cours Gambetta et de la rue Sébastien-Gryphe. J'étais avec Thévenon, du NAP-Fer, qui habitait non loin, et nous y avons retrouvé, vers 10 heures, comme convenu, Hardy et son adjoint, La Combe. La présence de ce dernier, reconnaît Picard, me rassura car nous n'étions pas sûrs de ce qui était arrivé à " Didot "[29]. Après les congratulations d'usage, il nous a été raconté l'évasion du train, le rôle de Multon... Nous avons parfaitement admis ce récit. Mais juste avant de nous séparer – peut-être en nous fixant un autre rendez-vous? – Hardy nous prit à part, moi et Thévenon, et nous demanda si nous étions au courant du lieu d'une réunion importante qui devait se dérouler prochainement. Nous ne savions évidemment rien. Nous n'avons pu que le renvoyer à la levée des " boîtes aux lettres " qui l'informerait peut-être[30]... »

Que savait et que cherchait Hardy? Alors que « c'est seulement le samedi 19 juin, précise Daniel Cordier, que Jean Moulin fixa au lundi 21 juin la réunion des responsables militaires »? Que déduire aussi de ce qu'admet le responsable du NAP-Fer dans sa déposition de 1947 à la DST : « ... Le 19, j'apprends la réunion de Calluire [*sic*]... »?

Ce samedi – début de ce week-end capital qui devait conduire au drame – se situent également les entretiens entre Aubry et Bénouville :

« ... J'ai dit à Aubry que Hardy étant revenu parmi nous, il serait nécessaire qu'il assiste à la réunion. Le but de cette réunion était de désigner le successeur du général Delestraint qui avait été arrêté. Cette question m'intéressait directement et je voulais que notre point de vue prévale, c'est-à-dire que celui qui serait nommé ne soit pas considéré comme dépositaire du commandement, mais simplement comme délégué technique attaché par Londres à notre état-major déjà existant. Je ne crois pas avoir su quel nom serait mis en avant par

“ Max ”. Je savais que “ Max ” arguerait du fait que le général Delestraint ayant reçu une lettre de commandement, cette lettre devait normalement revenir à son successeur. Mais comme Frenay partait pour Londres précisément pour démontrer à l'état-major du général de Gaulle qu'il était impossible de laisser exercer ce commandement par quelqu'un venu de l'extérieur, je voulais, et le Comité directeur voulait avec moi, que la question soit au moins réservée. Je savais que “ Max ” tenterait d'imposer son point de vue dans la discussion et je voulais que nos délégués soient en nombre. Je ne crois pas avoir demandé à Hardy d'assister à cette réunion. Il me paraît plus normal que ce soit par l'intermédiaire d'Aubry que je l'aie fait convoquer [31]... »

Bénouville aurait pu participer lui-même à cette réunion mais, expliquera-t-il, « j'ai la conviction que “ Max ” va désigner, ce jour-là, un nouveau chef pour l'Armée secrète [...]. Or je ne veux ni approuver cette nomination (je me méfie des parachutés de Londres) ni m'opposer à “ Max ”... » Et de rajouter, au cours d'une interview donnée à Henri Amouroux : « Je n'y vais pas parce que je ne veux pas donner mon aval à une réunion que Moulin va présider et en la présidant va mettre la pagaille partout parce qu'il n'a pas la confiance des mouvements [32]... »

En vérité, Bénouville n'ira pas à Caluire tout simplement parce qu'il n'avait pas été convoqué. Il est vrai que la légèreté avec laquelle on invite Hardy, sans se soucier d'en informer Jean Moulin – mais n'est-il pas question d'obtenir un équilibre favorable à la tendance que représente Aubry ? –, laisse à penser que les préoccupations étaient loin des règles les plus élémentaires de la vie clandestine...

Notes

1. Audition à la DST de René Hardy (le 24 mars 1947 devant le commissaire Ponceau), qui vient d'être confondu et contraint de révéler son arrestation à Chalon (AN, Papiers Gouineau, AJ 1910).

2. Comparution de L. Bastien, le 18 mai 1948, devant le juge Gonnot (dossier Hardy).

3. Exposé Gonnot, *op. cit.*

4. Exposé des faits, commandant Gardon (dossier Hardy, 1950).

5. Témoignage d'Hélène Vernay, cité par H. Calef, *op. cit.*

6. J. Lacouture, *De Gaulle*, t. I « Le Rebelle », Le Seuil, 1984.

7. D. Cordier : *Jean Moulin...*, *op. cit.*, p. 241.

8. C. Bourdet, *op. cit.* Pierre Hervé, de Libération, était membre du parti communiste. Il était de ceux qui, au sein des MUR, se sont gardés d'exhiber leur appartenance politique. A leur propos, Frenay confiera, peu avant sa mort : « Au moment de leur entrée dans nos rangs, je leur ai demandé s'ils étaient communistes. J'avais tout de même certains soupçons. Qui se sont évanouis quand, la main sur le cœur, tous m'ont juré le contraire. Naïf, je les ai crus sur parole. J'ai eu tort. Ils étaient bel et bien des communistes camouflés. » (Cité in *Les Résistants, de la guerre de l'ombre aux allées du pouvoir, 1944-1989*, de R. Faligot et R. Kauffer, Fayard, 1989.)

9. D. Cordier, pour cette source d'information, nous ren-

voie... au t. VI de ses travaux, non encore paru au moment où s'écrivent ces lignes.

10. L. AUBRAC, *Ils partiront dans l'ivresse*, Seuil, 1984.

11. Audition L. Bastien, du 27 avril 1948, par le juge Gonnot (dossier Hardy).

12. Interrogatoire du commissaire Bibes, *op. cit.*

13. Interview de Mme Damas, le 21 octobre 1988 (Mme Damas est décédée en août 1989). Elle retraça pour l'auteur les conditions dans lesquelles le dimanche 20 juin Hardy parla d'un rendez-vous, prévu pour le lendemain, qui, visiblement, l'inquiétait. Faisant écho à Lydie Bastien, elle lui déconseilla, en vain, de s'y rendre...

14. Exposé Gonnot, *op. cit.*

15. Déclaration du 4 mai 1948 devant le juge Gonnot.

16. In *Le Figaro magazine* du 20 juin 1987.

17. Exposé Gonnot, *op. cit.*

18. H. AMOUROUX : « Ce que je sais maintenant de l'affaire Jean Moulin », *Le Figaro magazine*, 20 juin 1987.

19. Comparution, le 20 avril 1947, de M. Eychenne, devant le commissaire Gouillaud (dossier Hardy).

20. L. MOULIN *Jean Moulin*, Presses de la Cité, 1969.

21. Témoignage de C. Bouchinet-Serreules recueilli en 1947 et 1948 par M. Granet (AN, 397 AP).

22. H. CALEF, *op. cit.*

23. Audition de P. Bénouville, le 4 mai 1948, par le juge Gonnot.

24. Témoignage de H. Aubry recueilli par M. Granet (mars et mai 1955) (AN, Fonds Granet, 397 AP 2).

25. D. CORDIER, *op. cit.*, t. I, p. 251.

26. Exposé Gonnot, *op. cit.*

27. *Derniers mots, op. cit.* Bénouville confirme (*in* déposition du 4 mai 1948, dossier Hardy).

28. Témoignage d'Aubry, M. GRANET, *op. cit.*

29. La Combe, pour sa part, écrira à l'auteur : « Je n'ai aucun souvenir [...] concernant une réunion qui aurait eu lieu le 19 juin 1943 des responsables du NAP-Fer » (lettre du 12 avril 1988). De façon contradictoire, le rapport Gonnot indique : « Pendant les fêtes de Pentecôte, La Combe déclare avoir été absent de Lyon et s'être rendu dans sa famille pour n'être de retour que le 22 ou 23 juin 1943... » Alors que d'autres témoignages confirment sa présence à Lyon, dans ce même dossier, durant cette période...

30. Témoignage de M. Picard recueilli le 26 avril 1988 par l'auteur.

31. Audition de P. Bénouville, le 4 mai 1948, devant le juge Gonnot.

32. Successivement : propos de G. de Bénouville recueillis par G. Suffert (*Le Figaro* du 23 octobre 1989) et par H. Amouroux (*Le Figaro magazine* du 20 juillet 1987). C. Bourdet ajoute dans son livre ce commentaire, en évoquant son relatif isolement après le départ de Frenay : « Bénouville s'occupait surtout du service de passage en Suisse et de la coordination générale sur le plan militaire, mais sa grande efficacité personnelle était souvent handicapée par sa réputation d'homme d'extrême droite. Celle-ci ne le gênait pas parmi les membres de Combat qui le connaissaient bien, même s'il s'agissait de communistes comme Degliame, mais il n'en était pas de même chez les camarades originaires des autres mouvements. » (*In L'Aventure incertaine.*)

CHAPITRE X

Forfaiture

André Lassagne, professeur agrégé, trente-deux ans, membre de Libération, rattaché en tant qu'inspecteur à l'Armée secrète : sur lui repose la responsabilité de fixer la réunion qui doit régler les problèmes consécutifs à la disparition de Delestraint et de ses adjoints. Pour la date, d'abord, la décision sera prise le samedi 19 juin, à 17 heures, entre trois personnes. Aubry, Aubrac et lui. Le lieu était plus délicat à déterminer, devant être « un local vierge ». A Lassagne de faire un choix. Il lui reste deux possibilités offertes par deux docteurs de ses relations. Le Dr David à Saint-Rambert et le Dr Dugoujon à Caluire : « Au mois de juin, vers le 17 ou le 18, se souvient le Dr Dugoujon, André Lassagne me dit : Bientôt nous allons avoir besoin de ta maison... »

Le jeune médecin n'est pas surpris par cette demande. Lassagne, un ami d'enfance, qui lui confie souvent ses impressions sur son action clandestine, des anecdotes même, sait à qui il a affaire. Même si Dugoujon ne milite pas dans la Résistance, il l'a déjà, en confiance, sollicité au mois de mai. Cette fois-ci, c'est pour de bon : « Lassagne revient me voir le dimanche 20 juin... Nous déjeunons ensemble. Il me dit que demain il viendra... et ne sera pas seul. » « Dugoujon ignore tout des détails de cette réunion, tout de l'identité de ses participants, avec lesquels il n'a, par ailleurs, aucun contact – hormis Lassagne évidemment. Le lundi, au matin, le docteur se contente d'informer sa fidèle Marguerite qu'en début d'après-midi M. Lassagne viendra, accompagné, et qu'elle devra conduire ces « consultants » au premier étage [1]... »

Dans ce microcosme de la clandestinité, les rendez-vous, les rencontres vont se multiplier, à un rythme assez soutenu, trop peut-être, y compris pour la bonne vision historique des événements.

Sur le pont Morand

Avant de voir Aubry, en fin de matinée, le 20 juin, Hardy rejoint Baumel, alias « Berneix ». « Ce dernier lui remet le montant du budget mensuel NAP-Fer, s'élevant à 500 000 francs. » Mais selon Baumel, Hardy lui aurait annoncé « la réunion des chefs de l'AS » en précisant « qu'elle doit avoir lieu le lendemain 21 juin [2]... ».

On ne voit pas comment, si Lassagne n'a pu s'entendre définitivement avec Dugoujon que le 20 juin à l'heure du déjeuner, Hardy a pu, en milieu de matinée, en indiquer la date exacte à Baumel ! A ce stade, les témoignages demeurent chronologiquement flous, incertains. Aussi faut-il s'attacher aux faits...

Celui qui a pour cadre le pont Morand constitue un tournant important. Aubry, ce 20 juin en fin de matinée, y retrouve Hardy, tout en ayant fixé, en ce même lieu, un autre rendez-vous avec « Élie », de son véritable nom Gaston Defferre.

Pour commencer la journée, « Aubry va à la messe à la Demi-Lune et, comme il fait beau, il décide de descendre à pied sur Lyon. Il est, de ce fait, en retard en arrivant au pont Morand ». Defferre et Hardy étaient déjà là. D'un côté Defferre, de l'autre Hardy sur un banc. A côté de lui, un homme lisait un journal. Aubry fait signe à Hardy d'attendre et règle avec Defferre diverses questions, en particulier sur le NAP. Il le quitte vers 11 h 30 et lui donne rendez-vous pour le mercredi suivant (le 23). Il veut le présenter à Claude Bourdet qui est à Lyon et qui, à ce moment, s'occupe aussi du NAP.

« Puis Aubry dit à sa secrétaire (Mme Raisin), qui était aussi au rendez-vous, au pont Morand, d'aller chez les Cornu (qui l'hébergent à la Demi-Lune) pour l'excuser car il ne pourra pas assister au repas de communion de leur enfant. »

Cette précision laisse supposer qu'Aubry ne tient pas particulièrement à la présence de Mme Raisin durant l'entretien avec Hardy car il sait pertinemment qu'il devait rester à déjeuner avec son collègue résistant. D'ailleurs il précise aussitôt : « J'emmène Hardy déjeuner... »

C'est alors que les deux hommes « veulent prendre un tram qui passe; mais un individu portant une veste de cuir – celui du banc (où se trouvait Hardy) – bouscule Aubry et l'empêche de monter. Il prend, en même temps qu'Aubry et Hardy, le tram suivant [3] ». De l'homme assis sur un banc à l'individu suspect à veste de cuir, quelles étranges remarques de la part d'Aubry...

Le déjeuner se déroule « rue Thomassin (près de la place Bellecour *), et Hardy raconte son histoire : il a vu Multon dans le train, il a sauté en marche pour lui échapper. Il a tout perdu dans l'aventure, valise, papiers, etc. Il montre à Aubry sa carte d'identité, la vraie, en lui disant qu'il vaut peut-être mieux ne pas

* Au restaurant Le Pélican croira Aubry, par ailleurs.

avoir de fausse carte... ». Aubry, alias « Thomas », possède en revanche des papiers au nom d'Auboin. Son interlocuteur « lui dit aussi qu'il porte dans sa manche un revolver, ce qu'Aubry blâme ». Rien, durant la conversation, ne les trouble. Aubry « va téléphoner à sa femme qui est malade et est à Marseille. Avant de quitter Hardy, il lui raconte qu'il a vu, la veille, Bénouville et Aubrac, que le lendemain, il doit rencontrer, à Caluire [4], Lassagne (adjoint de Gastaldo) et Moulin. La discussion entre eux risque d'être âpre, car Moulin et Aubry ne sont pas d'accord sur pas mal de points. Aussi Bénouville demande donc à Hardy de venir à Caluire ; il lui donne rendez-vous à l'endroit convenu avec Lassagne, au café, en face de la " ficelle ", et il lui précise encore sa position afin qu'il l'appuie au cours de la discussion avec Moulin (qui a pour lui Aubrac et le colonel Schwartzfeld qui venait de France d'abord). Baumel, Bénouville partageaient aussi ses vues ».

Sur cette rencontre du pont Morand, il faut entendre les déclarations de Klaus Barbie :

« Hardy m'a offert de faire la connaissance de son agent de liaison et d'Aubry très peu de jours avant la réunion projetée des chefs de la Résistance. Ceci pour pouvoir me rendre sûrement au lieu de la réunion. Je rappelle en effet que seule la date était fixée, mais pas le lieu ni les personnes devant y assiter. Hardy avait déjà rencontré Aubry et savait de lui qu'il devait participer également à la réunion.

Je me suis donc rendu au lieu de rendez-vous du pont Morand en compagnie de Stengritt. C'était bien moi le civil assis sur le banc et lisant son journal. Stengritt était à côté de moi mais ne me prêtait aucune attention. Nous avons vu Hardy rencontrer deux hommes. C'est après, lorsqu'il est venu me voir, dans l'après-midi, qu'il m'a dit que le plus grand des deux hommes était Aubry. C'est donc par Hardy lui-même que j'ai appris les conditions du rendez-vous du pont Morand [5]. »

Stengritt, fidèle second de Barbie, est là aussi, en couverture. L'*Oberscharführer* SS ne le niera pas. Au contraire, il rajoute un détail que le responsable de la section IV du « KDS » Lyon a peut-être voulu oublier : « J'ai assisté [...] au rendez-vous entre " Thomas " (Aubry) et Hardy. Y assiste également Barbie qui était assis sur un banc et faisait semblant de lire le journal. Moog, alias " K 30 ", y assistait aussi et surveillait la scène d'un peu plus loin. Pour être très précis, je me trouvais dans ma voiture et suis passé auprès de " Thomas " et Hardy. J'ai pu remarquer près de l'endroit où se tenaient ces deux hommes une jeune femme blonde qui n'avait pas échappé à l'attention de Barbie *. »

Stengritt se dit convaincu d'une chose : « Il ne fait pas de doute que c'est bien Hardy qui a donné Aubry [6]... »

Mais Moog avec Barbie étaient donc en faction sur le pont Morand. L'un en retrait, l'autre ostensiblement – trop dira Hardy en notant qu'il ne comprenait pas pourquoi si filature il y avait, l'homme au journal supposé être à ses côtés (Barbie) aurait pris le risque de s'exposer pour être repéré.

Une explication logique semble s'imposer, dans la mesure où la présence de l'Allemand et de l'agent « K 30 » ne paraît pas devoir être mise en doute. Aubry a manifestement gardé le souvenir de cet inconnu assis sur le même banc que Hardy et a constaté, après coup, que des individus « à blousons de cuir » s'étaient comportés, à leur proximité, d'une manière suspecte... Gaston Defferre, qui ne connaissait pas Hardy, a vu également, lors de son entretien avec Aubry, l'« homme au journal », sans déceler, sur le moment,

* Il s'agit de Mme Raisin, secrétaire d'Aubry.

une surveillance ni un danger [7]. Selon toute vraisemblance :

1° Barbie tenait à s'assurer personnellement de la réalité d'une rencontre entre Aubry et Hardy, dont ce dernier l'aurait, selon ses dires, informé.

2° Moog était aussi présent puisqu'il était probablement en mesure d'identifier Aubry. Un Aubry piégé par le dénommé « André », lequel pouvait être, comme nous l'avons expliqué *, soit Moog lui-même, soit l'un de ses hommes.

Ainsi, en cette journée du 20 juin 1943, Barbie savait qu'il avait bien en main « Didot », Moog lui confirmant la nature de son contact. L'officier SS s'empressera, par la suite, d'occulter, à chaque fois qu'il lui était possible, le rôle de « K 30 ». Un rôle pourtant déterminant. Quant au rendez-vous clandestin prévu le lundi, il revêt désormais un intérêt évident...

Un Français qui a compris

Au soir de ce dimanche, de retour à Lyon, Mme Deletraz a découvert un mot sur sa porte. On lui demande instamment de se rendre le lendemain avenue Berthelot. Moog a, de nouveau, l'intention de l'utiliser. Au matin du 21, vers 9 heures, ce sont les Allemands qui la cueillent dans l'appartement qu'elle occupe, 23, rue Chalopin. Le temps presse. Elle est conduite dans une pièce, à l'écart :

« On va vous présenter à un Français qui a compris; un nommé " Didot ", arrêté dans le train de Paris, qui doit aller à une réunion des chefs de la Résistance. »

Il lui désigne bientôt, dans une pièce voisine, « Monsieur Didot » : « Vous aurez à suivre cet homme dans l'après-midi et vous reviendrez nous dire dans quelle

* Voir chapitre VI.

rue et quel immeuble il se sera rendu car il doit assister à une réunion des chefs de l'Armée secrète et nous pensons arrêter les participants de cette réunion... »

Mme Delétraz donnera des précisions sur la manière dont « Didot » devait baliser son parcours [8]. A ce moment, il pouvait être 11 h 30 du matin. Une heure qui a son importance car elle permettra à Hardy d'évoquer – et d'invoquer – un alibi. « Le témoignage de Bossé était capital, soutiendra-t-il, car il contredisait celui de Mme Delétraz, laquelle m'accusa, au moment même où je mangeais avec Bossé, de m'être trouvé à la Gestapo. » Bossé, son agent de liaison, dira à la barre des témoins, au procès de 1950 : « ... J'avais rendez-vous pour 11 h 30, au plus tard; je l'ai vu à 11 h 45 et nous avons déjeuné ensemble rue Ferrandière. Je ne me rappelle plus ce dont nous avons parlé. Il m'a dit [...] avoir un rendez-vous important. » Peu après, Bossé ajoutera avoir rencontré Mme Damas...

Rien n'empêchait, matériellement et physiquement, Hardy de se trouver vers 11 h 30 à l'École de santé, avenue Berthelot, et un quart d'heure plus tard, rue d'Enghien – un plan le démontre aisément. En fait, l'intervention de Bossé soulèvera une question de crédibilité : qui de Delétraz, traitée par maître Maurice Garçon, au procès Hardy, d'agent aux ordres des Allemands, ou de Roger Bossé, auréolé de son prestige de miraculé de la Résistance, devait-on croire? De Bossé, « il n'est pas inutile, notait Jean-Marc Theolleyre dans son compte rendu d'audience, en 1950, de rappeler brièvement son histoire : agent de liaison de Hardy, il fut arrêté au printemps 1944, condamné à mort, et fusillé à Neuville-sur-Saône un soir de juin. Atteint de cinq balles, dont l'une, le coup de grâce, lui traversa la tête de part en part, il survécut à ses blessures et fit la campagne d'Allemagne, puis celle d'Indochine, jusqu'au jour où un juge d'instruction le fit revenir à

Lyon et l'accusa d'être un simulateur. Le lieutenant Bossé n'eut même pas l'occasion de prendre sa revanche en cour de justice : il obtint un non-lieu [9]. »

Si Bossé, arrêté par les Allemands et voué à la mort, réchappa à une exécution en rase campagne [10], ses « accusateurs » ne lui reprochèrent pas principalement d'être un « simulateur ». Il suffit, d'abord, de se référer à ce qu'écrira à son propos le responsable régional de la Résistance, Alban-Vistel, dans son évocation de l'activité du NAP-Fer sur Lyon : « En mars 1944 " Vassy " (du NAP-Fer), estime que Cavalier et " Benoît " (autre pseudonyme de Bossé) commettent de graves imprudences. Il nous en avise aussitôt, Viaud coupe immédiatement tout contact tandis que Cersot, qui se sait très surveillé, prend du champ et ne leur transmet que des renseignements sans intérêt. Les craintes s'avèrent fondées car, le 12 mars, " Benoît " est arrêté par la Gestapo, " Cavalier " le lendemain. Le 17, le sinistre Barbie fait irruption au dispatching *; par un miraculeux hasard, Cersot est absent [11]. »

Mais d'autres arrestations ont lieu. Plus précises enfin, les accusations formulées, dès 1944, par les camarades de combat de Bossé telles qu'elles découlent d'un rapport de la justice lyonnaise :

« ... A la suite de l'insertion dans le journal *Le Courrier de l'Ouest* du 30 novembre 1944 d'une apologie du lieutenant Bossé, héros de la Résistance, le sieur Cersot, contrôleur technique à la SNCF, responsable national pour le Sud-Est du réseau Fer, faisait part, d'abord, à l'autorité militaire, ensuite à la police lyonnaise, de ses soupçons contre cet officier qu'il accusait d'avoir dénoncé plusieurs membres du réseau Fer.

Il avait connu Bossé dit " Benoît " au cours de l'été 1943. Ce dernier lui avait été présenté par l'ancien res-

* La régulation du trafic ferroviaire.

ponsable national du réseau Fer, « Melville » (La Combe). Mis en confiance par son collègue, M. Cersot remit à Bossé et à un ami de ce dernier, le nommé Cavalier, dit « Tolède », une somme de 30 000 F pour les besoins du service Fer. Bossé et « Tolède » dilapidèrent ces fonds en faisant une noce effrénée. Bossé notamment avait comme maîtresse une entraîneuse des *Ambassadeurs*, établissement fréquenté par des agents de la police allemande. De plus, ces deux résistants parlaient à tort et à travers et risquaient de compromettre la sécurité de leur réseau.

Alerté, M. Cersot voulut faire partir Bossé et « Tolède » au maquis quand ces derniers furent arrêtés par la Gestapo au début de mars 1944. A la suite de ces arrestations, de nombreux patriotes appartenant au réseau Fer furent inquiétés. M. Cersot échappa de justesse à la police allemande, M. Lavignon, ingénieur à la SNCF, fut pris, déporté et trouva la mort dans un camp de concentration. Des dizaines d'autres employés de chemin de fer furent envoyés dans les bagnes nazis. Certains témoins appartenant au réseau Fer, notamment Mme Giaccomini, le lieutenant Pamel et M. Cersot, indiquèrent qu'à la suite des recoupements qu'ils avaient pu faire, Bossé, sans avoir subi la moindre torture, avait livré ou essayé de livrer ses camarades de réseau, y compris Cavalier, à la Gestapo [12]... »

Cela n'empêcha pas l'exécution de Bossé dont il réchappa par miracle. Par la suite, Bossé contestera véhémentement ces graves accusations et l'affaire, qui provoquera quelques entrefilets dans la presse lyonnaise, se termina par un non-lieu. Mais si l'on a cherché à démontrer le peu de fiabilité des affirmations de Mme Delétraz, on voit que du côté de Bossé, alibi unique – et fragile – de Hardy, de sérieuses réserves pouvaient après tout fort bien s'exprimer [13]...

Sur Caluire, un « climat incertain »

La roue tourne inexorablement, ce 21 juin. Aubrac, le matin, au parc de la Tête d'Or, sur les pas de Claude Serreules, rencontre Jean Moulin qui l'informe qu'il a songé à lui pour s'occuper, en zone nord, secteur où il court moins de risque – du fait de sa précédente arrestation de mars 1943 à Lyon –, de la reprise en main de l'AS. « Max » était « certes, préoccupé... et l'arrestation de Delestraint créait un climat incertain dont il était soucieux de résorber les effets. Il m'a exposé les buts de la réunion et m'a uniquement fixé un rendez-vous place Carnot pour le début de l'après-midi [14]... ».

Le climat incertain se confirme lorsqu'il voit ensuite « Élie » (Defferre) qui trouve un « Max » « inquiet et nerveux ». Enfin et surtout face à Aubry, ce matin-là, qui restera évidemment le seul en mesure de rapporter ce qui s'est dit entre les deux hommes que peu de points communs rapprochaient :

« ... Le lundi 21 dans la matinée, à 10 heures, Aubry rencontre Moulin, comme convenu. L'entrevue fut assez orageuse. Moulin était très inquiet de l'arrestation de Delestraint et se demandait par qui il pourrait être remplacé. Il aurait voulu voir Aubry plus tôt. Mais celui-ci, en l'absence de Frenay, ne voulait prendre aucune décision grave. Moulin s'irrita de cette attitude. Aubry lui fit comprendre qu'on discuterait de tout cela l'après-midi, mais que les Résistants de France ne pouvaient accepter des décisions autoritaires, prises sans leur assentiment. Moulin reproche aussi à Aubry d'avoir refusé des armes à des groupes de l'Ain et de la Corrèze. Il fait remarquer que ces armes viennent de Londres et qu'il convient de les distribuer selon les directives de Londres. Mais Aubry considère comme dangereux de donner des armes à des groupes communistes, et il pense qu'il est encore trop tôt pour armer les groupes, qu'il est dangereux de faire repérer des groupes armés [15]... »

Midi approche. « Moulin retrouve Maurice de Graaf dans un restaurant de la rue Victor-Hugo. Il est passé au préalable chez M. Cotton à France d'abord pour faire avertir le colonel Schwartzfeld que son secrétaire ira le chercher à 14 heures pour l'accompagner jusqu'à la gare du funiculaire [16]... »

Selon de Graaf, Moulin lui avait confié son intention de désigner provisoirement, en remplacement de Delestraint, Aubrac avant de faire nommer un autre officier général. « Il m'avait demandé si je n'avais pas une proposition éventuelle. » De Graaf lui avait parlé alors du colonel Schwartzfeld, de France d'abord...

Vers 14 h 15, le colonel Lacaze, qui appartenait aussi à France d'abord *, est le premier à arriver vers la place Castellane, devant la villa du docteur Dugoujon. Bruno Larat (« Xavier »), « jeune officier de la France combattante », chef du BOA (bloc d'opérations aériennes), lui avait communiqué cette adresse, informé par Lassagne le dimanche, dans le courant de l'après-midi. Larat, placé sous l'autorité de Delestraint, s'apprêtait, à ce titre, à participer à cette réunion et il arrivera sur les pas du colonel Lacaze. Lassagne s'était vu chargé d'acheminer Aubry à bon port :

« ... Aubry déjeune seul et à 1 h 40, il va au rendez-vous donné à Hardy et André Lassagne, au café juste en face de la ficelle de la place Croix-Paquet. » « Didot » est déjà là. « Près de lui se trouve un homme en veste de cuir. Lassagne arrive, avec sa bicyclette. » Il leur indique « qu'il prend la première ficelle **. Aubry ne fait pas allusion à d'éventuelles questions de son " guide " qui, légitimement, devrait s'étonner de voir

* Mouvement qui, souligne D. Cordier, avait refusé la fusion avec Combat.

** Funiculaire.

Hardy à ses côtés, en invité surprise. Avec Hardy, poursuit-il, ils prennent la seconde ficelle et retrouvent en bout de chemin Lassagne. « Il leur dit de prendre le tram pour Caluire, station Jeanne d'Arc. Lui ira à bicyclette et les attendra. Dans le tram, où sont montés beaucoup de gens qui étaient avec Aubry et Hardy dans le bistrot, ces deux derniers bavardent. A l'arrêt, Lassagne est là. Il emmène Aubry et Hardy à une villa, située sur une petite place. C'est la maison du docteur Dugoujon. »

Vaines alertes

Le drame est déjà noué. Après avoir été présentée à « Didot », Mme Delétraz avait profité d'un laps de temps pour tenter de prévenir la Résistance de ce qui se tramait. « Il a été établi qu'effectivement, avant et après la réunion de Caluire, Mme Delétraz avait rendu compte de ce qu'elle avait cru comprendre de la trahison de Hardy à son chef Jean Cambus, au commandant Delabrosse et au lieutenant Flur de la direction des Prisonniers de guerre à Lyon. Ce dernier avait répercuté les renseignements sur le commandant Richard Benoni de la subdivision de Lyon puis sur le capitaine Bousquet [17]... »

Tous, ou du moins ceux que la Gestapo ou les camps avaient épargnés, viendront déposer, au procès Hardy, en 1950, et confirmer. Le colonel Richard : « En 1943, j'étais à l'état-major de la 14e région. Le 21 juin, de service, j'ai reçu du lieutenant Flur le renseignement suivant : " Ce soir une réunion des chefs de l'AS doit avoir lieu aux environs de Lyon, cette réunion avait été donnée à la Gestapo par Hardy-Didot qui a perçu 30 000 F. " J'ai fait toucher mon camarade Bousquet qui a diffusé ce renseignement... »

Le lieutenant-colonel Bousquet fera de son mieux pour donner l'alerte : « Le 21 juin, j'ai été prévenu par Richard de passer à l'état-major où il m'a dit : " Cet après-midi, à 15 heures, une réunion des chefs de l'AS a été donnée par Hardy à la Gestapo. " Je suis allé à la recherche du propriétaire de la boîte aux lettres qui était professeur au lycée Edgar-Quinet mais je n'ai pu le toucher *... »

Quant à Claudius Petit, il avait reçu un message qui disait : « Le lieutenant Tardy, au lieu de Hardy, dit " Ditot " au lieu de " Didot ", a passé la nuit à la Gestapo. Il a reçu 75 000 F pour donner la réunion de cet après-midi. N'y allez pas [18]... »

Edmée Delétraz entretient l'espoir de voir ses démarches couronnées de succès. Elle retourne entre les griffes du loup. « Didot » est exact à son rendez-vous, au funiculaire de la Croix-Rousse, avec Aubry. La filature commence : « ... J'ai pris la ficelle ; en haut, il y avait un homme avec un vélo. " Didot " m'a fait : " 33 ". Le numéro du tramway. Là, je suis descendue avec eux et je les ai vus passer ce portail fleuri, mais je ne suis pas rentrée. »

Barbie, Moog... Doussot

Le dispositif allemand mobilisait une foule d'individus, à en croire Barbie. On peut se demander si un tel déploiement ne visait pas à d'autres filatures [19]... :

« Le matin même du jour fixé pour la réunion, Hardy ne connaissait pas encore le lieu où elle devait se tenir. C'est par un rendez-vous avec son agent de liaison qu'il devait connaître cet endroit et celui-ci devait l'y conduire.

Le plan mis sur pied en accord avec Hardy consistait

* Il s'agit du domicile du professeur Lonjarret.

à faire filer celui-ci. Ont participé à l'élaboration du plan, outre Hardy et moi-même, l'*Untersturmführer* Wenzel et Stengritt. J'ai chargé personnellement Wenzel de faire procéder à la filature et d'établir un système d'estafettes et de relais pour que je sois prévenu en temps utile. Moi-même en uniforme, avec mes hommes et deux voitures ou peut-être trois, attendions sur les bords du Rhône d'être prévenus de l'endroit. Moog Pierre (K 30), Saumande (K 4) et Doussot ont participé aux opérations de filature mais pas à l'arrestation. Pour cela, j'avais seulement réservé mes hommes en uniforme. Multon n'a pas participé à l'opération dans son ensemble.

Je me souviens parfaitement qu'une femme a participé à la filature mais je ne peux pas dire son nom. J'ajoute que Wenzel était chargé par moi de ce détail [20]. »

Moog, Saumande... Doussot. Ce dernier réapparaît ici, s'apprêtant, en cet été 1943, à jouer à plein un bien étrange rôle d'agent double, aussi zélé envers ses maîtres allemands qu'il parviendra à se dédouaner – en usant de toutes les méthodes – auprès de certains milieux de la Résistance pour certains services rendus. Sans que nous puissions, admettons-le, le loger précisément dans cette opération, mais dont visiblement Barbie, qui n'a pas, lorsqu'il le veut, la mémoire courte, a conservé le souvenir. Or Doussot insiste – et insistera toujours – dans toutes ses comparutions après-guerre sur un point : la date de son engagement à la solde des Allemands. Fin juillet ou début août 1943. En tout cas juillet, pas avant. Il a de graves raisons pour s'acharner à le faire admettre. Qu'un homme, d'ailleurs, finira par soupçonner. Le juge d'instruction militaire Gonnot, qui fera taper, avec la mention « secret », cette lettre, le 14 avril 1948, à l'intention du « commissaire du gouvernement près la cour de justice de Lyon » :

« Informant contre le nommé Hardy René des chefs d'actes de nature à nuire à la défense nationale et non-révélation de crimes compromettant la sûreté intérieure et extérieure de l'État, j'apprends que le nommé Doussot, alias "André" [...] serait actuellement poursuivi devant la Cour de justice de Lyon et qu'il se serait présenté volontairement, ayant eu connaissance qu'il faisait l'objet d'un mandat d'arrêt. Le nommé Doussot semble avoir participé à l'arrestation à Paris, le 9 juin 1943, à 9 heures, métro Muette, du général " Vidal " (Delestraint) et avoir été en contact avec les nommés Moog Pierre (" K 30 ") et Saumande (" K) ", agent du capitaine Kramer, alias " Gegauf ", alias " Monsieur Eugène ", de l'antenne de l'*Abwehr* de Dijon détachée de Paris. J'ai adressé, poursuivra le juge, une commission rogatoire à la DST aux fins d'audition du nommé Doussot et j'envisage par la suite une audition par mes soins à Paris... »

Mais Lucien Doussot, en ce printemps de 1943, sait se fondre, discrètement et efficacement, dans l'équipe dirigée par Moog.

Une équipe qui dépense beaucoup d'énergie en cette deuxième quinzaine de juin. Le 17 juin, à l'instigation de Louis Thys, surnommé le Boiteux, tout un réseau de résistants belges réfugiés, siégeant 3, rue Pierre-Corneille à Lyon, tombe, victime d'infiltrations désastreuses. Arrestations, déportations. La mort au bout du compte... La veille, le même Thys, entraînant son patron, Moog, qui a adopté, alors, le nom de « Peters » – ce qui n'est pas sans évoquer pour nous une certaine et récente rencontre entre Aubry et l'agent « André » * –, piège le maire de Villefranche-sur-Saône, lequel, « traité » à coups de nerf de bœuf, séjournera ensuite, jusqu'en mai 1945, à Buchenwald. Le 19 juin, Moog et Saumande viennent arrêter dans son débit de boisson

* Voir chapitre VI.

de Décines Maurice Sauthier, soupçonné d'entretenir des relations coupables avec Combat. Destination finale : Buchenwald. Sort identique pour une partie de la famille Bourde, ce même jour, au 23 de la place Bellecour : accusés de collusion avec Franc-Tireur, maltraités, la mère et le fils aboutiront à Ravensbrück et à Buchenwald...

La liste serait trop longue de tous ces faits et méfaits à mettre à l'actif de « K 30 » et de ses hommes. Le 21 juin, ils ont sans doute l'occasion de participer activement à un « gros coup »...

Captures

Dès que Mme Delétraz achève sa filature de « Didot », elle cherche à gagner du temps. Ce temps pendant lequel, expliquera-t-elle, ceux qu'elle a avertis seront parvenus à alerter les résistants menacés. Finalement, « j'ai repris le même chemin, et, en bas de la ficelle, j'ai retrouvé les Allemands. Je leur ai dit de prendre le 33 ; ils ont suivi et je les ai emmenés dans un terrain vague ; puis les Allemands s'impatientèrent et j'ai fini par désigner la villa [21]. »

Le retard occasionné par les lenteurs avec lesquelles Mme Delétraz prétend avoir guidé Barbie et consorts aura, finalement, peut-être été fatal à Jean Moulin et à ceux qui l'accompagnaient. Aubrac confiera en effet : « J'ai retrouvé Jean Moulin place Carnot, en début d'après-midi. Nous avons pris la ficelle et au terminus, j'ignore pour quelle raison, Schwartzfeld, que nous devions retrouver là, *se présenta avec une bonne demi-heure de retard* [22]... »

Cela n'empêche pas les trois hommes de monter « à leur tour dans le tramway n° 33. Il est près de 15 heures quand s'ouvre devant eux la porte du cabinet du Dr Dugoujon... Sur les huit hommes, cinq sont au 1er étage : Lacaze, Larat, Lassagne, Aubry et Hardy. Les trois retardataires ont dérouté la dévouée Marguerite qui les a pris pour des clients ordinaires et mêlés aux consultants, dans la salle d'attente du rez-de-chaussée. Quelques minutes après leur arrivée, jetant un regard par la fenêtre proche, Aubry voit « entrer des gens en vestes de cuir, en grand nombre ». Aux autres, il crie : « Nous sommes cuits... drôles de gueules... c'est la Gestapo [23] ! »

Le délégué en France du général de Gaulle, celui qui symbolise, en dépit des contestations dont il est l'objet, la volonté d'une Résistance unifiée face au nazisme, et ses principaux compagnons sont irrémédiablement piégés...

Notes

1. G. Chauvy, *Lyon 40-44*, Plon, 1985. D'après le témoignage du docteur Dugoujon à l'auteur le 3 novembre 1982. A noter qu'en fait de « local vierge », Frenay évoquera dans ses *Mémoires* les points « A, B et C » désignant les lieux de réunion habituels de son mouvement. Le point « C » était celui « du docteur Dugoujon à Caluire... ».

2. Rapport Gonnot (avril 1949), d'après la déposition de Baumel.

3. Cette relation est issue des notes de M. Granet, *op. cit.* Pour H. Noguères, Aubry précisera : « ... Nous avons été plus ou moins bousculés par *deux* hommes à blousons de cuir et qui sont montés en même temps que nous. Je n'y ai pas attaché davantage d'importance... »

4. S'agit-il d'une erreur de retranscription dans les notes prises par Marie Granet? Car, jusqu'à présent, chacun s'accordait pour admettre que seuls, jusqu'au 21 juin, Lassagne, Moulin puis Larat et le colonel Lacaze ont eu connaissance, *directement*, du lieu de la réunion.

5. Interrogatoire du commissaire Bibes, *op. cit.*

6. Interrogatoire de Harry Stengritt, le 2 août 1948, par le commissaire Bibes.

7. Témoignage de G. Defferre à Henri Michel (cité *in* H. Noguères, *La Vérité...*, *op. cit.*).

8. En laissant tomber, par exemple, un paquet de cigarettes devant l'entrée d'un appartement (P. Dreyfus, *op. cit.*). Barbie, lui, évoquera des croix faites à la craie jaune...

9. J.M. Theolleyre, *Procès d'après-guerre*, La Découverte-Le Monde, 1986.

10. Son propre récit fut présenté à plusieurs reprises par la presse. Ainsi *Historia* publia-t-il, en juin 1975, son aventure... qui lui permit d'obtenir, par ailleurs, un prix attribué par diverses sommités.

11. A. VISTEL, *La nuit finira*, Fayard.

12. Compte rendu du commissaire du gouvernement Thomas au procureur général près la Cour d'appel de Lyon, le 20 décembre 1947 (ADR, Parquet 3U 2051).

13. Une polémique tardive et nébuleuse a été soulevée par le film de Claude Bal *(Que la vérité est amère)* où Hardy en venait à créer le doute sur les affirmations de Bossé et de son « alibi »... (Voir H. NOGUÈRES, *op. cit.*). L'auteur, enfin, a recueilli de Mme Damas, peu avant sa mort, ceci : « Bossé était resté, ce jour-là, à déjeuner chez moi... » (Interview du 21 octobre 1988.)

14. Témoignage de R. AUBRAC à l'auteur le 9 novembre 1982.

15. Témoignage d'Aubry recueilli par M. GRANET, *op. cit.*

16. H. CALEF, *op. cit.*

17. Exposé du juge Gonnot, *op. cit.*

18. Notes d'audience (procès Hardy).

19. Le cas de Lassagne, que le témoignage de Gastaldo, à propos de ce télégramme allemand qui lui avait été mis sous les yeux peu après son arrestation, désignait comme étant identifié par le SD lyonnais, se pose ici. L'intéressé dira, le 7 mai 1948 : « Je n'avais pas l'impression d'être suivi et c'est la raison pour laquelle j'avais précédé Aubry et Hardy aux environs de la maison Dugoujon. Je n'ai pas eu l'impression qu'Aubry et Hardy aient été suivis... »

20. Interrogatoire Bibes, *op. cit.*

21. Notes d'audience (procès Hardy).

22. Témoignage d'Aubrac à l'auteur, *op. cit.*

23. *Lyon 40-44, op. cit.*

CHAPITRE XI

Une affaire Hardy?

De l'opération menée à bien jusqu'à Caluire, ce 21 juin 1943, les Allemands en expliquent à la fois l'origine et les résultats, dans deux de leurs rapports.

Le document Kaltenbrunner, signé le 29 juin 1943, se montre formel : « ... Au cours d'un jeu d'argent *(Agentenspiel)* réalisé avec lui (Hardy), le *EinsatzKommando* de la Sipo et du S D de Lyon, en coopération avec le *Sonderkommando* mis à sa disposition par le RSHA (Services centraux de la sécurité du Reich) afin de combattre l'Armée secrète, a réussi à mettre la main *(andzuheten)* à Lyon sur une réunion de personnes dirigeantes des Mouvements de Résistance unis et de l'Armée secrète. »

Il y a cependant au moins deux anomalies dans ce texte qui présente ainsi l'énoncé des personnes arrêtées à Caluire :

« 1° Le lieutenant Aubry. Aubry était, sous le nom de couverture " Thomas ", chef du service du courrier de l'Armée secrète pour l'ensemble de la France et l'homme de liaison de l'Armée secrète avec les Mouvements unis de résistance. Il était placé sous les ordres directs du général " Vidal ".

2° Le professeur de langues étrangères André Lassang (lire Lassagne). Lassagne était l'adjoint du chef du

2e bureau de l'Armée secrète, le capitaine Gastaldo, précédemment arrêté à Paris. Il était le responsable du service de renseignement et le successeur désigné de Gastaldo.

3° Laurent Pierre Parisot. Parisot était, sous les noms de couverture de " Laurent " et de " Xavier " *, chef adjoint du service COPA – anciennement SOAM. Il s'agit du service central pour l'organisation des parachutages d'agents et de matériel et des contacts radio. Le bureau COPA de Lyon a été démantelé.

4° Le colonel Albert Lacaze. Le rôle de Lacaze au sein de l'Armée secrète n'a pas encore pu être déterminé.

5° Le lieutenant-colonel de réserve Schwartzfeld. Schwartzfeld était, d'après les déclarations du lieutement Aubry, chef du groupe de résistance France d'abord, qu'il dirigeait sous le nom de couverture de " Claire ". Il était, à ce que l'on prétend, collaborateur de " Vidal " et devait être affecté à l'état-major de ce dernier. Il était éventuellement prévu comme successeur du général Delestraint, alias " Vidal ", arrêté précédemment le 9 juin 1943.

6° Le docteur en médecine Dugoujon. C'est dans sa maison que se déroulait la réunion des responsables de l'Armée secrète. »

Il manque deux hommes à l'appel : Raymond Aubrac, dont à aucun moment, ni sous ce nom, ni sous un de ses pseudonymes ou l'une de ses fausses identités, il n'est fait mention **. Jean Moulin, ensuite, dont on parle, à la différence d'Aubrac, mais en le qua-

* Il s'agit de Larat.

** Le registre d'écrou de la prison de Montluc, où tous passent leur première nuit de prisonniers, mentionne, à la suite de Dugoujon et de Lassagne – et juste avant Lacaze, Aubry, Parisot (Larat) et Martel (la fausse identité de Moulin) –, le faux nom que possède alors Aubrac : « Ermelin Claude, célibataire, né le 7 février 1912, Lorient. Catholique. Employé. Français. 25, rue Montesquieu à Lyon. »

lifiant, étrangement, d'absent à cette réunion au sommet :

« ... La réunion avait été convoquée par le chef des Mouvements unis de résistance qui avait été nommé par le général de Gaulle et qui porte le nom de couverture de " Max ". " Max " lui-même n'est pas venu à la réunion. Il avait été probablement retenu par une rafle de la police française [1]. »

L'hypothèse la plus vraisemblable émise à propos de la non-révélation de l'arrestation de Jean Moulin par ce rapport repose sur le sort que connut le représentant du général de Gaulle : mort sans avoir rien révélé. Sous la torture – ou, avanceront certains, sans le prouver, par tentative de suicide –, « Max » a en tout cas mis en échec ceux qui voulaient le faire parler. Ce piteux résultat pouvait motiver un silence que ne respectera pas le rapport Flora, dans la mesure où celui-ci n'était pas destiné à Berlin, mais aux différents services allemands de Marseille, Lyon et Paris. Et rédigé, de surcroît, par des hommes qui n'étaient pas directement responsables de cette opération.

Que nous apporte, d'ailleurs, ce second document allemand sur les « deux absents » du rapport Kaltenbrunner ?

Le rapport Flora, bien qu'indirectement relié aux arrestations de Caluire [2], situe plus précisément les noms des principaux résistants victimes de cette tragique journée, au sein d'un chapitre intitulé « Autres membres des Mouvements unis de résistance identifiés dans l'affaire Flora ». Ainsi sont désignés :

« Sous le n° 10 (p. 23) Larat, alias Parisot, alias Xavier, adjoint au chef national du COPA, arrêté à Lyon. »

Sous le n° 13 : « Avricourt », 38 ans, 1,71 m, cheveux foncés, petite moustache, front dégagé, domicilié à Lyon. Chef d'état-major de l'AS, arrêté à Lyon, de son vrai nom Aubry Maurice (en vérité, Henri).

Sous le n° 34 (p. 26) : « Aubrac (pseudonyme). Inspecteur de l'AS. Arrêté il y a quatre mois environ à Lyon, et en même temps que « Méchin », par la section de Lyon ».

En ce qui concerne Aubrac, ce qui est ignoré du rapport Kaltenbrunner, pour une raison qui échappe, ne l'est pas visiblement du rapport Flora. Cela permet d'avancer que les Allemands savent au moins, en juillet 1943 – date de l'établissement de ce rapport –, qu'Aubrac était tombé entre leurs mains quatre mois plus tôt, c'est-à-dire au moment des arrestations massives de la mi-mars 1943, si funestes pour l'Armée secrète. La mention de l'arrestation, conjointe, de « Méchin » (pseudo de Morin-« Forestier ») le confirme puisque les deux hommes ont bien été pris, à cette date, dans la même nasse.

Si l'on suit le document Flora, il y a bien eu « identification » d'Aubrac dont le nom figure d'ailleurs à deux reprises en annexe du premier rapport Kaltenbrunner rédigé le 27 mai 1943, notamment à l'intérieur d'un tableau sur les membres du Comité de coordination placé sous l'autorité directe de De Gaulle *.

Quant au bouclier que constituent les pseudonymes, il ne semble pas avoir longtemps résisté aux investigations allemandes. Lors de l'arrestation de Caluire, Aubrac décline une nouvelle – et fausse-identité : Ermelin. Elle ne tient guère. Lucie Aubrac, qui tente, dès le 23 juin 1943, une intervention auprès de la Gestapo – de Klaus Barbie en personne –, porte témoignage.

L'officier SS lui réplique, lorsqu'elle prononce le nom d'Ermelin, avec lequel elle souhaite convoler en justes noces pour mieux préparer son évasion [3] : « Il ne s'appelle pas Ermelin mais Vallet, et sort de prison, vous pouvez me croire. Il a déjà été arrêté pour gaul-

* Voir ce document en annexe IV.

lisme; il n'est pas question de le relâcher, c'est un terroriste. »

Barbie sait à qui il a affaire. A un certain « Vallet », « qui sort de prison », qui a été parmi les hommes capturés le 15 mars 1943. Le recoupement est dès lors possible puisque, parmi ces prisonniers de mars, Aubrac a été identifié comme le confirme Flora. La justice lyonnaise, elle-même, saura très bien resituer « Vallet ». Le 12 octobre 1943, devant la section spéciale, quand sont prononcées les peines contre les résistants inculpés en mars 1943, l'arrêt de cette juridiction mentionne une « disjonction des poursuites » pour le dénommé Vallet. Motif : « arrêté par la police allemande »...

Le rapport Flora prolonge jusqu'à l'affaire de Caluire ses révélations et apparaît bien comme un document essentiel.

En ce qui concerne Jean Moulin, il rétablit l'information qui a été curieusement détournée dans le second document Kaltenbrunner. Il atteste que « Didot », « en qualité d'agent double de l'EK de Lyon, permit l'arrestation, à l'occasion d'une rencontre à Lyon, le 25 juin 1943, de Moullin [*sic*] Jean, alias " Max ", alias " Régis ", délégué personnel de De Gaulle, président du Comité directeur des MUR, en même temps que de cinq chefs des Mouvements unis ».

La date indiquée est évidemment erronée puisqu'il s'agit du 21 juin. Cette erreur a soulevé de vives critiques, tendant parfois à récuser l'authenticité de ce rapport ou à semer le doute sur sa teneur. Mais s'il comporte des erreurs de dates – et parfois de lieux –, les faits mentionnés apparaissent incontestés et incontestables. Simplement, faut-il rappeler que ce texte de 40 pages est l'œuvre de Dunker, assisté de Multon, qui ne participent ni l'un ni l'autre directement à l'opération de Caluire [4] ?

Enfin, la lecture des deux textes allemands, Kaltenbrunner et « Flora », accablent un homme : Hardy, que ce soit pour les arrestations du métro Muette et plus encore en ce qui concerne la réunion de Caluire. Si les Allemands disposent d'une quantité surprenante d'indices et de signalements sur l'« armée des ombres » et ses dirigeants, Hardy est désigné comme le fil conducteur. Ce qui se déroule ensuite confirme cette fâcheuse situation dans laquelle évolue « Didot ».

L'évadé Hardy

Une évasion spectaculaire ! A n'en pas douter, à peine Klaus Barbie et ses hommes ont-ils fait irruption au domicile du docteur Dugoujon, regroupé et inspecté sommairement les occupants de la villa – à la fois dans la salle d'attente où se sont retrouvés, incidemment, Moulin, Aubrac et Schwartzfeld, et ceux de la pièce du premier où devait se dérouler la rencontre –, Hardy est parvenu à fausser compagnie à tout le monde. Voici d'abord le récit d'Aubry sur les premiers instants de l'intervention allemande : « ... La porte s'ouvre : " Haut les mains. " Celui qui entre le premier, plutôt petit, fonce sur Aubry, le frappe, lui passe les menottes, puis les autres entrent et passent les menottes aux quatre autres résistants, les fouillent, les brutalisent. Aubry aperçoit sur le lit le revolver de Hardy. L'homme qui lui a passé les menottes lui dit en français : « Dis donc, " Thomas " (c'était le pseudo d'Aubry), tu as l'air moins gai qu'hier. » Et comme Aubry est stupéfait : " Tu ne te rappelles pas qu'hier, au pont Morand, je lisais mon journal ? Il faisait si beau que j'ai pensé qu'il valait mieux te laisser 24 heures. " Aubry reconnaît alors le type qui était assis sur le banc près de " Didot ". Mais il ne soupçonne pas encore celui-ci de trahison [5]... »

Ce rendez-vous du pont Morand a donc bien été primordial pour les Allemands mais sert ici, assez facilement, à Aubry, pour orienter, sans vraiment le dire, tous les soupçons sur « Didot ». Mais ce dernier, à l'évidence, se comporte avec trop de facilité dans les minutes qui suivent pour ne pas attirer sur lui toutes les suspicions : « ... Quand mon gardien, raconte-t-il, voulut me faire monter dans une traction (et non dans une camionnette) et non pas en dernier, comme dit Barbie, mais dans les premiers (il n'y avait qu'une femme dans la voiture), il ouvrit d'une main la portière. Je le déséquilibrai et, le frappant de ma main gauche libre, lui fis un croc-en-jambe et lui claquai la portière dans le visage. Il s'affala sur l'aile en lâchant le cabriolet. Et je pris la fuite [6]. »

Une fuite jugée suspecte, de l'avis de la plupart de ses compagnons. D'autres, fortuitement, avaient assisté à la scène. Le secrétaire de la mairie de Caluire : « ... J'ai assisté de la fenêtre de la mairie à l'arrestation de Caluire. J'ai vu l'évasion de Hardy. Hardy a été amené alors que la voiture était à peu près complète, il s'est baissé et a lancé un coup de poing à l'estomac du policier et s'est enfui. Et j'ai remarqué le geste qu'il a fait lorsqu'il a pris son bras que j'ai cru blessé. »

Le cantonnier Rougis travaillait, lui, aux abords de la place : « ... J'ai entendu quelques coups de feu et j'ai vu un homme courir, poursuivi par deux hommes qui tiraient ; et le poursuivi s'est jeté dans un fossé ; et je lui ai dit l'itinéraire à suivre pour s'en aller [7]... »

Mauricette Eychenne a entendu bien autre chose en recevant chez elle les comparses de Moog, son amant :

« ... Je les ai entendus parler entre eux d'un accident dont aurait été victime " Didot ". Je crois même que cette conversation eut lieu chez moi, à Lyon, au moment du déjeuner. Je ne puis vous dire s'il fut question d'arrestations ce jour-là. Tout ce dont je me souviens, c'est que " Didot " devait s'échapper d'une voiture placée sous la garde des Allemands. A un signal convenu à l'avance, il serait descendu de voiture, les Allemands auraient tiré dans sa direction, pour feindre une poursuite quelconque ou une tentative de poursuite. Malheureusement, les choses ne se seraient pas passées comme prévues et un Allemand aurait tiré véritablement sur " Didot " et l'aurait blessé au bras, lorsqu'il se serait enfui sur la route. Blessé, il serait tombé dans un fossé, mais je ne sais pas de quelle façon il a été conduit à l'hôpital [8]... »

Pour Barbie, les choses se sont ainsi déroulées :

« ... Les personnes arrêtées ont été amenées dans les voitures. Stengritt a pris Hardy. Lorsqu'ils se sont trouvés près de la voiture, Stengritt a lâché le cabriolet. Hardy l'a bousculé et il s'est enfui suivant le plan préparé. Tous les Allemands qui m'accompagnaient savaient que Hardy devait prendre la fuite. Je les en avais prévenus à la réunion préparatoire de l'opération. Hardy s'enfuyant, mes hommes ont tiré suivant le plan, mais en l'air. Il s'est alors produit un incident. Mon chauffeur Barthel ayant oublié mes consignes a poursuivi Hardy et a tiré sur lui mais l'a manqué. Les hommes de ma suite l'ont rappelé au respect des consignes et la poursuite a cessé... »

Stengritt ne dit pas autre chose : « ... Arrivé environ à deux mètres de la voiture, je lui ai dit à voix basse en allemand : *los*. C'est-à-dire : Va-t'en. Hardy a alors brutalement retiré le bras que je retenais et il a pris la fuite pendant que je faisais semblant de trébucher. Au moment où j'allais prendre mon pistolet pour tirer – plutôt je le tenais dans la main déjà –, Barthel, qui avait oublié la consigne et n'avait pu maîtriser ses nerfs, a tiré sur Hardy qui s'enfuyait, sans toutefois l'atteindre [9]... » Hardy prétend avoir été touché par les Allemands puis, sortant du fossé où il s'est dissimulé, dans la montée Castellane, il aurait gagné les berges de la Saône. Aidé par deux cyclistes qu'il a croisés sur son chemin, il se fait déposer... quai de Serin, chez les Damas. Mais l'un des deux cyclistes s'est empressé d'alerter la police : « ... Il devait être 6 heures du soir. La police française arriva et, après un bref interrogatoire par deux groupes de policiers successifs se méfiant les uns des autres, je fus transporté à l'hôpital de Grange-Blanche pour la nuit et transféré, le lendemain, au quartier des détenus de l'hôpital de l'Antiquaille, où je restai jusqu'au 28 juin. C'est là que les hommes de Barbie vinrent me chercher [10]. »

Mme Damas se souvenait de cette réapparition inattendue de René Hardy : « ... Je revenais de chez la coiffeuse, vers six heures trente. C'est mon mari qui l'a recueilli. Il lui a ôté sa veste – ainsi que son revolver dont Hardy prétendra qu'il n'avait pas été décelé un peu plus tôt par les Allemands à Caluire ! Il lui a fait un garrot sommaire. C'est l'un des deux cantonniers qui l'avaient amené qui demanda un docteur à un agent, dans le quartier. »

A vrai dire, plusieurs éléments de la police lyonnaise, alertés par la fusillade de Caluire, interviennent. C'est sans doute le commissaire Riffet, de la Croix-Rousse, qui voit le premier Hardy, alors que le brigadier Ponroy, des gardiens de la paix, l'entendit dans le même temps : « ... Il se trouvait à Caluire avec des amis dont il ne voulait pas révéler les noms. Ils avaient été interpellés et arrêtés par la police allemande ; au moment de monter en voiture, il s'était dégagé, avait fui ; les policiers avaient tiré et il avait été blessé au bras [11]. »

Premières révélations, qui ne prêtent guère à conséquence. Hardy ne dira-t-il pas avec insistance, dans ses *Derniers mots*, son « souci de protéger tout le monde [12] ? »

C'est le Dr Monnier, vers 18 h 30, qui procède aux premiers soins. Il « constata que le blessé portait une blessure en séton à l'avant-bras gauche avec deux orifices, mais il ne put déterminer l'entrée. Il fit un pansement sommaire et indiqua aux policiers que son état nécessitait son transport dans un hôpital ou dans une clinique. Il ne peut affirmer si le coup a été tiré à bout portant... »

Finalement, le commissaire Kubler se rend au 64, quai de Serin. C'est lui qui enregistre la première et assez longue déclaration de René Hardy, que voici :

« ... Nous nous sommes rendus sur les lieux, et avons découvert au domicile de monsieur Damas [...] un individu portant un pansement au bras gauche, porteur d'une carte d'identité au nom de Husson Roger, né le 30 juin 1909 à Toul (Meurthe-et-Moselle), ingénieur, demeurant à Chamelande (Dordogne), délivrée par la Préfecture de Périgueux le 15 juin 1943 [...] Sur interpellations successives, cet individu répond comme suit : Ma véritable identité est la suivante : Hardy René Louis Emile, né le 31 octobre 1911, à Mortrée (Orne) [...], officier en congé d'armistice, célibataire, domicilié à Garons (Gard), chez Monsieur Etienne Vallat, son cousin. Je suis arrivé à Lyon le 18 juin de Paris. J'ai logé chez des amis dont je ne peux vous dire le nom. Je devais rencontrer quelques amis dont je ne peux vous dire le nom. L'un d'eux m'a conduit dans une maison de la montée Castellane où j'ai trouvé trois autres personnes. Peu après le début de la réunion, alors que nous discutions à bâtons rompus, plusieurs individus firent irruption dans la salle où nous nous trouvions, revolver au poing, en criant : ' police allemande '. Ils nous ont aussitôt fouillés. L'un d'eux m'a placé au bras droit un cabriolet. Ils nous ont interrogés sur notre identité mais se sont heurtés à notre mutisme. Ils nous ont conduits dans une voiture qui stationnait devant la maison. J'étais le premier à descendre. Au moment où le policier allemand ouvrait la portière de l'automobile, je lui ai donné un coup de poing gauche. Il a basculé sur la portière de l'automobile et sans doute, en voulant se rattraper, il a lâché le cabriolet. Je me suis enfui aussitôt. Le policier a alors tiré un coup de revolver qui me blessa à l'avant-bras gauche. J'ai couru en zigzaguant à travers les arbres bordant la rue. Plusieurs coups de feu furent encore tirés, mais aucun d'eux ne m'atteignit. J'ai plongé derrière un fossé, puis j'ai escaladé un mur; j'ai longé le mur sur une certaine distance. Après avoir entendu passer les deux voitures sur la route bordant la Saône, je suis descendu sur le bas-port que j'ai suivi pendant un moment. Puis souffrant de ma blessure, je suis revenu sur la route. Je perdais beaucoup de sang. J'ai appelé deux cyclistes qui venaient à ma rencontre et leur ai demandé de gagner les maisons proches. C'est ainsi que je suis entré dans la première maison ouverte où vous m'avez trouvé. Dans ma fuite, j'ai tiré deux coups de feu avec le revolver que j'avais sur moi, caché dans l'emmanchure de ma veste. J'appartiens au 3e bureau technique de l'AS (Armée secrète des mouvements unis). J'étais chargé de la rédaction d'un plan d'opérations en cas de débarquement allié. " »

Le procès-verbal du commissaire Kubler précise enfin qu'ont été placés sous scellés : « ... Un revolver automatique marque Herstall 6,35 (n° 99 829), un chargeur et quatre cartouches, une somme de 60 000 F en billets de mille, une carte d'identité au nom de Roger Husson et un certificat de travail [13]. »

Après Kubler, le commissaire Alfred Chapelain se voit chargé de cette affaire. Les révélations de Hardy, si elles ne touchent pas l'identité réelle des résistants qu'il évoque alors, consternent dans la mesure où elles sont largement et docilement exposées sans qu'autant de détails lui soient demandés, et encore moins soutirés sous la menace ou la pression physique. Le hasard veut qu'il ait affaire, effectivement, à quelques policiers liés à la Résistance *. Mais Hardy l'ignore et en aucun cas une telle attitude et de tels propos – consignés, évidemment, par procès-verbaux – ne peuvent être ceux d'un clandestin soucieux de préserver les siens et surtout de se préserver soi-même d'une intervention des Allemands qui ne manqueront pas d'être informés, tôt ou tard :

« A mon arrivée à la gare de Perrache, raconte Hardy, la personne qui m'attendait m'a dit de me trouver le surlendemain à 13 heures au bas du funiculaire de la place Croix-Paquet, où je devais rencontrer un de mes camarades nommé Thomas.

M'étant rendu à cet endroit, j'ai effectivement trouvé, à l'heure indiquée, Thomas. J'avais déjà vu ce dernier plusieurs fois à Nîmes et à Lyon, et je le connaissais en qualité de membre de l'AS. J'ignore quelle est sa situation de famille. Je savais simplement qu'il était marié. J'ignore où il habite.

A 18 h 45, aussitôt que nous nous sommes rencontrés, Thomas m'a emmené. Nous avons pris le funiculaire. Arrivés en haut, nous avons trouvé un individu en bicyclette que Thomas connaissait et qu'il m'a présenté sous le nom d'André. C'était la première fois que je le voyais. André nous a dit de prendre le tram n° 33 et de descendre place Castellane. C'est ce que nous avons fait et André nous a suivis à bicyclette. Nous l'avons retrouvé à notre descente du tram et il nous a conduits chez un docteur que je ne connais pas et que je n'ai d'ailleurs pas vu. Nous sommes entrés tous les trois dans une pièce de son appartement où nous avons trouvé un colonel que je ne connais pas, mais qui connaissait André et Thomas.

Le colonel était seul. Nous avons parlé tous les

* Le commissaire Kubler, notamment, sera arrêté en 1944 et mourra en déportation au camp de Elrich, en février 1945.

quatre pendant une demi-heure environ, puis un cinquième personnage est arrivé, en se présentant comme envoyé du SOAM (Service des opérations aériennes et maritimes).

Nous avons discuté tous les cinq en attendant deux autres personnes que le dernier arrivé nous avait annoncées comme ayant du retard.

Nous parlions donc de la situation générale et des derniers événements militaires. Il y avait environ une heure et demie que j'étais arrivé avec Thomas et André, lorsque la police allemande a fait irruption. Je crois qu'il y avait cinq policiers. Ils ont crié « Haut les mains, police allemande », puis ils ont tâté nos vêtements pour voir si nous étions armés. Ils n'ont rien trouvé sur nous; puis ils ont sorti une liste de noms qu'ils ont lue en nous demandant si ces noms s'appliquaient à nous.

Voyant qu'ils n'obtiendraient aucun résultat, ils nous ont pris à part pour essayer de nous faire dire nos noms; personnellement, ils ont essayé de me faire dire le nom de Thomas, en me donnant des coups à la tête et dans les jambes et, réciproquement, ils ont demandé à Thomas de donner mon nom. Ils ont ensuite fouillé l'appartement de fond en comble, pendant que nous étions tenus en respect contre le mur. Puis nous sommes descendus vers les voitures qui se trouvaient devant la maison.

Je suis descendu le premier, accompagné d'un policier allemand. Arrivé vers une voiture dans laquelle se trouvaient déjà trois femmes, au moment de monter, j'ai bousculé le policier allemand qui a lâché le cabriolet et j'ai pris la fuite en zigzaguant, pour éviter les coups de feu. Je me suis caché dans l'herbe pour me reposer et c'est en me relevant que je me suis rendu compte que j'avais été blessé au bras gauche. Je me suis remis à marcher et je suis arrivé finalement sur le quai de Serin, où j'ai rencontré deux soldats qui m'ont soutenu.

A ce moment, je perdais beaucoup de sang et ils m'ont conduit chez un particulier ou j'ai été découvert par la police.

J'avais conservé mon revolver caché sous mon bras dans l'emmanchure de ma veste et, en prenant la fuite, j'ai tiré deux balles au hasard pour essayer de me protéger.

S.I. Les noms de Thomas et André sont les noms de guerre de ces [...] dont j'ignore la véritable identité et qui correspondent au signalement suivant :

Thomas : Agé de 30-35 ans, taille 1,75 m, légèrement corpulent, cheveux châtains foncé plaqués, vêtu d'un costume bleu.

André : même taille, 35 ans, très brun, cheveux un peu ébouriffés et ondulés. La police allemande l'appelait M. le professeur.

S.I. A Lyon, je logeais chez des particuliers dont je refuse de vous donner mon nom. Mon domicile est bien à Garons (Gard) mais je n'y vais que très rarement. En tout cas, j'y vais au moins une fois par mois et je touche ma ration de tabac.

Le reste du temps, je voyage pour l'Armée secrète. Le but de la réunion qui avait lieu ce jour était de m'investir dans les fonctions de chef du bureau technique de l'AS. Le rôle de ce troisième bureau est le même que celui du 3e bureau de l'Armée française. Je ne puis vous donner d'autres précisions [14]. »

Ce document, inédit, est édifiant sur le mutisme prétendument respecté par Hardy et sur son attitude, incontestablement suspecte.

Sa blessure, si elle ne l'empêche pas de parler, nécessite tout de même des soins urgents. A l'hôpital Édouard-Herriot (Grange Blanche), il est conduit le 22 juin 1943 à 0 h 30, sous escorte policière. On diagnostique une « blessure par balle de revolver à l'avant-bras gauche », ce qui sera curieusement rectifié ensuite en « fracture ouverte de l'avant-bras gauche ».

Sur la nature de la blessure, aucun des médecins qui examinèrent Hardy sur le moment ne put déterminer, contrairement à ce que prétend celui-ci, si elle avait été faite à bout portant ou non. Une expertise, tardive, eut lieu en revanche en 1949 sur la veste que portait Hardy ce 21 juin 1943, veste récupérée et examinée par les professeurs Ch. Sannié et Henri Moureu, qui, aux 25e et 26e pages de leur rapport, apportaient cette conclusion :

« 1° On retrouve sur la doublure de la manche gauche du veston de Hardy une perforation par coup de feu avec des taches de sang. Cette perforation coïncide avec l'orifice d'entrée d'un projectile.

2° De l'examen clinique des traces de poudre sur la manche gauche du veston Hardy et des comparaisons faites par des tirs effectués avec du calibre 6,35, 7,65 et 9 mm sur la manche droite ainsi que sur des échantillons de tissus à des distances variables, il résulte qu'il y a bien eu coup de feu et que *la distance de tir était inférieure à 40 cm* *.

3° L'absence de toute trace de carbonisation sur le tissu de la manche gauche fait présumer que le coup de feu n'a pas été tiré à bout touchant.

4° La forme et les dimensions de la perforation observées sur la doublure ne permettent pas de préciser le calibre du projectile, cette perforation ayant pu être modifiée avec le temps.

Toutefois, le fait que le projectile a parcouru dans le bras un trajet assez considérable en fracturant le radius et en perforant deux fois la peau laisse présumer qu'il présentait une force vive assez grande. »

Cette expertise soutient deux constatations édifiantes : il n'y a pas eu coup de feu « tiré à bout tou-

* Souligné par nous.

chant » mais « la distance de tir était inférieure à 40 cm » [15]...

Hospitalisé au pavillon A, Hardy n'y demeure que quelques heures. Se vantant d'avoir été précautionneux et discret, il affirmera que sur les fiches d'hôpital, en face de la mention : « Personne à prévenir en cas d'accident », il était écrit : « Personne. » Sur celle de l'hôpital E. Herriot, il figurait : « En cas de besoin écrire au service de la sûreté. M. Bastien, 111, quai P. Scize à Lyon. »

Le transfert à l'hôpital de l'Antiquaille s'effectue accompagné de l'inspecteur Baury mais le malade, inscrit sous le numéro d'entrée « 3477 », nécessite une surveillance étroite. « Deux fonctionnaires de la police dont un officier en uniforme furent installés à son chevet, ainsi qu'un corps de gardiens urbains préalablement installés à la porte de l'hôpital; un inspecteur armé d'une mitraillette monta la garde... »

Il faut dire que « le commissaire Pitiot, de l'entourage immédiat de l'intendant de police Cussonac, reçut un coup de téléphone des services de police allemands, en présence du commissaire Chapelain, entre les deux interrogatoires subis par Hardy, les 22 et 23 juin 1943. Pitiot ne connaissant pas la langue allemande demanda au commissaire Chapelain de répondre. La police allemande demandait que des précautions soient prises en vue d'éviter une évasion de Hardy, qu'il fallait se méfier de lui, que c'était " un grand filou " [16]... »

Pour ce « grand filou », les dispositions sont bientôt prises, par une note confidentielle de l'Intendance de police lyonnaise, en vue de remettre Hardy aux autorités allemandes, le lundi 28 juin.

Le 24, le commissaire-chef des RG à Lyon dispose de beaucoup de renseignements pour présenter un rapport fort convenable à Vichy :

« OBJET – Arrestations de membres de l'état-major de l'Armée secrète « des Mouvements de résistance unis ».

RÉFÉR – Note n° II.896.P.S. du 23.6.1943 du Service régional de police de sûreté.

J'ai l'honneur de vous faire connaître que la police de Sûreté allemande arrêtait dernièrement, à PARIS, le général DELESTRAINT, alias, « général VIDAL », ex-chef, pour la France, de l'Armée secrète, groupement militaire des Mouvements de résistance unis, ainsi que le capitaine GASTALDO, alias, « GALIBIER », alias « GARIN », chef du 2e bureau de ladite Armée secrète, tous deux domiciliés à Bourg.

D'après les renseignements recueillis, la police de Sûreté allemande de Lyon vient d'appréhender, à la suite de surveillance, les anciens officiers français ci-après désignés, tous membres de l'état-major de l'ARMÉE SECRÈTE (en abréviation « AS »), qui s'étaient réunis chez le Docteur DUGOUJON, à CALUIRE (Rhône), vraisemblablement en vue de la désignation du successeur du général DELESTRAINT, à savoir :

– Colonel LACAZE Albert Jean.

– Lieutenant-colonel SCHWARTZFELD, chef de l'Association intitulée : France d'abord.

– Lieutenant AUBRY Henri, alias « THOMAS », chef de l'état-major de « l'AS ».

– Lieutenant LASSAGNE André, adjoint au lieutenant AUBRY.

Le lieutenant d'infanterie en congé d'armistice HARDY René Louis Émile né le 31 octobre 1911 à MORTRÉE (Orne), qui assistait à ladite réunion, réussit à s'enfuir des mains de la Gestapo, après avoir été blessé. Arrêté peu après, par la police française, 64, quai de Serin à Lyon, il a été transporté à l'hôpital de l'Antiquaille, en cette ville, où il est très étroitement surveillé par les services de la sécurité publique, sur ordre de M. l'Intendant de police.

D'après la police de Sûreté allemande de Lyon, le Bureau national de l'Armée secrète, dit « Bureau KLE-

BER », était situé 47, rue Paul-Bert à Lyon. Le Centre des opérations de parachutages d'armées (en abréviation COPA), sous-groupement de « l'AS », existait en cette ville, 47, rue de la République, sous l'étiquette de la firme industrielle « DURUSOL ». Une boîte aux lettres de l'organisation était installée, 163, rue Paul-Bert à Lyon, et portait le nom « PILOT ».

La police allemande a arrêté également à Lyon :

– La secrétaire du général DELESTRAINT, la nommée RAISON Madeleine *, femme d'un commandant de l'armée coloniale actuellement en dissidence en Afrique ;

– PARISOT Pierre, alias « LAURENT », et

– GILLES, tous deux secrétaires de la COPA, ainsi que

– deux femmes assurant un service de liaison.

Au cours des perquisitions, il a été découvert, notamment, de nombreux faux certificats de travail, cartes d'alimentation, tickets de rationnement, cartes d'identité, certificats de recensement, cartes de vêtements, cachets et timbres d'autorités françaises provenant de « parachutages », ainsi que quatre millions environ de francs et des documents importants.

D'après ces documents et les déclarations des détenus, le commandant VALETTE D'OSIA, ex-chef du 27e bataillon de chasseurs alpins à Annecy, appartient à l'Armée secrète et s'occupe spécialement des réfractaires à la Relève et au service du Travail obligatoire.

« LE COMMISSAIRE DIVISIONNAIRE»

Quelques passages de cette note des RG devaient se retrouver dans le rapport Kaltenbrunner du 29 juin 1943. De même, y sont ignorées les arrestations de Jean Moulin – ou « Martel » – et de Raymond Aubrac – ou « Ermelin »...

Replacé sous contrôle du SD, « le 28 juin, relate

* Mme Raisin, secrétaire d'Aubry.

Hardy, après les interrogatoires au siège de la Gestapo, je fus transféré au quartier cellulaire de l'hôpital allemand de la Croix-Rousse, malgré l'avis des médecins français. J'ai raconté comment, pour gagner du temps, j'avais livré aux Allemands le complot contre Hitler », n'hésitera pas à écrire Hardy, en 1972 [17].

La fable a du mal à se concilier avec la réalité, même si celle-ci dépend de témoignages allemands. Barbie décrit face au commissaire Bibes, en 1948, comment « Didot » était considéré, au sein de l'hôpital de la Croix-Rousse, comme un détenu... libre de ses mouvements. « C'est ainsi que lui-même rendit visite à Hardy. Stengritt, par ailleurs, a déclaré s'y être rendu en sa compagnie et avoir constaté que Hardy n'était pas hospitalisé dans le local des détenus, mais dans un des services situés à droite ou à gauche de la grande porte d'entrée. Conduit à l'étage par le médecin, il avait vu Hardy dans une salle à deux lits, allongé sur l'un d'eux, en bras de chemise, le bras enveloppé d'un pansement et soutenu par une écharpe. Aucun garde ne se trouvait dans le service, pas plus qu'à l'étage ou dans le couloir conduisant à la chambre. Hartwig, du Kommando d'intervention Werth, fut amené à se rendre à l'hôpital de la Croix-Rousse pour y voir Hardy, en compagnie de son chef, le commissaire Werth. Il devait, sur l'ordre de Barbie, prendre des nouvelles de Hardy, voir dans quel état de santé il se trouvait, savoir s'il pourrait bientôt sortir. Hardy avait un pansement à l'avant-bras gauche et portait le bras en écharpe [18]. »

La maîtresse de Moog se rappelle que ses invités d'un soir, très affairés à discuter de leurs exploits « antiterroristes », prononcèrent ce genre de phrases : « Ce pauvre " Didot " aurait pu y rester. » « Nous avons porté des cigarettes à " Didot " à l'hôpital. » « Nous sommes allés voir " Didot " à l'hôpital [19] »...

« Didot » qui ne manque pas, inlassablement, durant

les années d'après-guerre, de persister dans la vision descriptive de sa « seconde évasion » : « Je m'évadai dans la nuit du 3 août. Barbie dit que je suis resté huit jours à l'hôpital et qu'une nouvelle fois mon évasion fut organisée. Je m'évadai en faisant sauter le cadenas qui fermait ma fenêtre. Il y avait un garde dans le couloir, plus souvent en train de flirter et boire avec les infirmières. On se méfie trop peu des malades blessés. Ma chambre était au-dessus des garages donnant sur une cour fermée par un portail et un portillon. Je sautai par cette fenêtre et me trouvai dans la cour d'où je me hissai sur le portillon pour me retrouver dans la rue. »

Les précisions fournies par les Allemands du Sipo-S D de Lyon, est-il utile de le souligner, entrent en parfaite contradiction avec cette version. Mais son histoire, Hardy, redevenu libre, l'exposera pour la première fois sans doute à un certain « commissaire Henri », chargé par la Résistance d'éclairer les circonstances ayant conduit au drame de Caluire. Claude Bourdet explique comment il a été « approché par un adjoint de Moulin, le commissaire Henri, qui m'a proposé d'aller interroger Hardy. Je l'ai fait accompagner dans ce voyage – qui me paraissait devoir faire avancer la vérité – par mon adjoint Hervé Thierry, qui a assisté à l'interrogatoire auquel il a soumis Hardy. Je maintiens qu'au retour, le commissaire Henri m'affirma que cet interrogatoire était favorable à Hardy – encore que le commissaire ait, paraît-il, ultérieurement, déclaré le contraire [20]... »

Le commissaire Henri se nomme en vérité Charles Henri Porte. Pour Pierre Meunier, « ce dont je me rappelle très bien, car cela m'avait frappé, c'est qu'à son retour à Paris il m'a dit qu'il était persuadé que Hardy lui avait menti et donc qu'il avait trahi. Dans son rapport écrit – que malheureusement je ne retrouve pas – Porte a été, sans doute par prudence, plus évasif. Il soulignait le comportement étrange de Hardy lorsqu'il l'avait interrogé [21] ».

L'opinion de Lucie Aubrac est plus déterminée :

« [...] Est intervenu dans l'affaire un homme qui s'appelait Henry, que je ne connaissais que sous le nom de commissaire Henry, qui était un ami de Jean Moulin. Il avait, je crois, été commissaire de police à Chartres quand Jean Moulin était lui-même préfet dans ce département, et Henri a pris en main, avec des habitudes plus techniques de la police, l'enquête à mener. Deux jours après, le vendredi de la même semaine de l'arrestation, alors que nous savions qu'il était à la prison Montluc (?), Henry est revenu en disant : " Cela ne fait aucun doute, le mouton c'est Hardy " [22]. »

D'affirmations en contradictions, le mieux est de s'en remettre au rapport lui-même. Dont son auteur, au même titre que sa courte enquête qui se retrouvera tiraillée par des appréciations parfaitement opposées, peut apparaître assez équivoque à la lecture de certaines pièces jointes, dans le dossier Hardy, aux 4 feuillets (8 pages) que constitue son travail [23]. Mais voici ce qui représente la toute première mouture d'un « dossier Hardy » :

« Limoges, le 25 août 1943.

Après avoir eu un entretien avec Hardy, j'ai pu recueillir les renseignements suivants que je consigne chronologiquement :

Hardy affirme ne pas avoir eu connaissance du lieu de la réunion avant le jour et l'heure fixés. Il s'est rendu à la Croix-Rousse vers 13 h 45 ; là, il a rencontré " Thomas ". Lassagne est arrivé quelques minutes après en vélo et leur a dit de prendre le funiculaire. Au terminus, Lassagne leur a fait prendre le tramway et leur a indiqué de descendre place Castellane. Arrivés là, Lassagne les a introduits chez le docteur ; il était 14 h 15 environ. »

*« Si cela est exact, il semble donc impossible à Hardy d'avoir pu indiquer dès le matin le lieu et l'heure de la réunion. Toutefois, il avait dû en parler puisque le jeune " Leblond " * en avait eu connaissance **. »*

Arrivés chez le docteur, Hardy, « Thomas » et Lassagne sont montés directement au 1er étage où ils ont trouvé le colonel Lacaze. Quelques minutes après est arrivé dans ce même salon : « Xavier ». Ils sont restés tous les quatre pendant près de deux heures sans avoir vu ni « Max », ni personne d'autre. Vers 16 heures, ont fait irruption dans la pièce (l'arme à la main) trois inspecteurs de la SD suivis de deux autres. Immédiatement, Hardy et ses compagnons ont été fouillés ou, plus exactement, tâtés, et interrogés succinctement sur leur identité (les membres du SD distribuant des coups à la ronde tout en hurlant des injures). Après une visite rapide de la pièce où ils se trouvaient, la SD a fait descendre Hardy et ses compagnons au rez-de-chaussée. Chacun était maintenu par un membre de la SD soit par un cabriolet, soit par des menottes. Hardy était maintenu par un cabriolet (sorte de chaîne tressée portant à chaque extrémité un morceau de bois servant de poignée pour serrer par torsions).

Arrivés près de la voiture (traction-avant), l'inspecteur de la SD qui l'accompagnait a ouvert la porte de la main droite (mais armé d'un pistolet). Hardy lui a porté vivement un coup de la main gauche (non enchaînée), l'inspecteur a chancelé, lâchant le cabriolet. Hardy s'est enfui tandis que plusieurs coups de feu étaient tirés dans sa direction.

« Cette version de l'évasion a été confirmée par la bonne du docteur. »

* Bossé.

** Les lignes en italique sont les commentaires personnels du commissaire Henry.

Ce n'est qu'après avoir couru sur une distance d'environ 150 mètres que Hardy a ressenti la douleur produite par la blessure ; il a néanmoins continué à fuir en empruntant diverses rues en direction de la Saône. Arrivé quai de Serin, il avait perdu beaucoup de sang et s'est senti faiblir. Il a demandé à deux passants de le conduire à la maison la plus proche, et ce fut justement celle de la femme Damas dont le mari se trouvait sur la porte.

A ce moment, Hardy a demandé l'intervention d'un docteur et un des passants qui l'accompagnaient s'est contenté d'alerter un gardien de la paix. Ce dernier a alerté un docteur en même temps que le commissariat de la Croix-Rousse. Presque aussitôt, des gardiens et des inspecteurs du commissariat de la Croix-Rousse sont arrivés (tous étaient au courant de l'affaire de Caluire).

D'après Hardy, tous ces policiers ont été très compréhensifs et il a cru pouvoir parler librement en leur présence, notamment il a fait venir le jeune « Leblond » que la femme Damas est allée chercher à un rendez-vous, et il a demandé à ce jeune homme d'alerter immédiatement tous ses amis et connaissance de son arrestation en les mettant au courant de l'affaire de Caluire.

« Cette confiance spontanée dénote pour le moins de la naïveté de la part de Hardy, en tout cas une grande imprudence, ce qui a permis à certains de raconter que Hardy était un traître, car il donnait des détails que personne ne lui demandait. »

Tard dans la soirée, Hardy a été conduit au commissariat de la Croix-Rousse où le commissaire a enregistré sa première déclaration dans laquelle il a donné son identité véritable (se croyant toujours en présence d'amis ou de sympathisants). Hardy a reconnu avoir été blessé au cours de son évasion de la maison du docteur. Il a indiqué qu'il devait assister là à une réunion d'un groupement de résistance dont il faisait partie (sans donner, dit-il, de précisions quant aux noms des membres et au but de la réunion), renseignement que le commissaire de la Croix-Rousse ne lui a d'ailleurs pas demandé de préciser.

« Ces déclarations spontanées au commissaire de la Croix-Rousse, en admettant qu'elles soient imprécises, étaient néanmoins superflues. »

Au cours de la nuit, Hardy a été transporté à l'hôpital de Grange-Blanche, le lendemain il a été transporté à l'hôpital de l'Antiquaille. Là, un commissaire de la police politique du quai Perrache, un nommé Carbonel croit-il, a enregistré plusieurs déclarations de Hardy dans lesquelles il a reconnu faire partie d'un groupe de résistance, sans préciser lequel ; il a donné beaucoup de détails (tous fantaisistes, dit-il, sur les organisations de Résistance, sur l'AS, etc.).

« Hardy a cru sur parole le commissaire Carbonel qui lui indiquait qu'ayant été arrêté par la police française, son affaire serait du ressort de la justice française. Le commissaire Carbonel, qui prétendait être nommé prochainement à Caen ou à Rouen, lui donnait, comme le commissaire de la Croix-Rousse, l'impression de ne pas vouloir le charger et être disposé à enregistrer des déclarations fausses pourvu qu'elles paraissent vraisemblables. Je mentionne encore que cette confiance était puérile et malgré l'affirmation de Hardy, je doute qu'il ait pu déclarer des inexactitudes trop flagrantes. »

Cependant, quelques jours après son admission à l'hôpital de l'Antiquaille (Hardy ne peut préciser le jour), la SD lui a présenté les photos de : Aubrach *(sic)*, Xavier, Thomas, mais il a prétendu ne pas les connaître. Deux jours après, la SD s'est présentée à nouveau à l'hôpital et a fait transporter Hardy au siège de la SD, avenue Berthelot. Là, sans manger, sans dormir, sans être soigné et en recevant des coups, Hardy a été interrogé pendant 36 heures. Au cours des interrogatoires, il a été confronté :

1° Avec « Thomas » *, en ce qui concerne leur identité respective.

2° Avec « Lunel » **, qui aurait dit en le désignant " c'est bien lui Didot ".

« La SD était cependant bien fixée sur l'identité de Hardy puisqu'elle possédait les déclarations faites à la police française, au commissariat de la Croix-Rousse et au commissariat de la police politique. »

Hardy a été interrogé très longuement sur les organisations de Résistance, sur l'AS notamment, en ce qui concerne Fresnay *(sic)*, sur chacune des personnes arrêtées à Caluire, sur " le préfet ", sur " Max ", sur " le colonel ", sur " Thomas ", Aubrach *(sic)* et enfin sur une liste de noms ou pseudonymes que la SD possédait. Hardy précise que cette liste ne comprenait que des noms ou pseudos déjà anciens ou inutilisés depuis longtemps. A l'hôpital de la Croix-Rousse, il a été interrogé à nouveau plusieurs fois par la SD.

« Hardy m'a déclaré formellement : 1° Avoir tout nié. 2° Avoir refusé de reconnaître les photos qui lui ont été présentées. 3° N'avoir donné aucun renseignement concernant l'AS ou les organisations de Résistance. »

Circonstances de la deuxième évasion :

Hardy était logé dans une chambre située au 2e étage d'un bâtiment de l'hôpital de la Croix-Rousse. Cette chambre se trouvait à l'extrémité du couloir de l'hôpital. Elle comportait une porte fermée à clé donnant sur le couloir, et une fenêtre fermée à l'aide d'un cadenas, donnant sur la cour et placée juste au-dessus d'une ter-

* Aubry. *Note de l'auteur.*
** Multon. *Note de l'auteur.*

rasse formant toit d'un bâtiment situé au rez-de-chaussée (hauteur d'un premier étage).

La garde était constituée par un seul soldat armé d'un pistolet circulant dans le couloir où se trouvaient, de part et d'autre, des chambres abritant d'autres prisonniers. Hardy dit s'être servi d'une lime à ongles qu'il avait conservée dans la poche de montre de son pantalon et d'une épingle anglaise qui maintenait le bandage de son bras blessé, pour ouvrir le cadenas. Le mardi 3 août, vers 23 heures, Hardy s'est décidé à prendre la fuite ; il s'était habillé (ses vêtements étaient demeurés dans sa chambre). Hardy a ouvert la fenêtre et s'est laissé glisser le long du mur ; il a sauté sur la terrasse cimentée (en chaussettes, ses chaussures pendues au cou). Ensuite, il a fait la même opération pour sauter de la terrasse dans la cour, dont le sol était recouvert de sable de petits graviers, hauteur d'un 1er étage. Il a traversé la cour dans la direction du mur de clôture à un endroit où se trouve un portillon formant séparation à l'intérieur de la cour. Il a ouvert et poussé le portillon et de là il a pu se hisser sur le mur de clôture et sauter dans un jardin d'où il a pu gagner la rue voisine et s'enfuir.

« Je mentionne : 1° Que Hardy devait être affaibli par sa blessure, par les longs interrogatoires, par le séjour à l'hôpital où la nourriture ne devait pas être très consistante. 2° Qu'au moment de l'évasion, il n'avait pas l'usage de son bras gauche. Dans ces conditions et étant donné les obstacles à franchir, je demeure sceptique, malgré la meilleure bonne volonté, à admettre les explications de Hardy. A moins qu'il n'ait exagéré l'importance de ces obstacles pour que l'évasion semble être un véritable tour de force ! »

Immédiatement, Hardy s'est rendu chez la femme Damas au quai de Serin où il est resté deux jours. Il avait fait prévenir sa fiancée qui, elle, devait informer les membres de l'organisation. Toutefois, le 2e jour, la fille de la femme Damas a commis une indiscrétion en disant à un jeune homme demeurant dans la même maison que Hardy se trouvait chez sa mère. Le jeune homme qui était en rapport avec Mlle Auger a informé cette dernière qui est immédiatement venue aux nouvelles. Mais Hardy a refusé de la recevoir et a décidé de se réfugier à Collonges où Tébourba * (prévenu par Mlle Auger) l'a vu et l'a décidé à le suivre où il se trouve actuellement.

« Sur ma remarque du danger que représentait le refuge chez la femme Damas, Hardy m'a répondu qu'il ne savait en quel lieu se rendre pour être mieux en sûreté. »

Ce rapport est une relation exacte de l'entretien que j'ai eu avec Hardy. Mais à mon avis, il serait nécessaire ou plutôt il est absolument nécessaire que ses chefs hiérarchiques ou toute autre personne ayant autorité sur lui, lui demande de fournir des explications écrites de sa main en ce qui concerne les deux évasions et l'importance des déclarations qu'il a pu faire à la police française ou à la SD.

Je dois indiquer en conclusion que les explications de Hardy ont été assez vagues malgré mes demandes de précisions et que son attitude au cours de notre entretien doit être notée : il n'a cessé d'être agité d'un tremblement nerveux des mains, plutôt de la main droite qu'il ne pouvait maîtriser. Il n'a cessé de fumer nerveusement une cigarette sur l'autre et son attitude voulait être détachée mais m'a paru embarrassée. Je ne conclus pas que Hardy soit l'auteur de la dénonciation de la réunion de Caluire, mais il est probable, tout au moins vraisemblable, qu'il a donné au cours des divers interrogatoires des indications et des précisions qu'il

* Roiffé, résistant responsable régional de Toulouse. *Note de l'auteur.*

regrette sans doute actuellement d'avoir dû donner et qu'il s'efforce de nier.

J'attache de l'importance aux explications écrites qu'on lui demandera et à leur confrontation avec les déclarations qu'il m'a faites. »

« Signé :" Henri " [24] »

Pour l'histoire

Le moins que l'on puisse dire est que cette conclusion, en dépit des assertions postérieures de ceux qui prétendront avoir recueilli les confidences du commissaire Henri, contribue uniquement au maintien du doute, à l'exploitation de pistes évasives. Elle contient, en germes, toute cette affaire longtemps confinée dans l'obscurité. Il est vrai que tous les indices, toutes les « pièces à conviction » étaient loin d'être réunis, faute de temps, de moyens. Il en sera ainsi, pourtant, malgré plusieurs procès, d'innombrables interventions et polémiques, malgré la publication de dizaines, de centaines d'ouvrages, à caractère historique, durant des années.

Une sorte de « devoir de réserve » ou, simplement, la conviction de ne pas avoir à ressusciter des souvenirs pénibles, sources fréquentes de polémiques injustes et cruelles, ont joué aussi, comme un frein, un obstacle à certaines vérités.

Marcel Degliame, dit « Fouché », dirigeant de Combat, des Mouvements unis de résistance puis compagnon de la Libération, a confié, un jour de 1957, à l'historienne Marie Granet, son témoignage sur René Hardy. Il avait beaucoup connu ce dernier :

« ... Il l'a caché pendant longtemps après son évasion de l'hôpital de Lyon et il a réussi à le faire partir en Algérie par l'Espagne. Il dit (à titre confidentiel) que Hardy était alors extrêmement nerveux, sursautant à chaque bruit insolite [...] Peut-être craignait-il d'être " exécuté " par la Résistance?

Lorsqu'il était à Constance (après-guerre), Degliame a reçu, venant de Berlin, un dossier de la Gestapo (autre que le rapport Flora), dans lequel la culpabilité de Hardy était nettement établie (interrogatoire complet, avec notes marginales des juges d'instruction). Degliame l'a communiqué au tribunal qui n'en a jamais fait état. Qu'est-il devenu?

Degliame n'a jamais voulu témoigner au procès. Il aurait été obligé de témoigner contre Hardy. Or, malgré sa trahison, Hardy a été pendant deux ans un résistant qui a rendu d'immenses services. Pouvait-on le condamner à mort pour un moment de faiblesse, au moment où on laissait sortir des prisons des collaborateurs avérés? Degliame remarque que la clandestinité mettait les nerfs à rude épreuve. Il dut faire partir, à sa demande, dès l'été 1944, un militant qui sentait ses nerfs flancher. Lui-même avoue qu'il était à bout, les dernières semaines. Il faut savoir cela pour comprendre la faiblesse de Hardy [25]... »

Mais l'Histoire a besoin, elle aussi, de savoir.

Notes

1. Rapport Kaltenbrunner du 29 juin 1943. En annexes, le lecteur trouvera une traduction de ce document.

2. Rédigé en date du 19 juillet 1943, le rapport sur l'affaire Flora, « enregistrée sous le n° SA IV – E3. 899/43 G », est l'œuvre de Dunker, alias « Delage », comme il le reconnaîtra dans son interrogatoire du 23 juillet 1945 face au commissaire Cottentin de la BST marseillaise. Dunker, bien qu'ayant été présent pour quelques opérations sur Lyon – en rapport avec l'emploi de son « protégé », Multon –, ne put avoir une connaissance direct du coup de filet du 21 juin 1943. Cependant, grâce à ce même Multon, il en détiendra et en reproduira les grandes lignes.

3. Voir L. Aubrac, *Ils partiront dans l'ivresse...*, Seuil, p. 87.

4. Barbie, devant le commissaire Bibes, soulignera l'activité d'arrière-plan de Multon à Caluire mais, comme il est indiqué dans le dossier de « Lunel », c'est bien lui qui « a coopéré à la rédaction de ce rapport (Flora) permettant à Dunker d'identifier les résistants qui n'étaient connus souvent que par leurs pseudonymes... » (Exposé des faits, procédure Hardy-Multon, 5 mai 1946.)

5. D'après l'interview donnée à M. Granet, *op. cit.*

6. R. Hardy in *France-Soir*, du 3 juin 1972 : « Hardy répond à Barbie. »

7. Notes d'audience, *op. cit.*

8. Audition Eychenne, *op. cit.*

9. Interrogatoire Barbie par Bibes, *op. cit.*, et Stengritt par Bibes et Lehrmann, le 2 août 1948.

10. R. Hardy in *France-Soir*, *op. cit.*

11. Exposé du juge Gonnot, *op. cit.* Pour Mme Damas, interview à l'auteur, *op. cit.*

12. R. Hardy, *op. cit.* p. 345.

13. Rapport de G. Kubler du 21 juin 1946. (Dossier Hardy.)

14. Procès-verbal du commissaire de la section politique A. Chapelain, du 23 juin 1943. (Dossier Hardy.)

15. Document inédit. Dossier Hardy.

16. Extrait de l'exposé du juge Gonnot, *op. cit.*

17. In *France-Soir* du 3 juin 1972.

18. Exposé du juge Gonnot, *op. cit.*

19. Audition d'Eychenne, *op. cit.*

20. Lettre de C. Bourdet au président du tribunal, le 26 avril 1950. (Procès Hardy.)

21. Lettre de P. Meunier, qui fut l'un des adjoints de Jean Moulin, à l'auteur, le 6 mai 1988.

22. Procès Hardy, audience du 2 mai 1950.

23. Une note de la DST du 24 juin 1948 précise en effet à propos de « Charles Henri Porte, né le 24 novembre 1906 à Villeurbanne, qu'il a été commissaire de police à Chartres sous l'Occupation, a exercé ses fonctions en étroit rapport avec J. Moulin, alors préfet d'Eure-et-Loir ». Résistant, il « quitte Chartres en mai 1943 après une convocation de la Gestapo », est « révoqué par Vichy le 23 mai » et sera « arrêté par la Gestapo le 28 décembre 1943 ». Déporté en Allemagne, à Auschwitz, Buchenwald, il est rapatrié le 7 mai 1945. Mais, « faisant l'objet d'une information judiciaire auprès de la Cour de Justice de Chartres », il n'a plus reparu. Le Comité d'épuration du ministère de l'Intérieur a confirmé l'arrêté de révocation de Vichy « malgré les brillants et réels états de service rendus à la Résistance ».

24. Rapport Porte, Dossier Hardy.

25. Témoignage recueilli le 21 janvier 1957 par M. Granet. (Fonds Granet, AN 397 AP 2.)

ANNEXES

ANNEXE I

LE RAPPORT KALTENBRUNNER
du 27 mai 1943

(Traduction in *Dossier du tribunal militaire de Paris – Dossier René Hardy*)

Berlin SW, le 27 mai 1943
Prinz – Albrecht Strasse 8

GEHEIME REICHSSACHE

ER CHEF DER SICHERHEITSPOLIZEI
UND DES SD.

41 exemplaires
3e exemplaire

à
Monsieur le ministre des Affaires étrangères
von Ribbentrop

Berlin W. 8
Wilhelmstrasse 74/76

OBJET : L'Armée secrète en France
Ses liaisons par réseau radio
– L'activité des agents, matériel de sabotage et armes parachutés ou déposés par avions.

I. – PREMIÈRE INTRUSION DE LA SICHERHEITSPOLIZEI DANS L'ARMÉE SECRÈTE

Dès la fin de 1942 de nombreux renseignements s'accordaient à signaler que les différents mouvements importants de la Résistance s'étaient mis directement sous les ordres du général de Gaulle et qu'ainsi se trouvait réalisée l'unité de la Résistance en France : au début de 1943, un de nos agents spéciaux confirmait qu'un tel rassemblement avait été largement réalisé. C'est ainsi qu'est née

– l'Armée secrète –

dans laquelle notre agent avait obtenu en qualité d'ancien officier français un poste important.

Le 1-2-1943 on réussit à arrêter à Lyon deux membres importants de l'Armée secrète. Au début de février 1943 l'exploitation de certains renseignements permit l'arrestation de 18 autres membres de l'Armée secrète qui appartenaient aux organisations secrètes :

Combat
Libération
Francs-Tireurs – Partisans
et 93

Les membres de l'organisation Francs-Tireurs et Partisans, organisation à caractère purement communiste, et ceux de 93 arrêtés avaient été détachés comme agents de liaison de ces organisations auprès de l'Armée secrète.

Les déclarations des inculpés, les papiers capturés et surtout les 15 dossiers qui avaient été saisis par la police française le 13 mars 1943 lors d'une perquisition chez des membres de l'Armée secrète à Lyon, documents qui avaient été laissés provisoirement à la disposition du détachement SD de Lyon, permettent de dresser le tableau suivant :

II. – Développement et composition de l'Armée secrète

1) *Histoire de l'organisation Combat*

L'Armée secrète telle qu'elle existe actuellement est née, en grande partie, de l'initiative du capitaine français
FRESNAY
qui, dès le mois de janvier 1941 avait mis sur pied l'organisation
Libération Nationale

Cette organisation connut un rapide développement dans l'ancienne zone non occupée et avait des P.C. à :

Marseille,
Lyon,
Toulouse
en Savoie
sur la Côte d'Azur

En zone occupée, le capitaine Fresnay chargea le capitaine
GUEDON

de la direction du mouvement. Les centres d'action de cette zone sont indiqués sur le schéma « structure de l'organisation Combat en France – août 1940 à mars 1942 ».

Ce schéma montre en même temps la fusion des organisations

Libération Nationale
Liberté

sous la dénomination générale

Combat

en décembre 1941. Il indique, en outre, comment, dès l'automne 1941, par l'intermédiaire du

GÉNÉRAL DE LA LAURENCIE

cette organisation entre en contact avec le *Service de Renseignements des USA :* cette liaison fut de nouveau rompue fin 1941. Mais depuis janvier 1942 par l'intermédiaire du

GÉNÉRAL DE GAULLE

l'organisation était *financée directement par l'Angleterre.*

Au cours des mois de février et mars 1942 une perquisition de l'organe central de l'*Abwehr* à Paris permit l'arrestation des membres directeurs de

Combat

en zone occupée, tandis que le gouvernement français faisait procéder à des arrestations en zone non occupée.

Le capitaine Fresnay reconnaît dans un rapport adressé au général de Gaulle, lui-même, que l'organisation venait alors d'être « décapitée ». Tandis qu'en zone occupée la réorganisation rencontrait des difficultés sensibles, elle pouvait, en zone non occupée, être rapidement menée.

2) *Création de l'Armée secrète*

A la suite de longues négociations Fresnay réussissait, en septembre 1942, à rassembler les groupes *paramilitaires* des organisations :

Combat,
Francs-Tireurs et
Libération

pour la mise sur pied d'une

Armée secrète

sous la direction d'un

Comité de coordination,

composée des délégués de chacune de ces organisations. La section paramilitaire de Combat qui auparavant était déjà désignée par le terme Armée secrète conserva en raison de sa supériorité numérique (80 %) la prédominance au sein de la nouvelle Armée secrète.

En janvier 1943, Fresnay réussit à subordonner l'*ensemble* des organisations :

Combat
Francs-Tireurs et
Libération

à un Comité directeur qu'il dirigeait en tant que chef de Combat et auquel appartenaient les chefs des deux autres organisations

GILLES pour Francs-Tireurs et
DARTHEZ pour Libération

ainsi qu'un représentant dont le nom n'est pas connu du

Comité national

du général de Gaulle à Londres.

Le capitaine Fresnay s'efforça de rallier les autres groupes de la Résistance en France.

Le résultat de ses efforts ressort du schéma :

« État de l'Armée secrète et de ses principaux chefs au sein des mouvements français – Situation en avril 1943 ».

3) *Articulation de l'organisation Combat*

L'articulation interne de l'organisation Combat (valable aussi pour les mouvements Libération et Francs-Tireurs dans la mesure où ils comportent des subdivisions semblables, fait l'objet du schéma :

« Constitution organique de l'Armée secrète d'après l'organisation Combat – Situation en mars 1943 ».

La Section (« Janus »), questions militaires, est dirigée par le capitaine Fresnay lui-même. La Sous-Direction :

A.S. = Armée secrète

est l'embryon de ce qui devait devenir par la suite

L'Armée secrète.

Il faut signaler la sous-section

Groupe Franc,

qui conserve son autonomie après avoir été rattachée à l'Armée secrète; elle représente une formation de spécialistes pour les actions mettant en œuvre des explosifs. Elle comprend environ

1 100 hommes

et elle a déjà réalisé, depuis le début de mars 1943

150 missions.

Il convient également de signaler la section « Propagande » de Combat qui a distribué, au cours du mois de février 1943 seulement, plus de

600 000 exemplaires

de différents tracts.

Il faut également citer la sixième section (« Neptune ») qui était rattachée précédemment à la section des affaires militaires; elle dirige l'ensemble du service radio et elle est en outre chargée du repérage, de la préparation et de l'organisation des terrains de parachutage et des terrains d'atterrissage. Les chefs régionaux de cette section appartiennent aussi à l'état-major régional de l'Armée secrète, cependant les services n'ont pas de contact entre eux.

4) *Organisation de l'Armée secrète unifiée*

Le schéma « Organisation de l'Armée secrète en zone française nouvellement occupée – mars 1943 », indique clairement l'articulation intérieure du commandement sous l'autorité suprême du général Vidal qui dispose outre son état-major des 4 bureaux classiques de l'organisation militaire française. On trouve en outre l'organisation correspondante territoriale en :

- Régions
- Départements
- Arrondissements
- Cantons

Jusqu'à l'échelon département inclusivement les organes de commandement disposent d'un état-major local et des bureaux correspondants. Au-dessous du canton, et même parfois du département l'articulation de l'Armée secrète n'est plus régionale mais tactique. Le schéma ci-joint donne :

« L'ARTICULATION TACTIQUE »

La liaison entre le commandement en chef et les régions est assurée surtout par les services du courrier des organisations qui constituent l'Armée secrète. Cependant un service de liaison spécial y est en cours d'organisation. En outre des inspecteurs assurent la coordination et la surveillance du travail dans les régions et les départements. L'implantation de l'Armée secrète sur le territoire français ressort du schéma :

« Articulation régionale de l'Armée secrète – mars 1943 »

Depuis le ralliement du groupe Froment elle dispose en zone nouvellement occupée de
80 000 hommes
dans l'ancienne zone occupée de
25 000 hommes

5) *Armement de l'Armée secrète*

D'après les renseignements recueillis jusqu'à présent l'Armée secrète disposait en février 1943 de plus de
6 000 tonnes d'armes et de munitions
dont plusieurs centaines d'armes automatiques et plusieurs centaines de mille de cartouches, en outre elle disposait de
mortiers
pièces de DCA et de
chars légers.

D'après ses propres indications elle avait encore besoin d'au moins :
40 000 tonnes d'armes et munitions

Sans doute a-t-elle fait d'importantes récupérations sur les réserves de l'ancienne armée française. Lors du nettoyage de plusieurs dépôts secrets des groupes Francs-Tireurs et Libération. Et dans la région de Clermont-Ferrand on put dénombrer :
3 000 fusils
60 mitrailleuses lourdes
250 fusils mitrailleurs
10 mortiers
8 canons de DCA et
de grosses quantités de munitions
en outre on trouve :
des camions
des voitures légères
des motocyclettes et
du matériel militaire divers

D'après les différents documents capturés il résulte que des membres de l'Armée secrète étaient entrés en rapport avec des officiers français de l'Armée d'armistice afin d'obtenir des armes et du matériel. Ces pourparlers aboutirent à des promesses de cessions d'armement à l'Armée secrète.

D'ailleurs on peut constater que certains cercles d'officiers s'emploient à organiser des groupes militaires qui en cas d'invasion pourraient coopérer avec l'Armée secrète.

6) *Transmissions radio et ravitaillement de l'Armée secrète par la voie aérienne*

Depuis l'arrestation de membres importants de l'Armée secrète dans la région de Lyon.

77 terrains de parachutage et d'atterrissage sont déjà connus. A la suite de plusieurs expéditions entreprises depuis, le nombre de terrains connus s'est sensiblement accru. En outre par des messages radio :

a) qui avaient été repérés au cours d'émissions courantes;
b) qui ont été saisis lors de la prise de postes émetteurs clandestins;
c) qui ont été captés et déchiffrés par l'OKW.

On peut établir que le repérage et l'identification de ces terrains ainsi que les conventions nécessaires pour l'exécution des missions projetées absorbaient une grande partie de l'activité du réseau clandestin des transmissions en France.

Le champ d'application des missions peut être apprécié d'après les chiffres qui proviennent des rapports sur l'activité du *Funkabwehr* de l'OKW en date du 6 mai 1943. C'est ainsi que fin avril 1943 sur les :

94 messages radios anglais destinés à des agents seulement
40 provenaient de France
dont
15 de la zone anciennement occupée
et 25 de la zone nouvellement occupée.

Le nombre total enregistré s'élevait en avril 1943 à 4 667 messages contre 2 931 le mois précédent. Sur ce nombre 963 messages radios concernaient le territoire français.

Le nombre des postes émetteurs clandestins travaillant effectivement en France est apparemment plus élevé. Entre le 26.03 et le 11.05.1943 on a repéré grâce aux moyens techniques de radio détetction des unités de la Wehrmacht et de l'*Ordungs-Polizei* mais aussi grâce aux découvertes de la *Sicherheitspolizei* dans :

15 affaires différentes

un total de 23 postes radio, parmi lesquels un certain nombre avaient échappé au service de surveillance radio.

D'après les documents capturés de l'Armée secrète, il résulte qu'en janvier 1943 sur les 31 missions parachutées et les 4 atterrissages qui avaient été préparés, seule-

lement 5 parachutages et 1 atterrissage
ont pu être effectués avec succès tandis que 5 autres missions furent vouées à l'échec. La situation en février 1943 s'est aggravée de telle sorte que sur un total de : 38 missions prévues seulement 1 atterrissage et 1 parachutage furent opérés avec succès tandis que 3 essais restèrent sans résultats.

[...]

III. – Les objectifs de l'Armée secrète

1) *Conditions d'admission*

Pour être admis dans l'Armée secrète les conditions suivantes sont requises :

– Avoir une bonne instruction militaire
– Manifester des sentiments germanophobes
– Être hostile au gouvernement de Vichy
– Reconnaître l'autorité de De Gaulle
– Se soumettre sans restriction à la discipline hiérarchique
– Accepter l'obligation d'avoir à exécuter des travaux préparatoires (réception et transport d'armes) et de se considérer à tout moment comme mobilisable.
– Prêter serment de fidélité.

Ces conditions montrent que l'Armée secrète compte principalement des anciens soldats possédant déjà une instruction militaire complète. Ils reçoivent seulement un entraînement spécial conforme aux conditions particulières dans lesquelles l'Armée secrète sera appelée à intervenir ; elle ne pourra pas en effet disposer pour le combat des quantités désirables d'armes lourdes de chars et d'unités aériennes nécessaires à une armée moderne.

2) *Possibilités d'emplois*

L'Armée secrète a mission d'entrer en action en cas d'invasion par les troupes anglo-américaines.

Il en résulte pour elle les avantages suivants :

a) jusqu'au moment de son intervention elle reste invisible et insaisissable.

b) elle se trouve au moment de son entrée en action dans le dos de son ennemi, elle connaît parfaitement le théâtre d'opérations, elle est mobile et peut compter sur l'appui de la population.

Ces circonstances font de l'Armée secrète un instrument dangereux avec lequel les troupes d'occupation auront à compter. Les trois modalités d'intervention de l'Armée secrète prévues sont les suivantes :

a) En cas de débarquement des forces alliées dans un secteur et de repli de l'Axe, les formations de l'Armée secrète devront se mettre à la disposition de l'état-major;

b) en cas d'invasion d'un secteur placé sous contrôle allemand, l'Armée secrète devra déclencher dans le dos des troupes allemandes des opérations de guérillas;

c) en cas d'insurrection générale, l'Armée secrète est appelée à s'emparer du pouvoir en usant au besoin de procédés révolutionnaires.

En outre des plans d'opérations ont été trouvés qui se rapportent par exemple à l'établissement d'une tête de pont dans le sud de la France. Les avantages suivants font préférer la rive gauche du Rhône :

a) la région occupée par des Italiens serait facile à nettoyer;

b) l'aspect topographique se prête à des actions de guérillas;

c) les lacs existants permettent d'amener du matériel de guerre par hydravion ;

d) le réseau des routes et des chemins de fer peuvent être exploité favorablement;

e) la proximité de la Suisse permet le ravitaillement en matériel de guerre lourd ce qui revêt une certaine importance.

3) *Principes d'emploi*

Une instruction capturée émanant du commandant de l'Armée secrète en date du 5.01.1943 comporte les prescriptions suivantes :

« Dans la conjoncture militaire présente une action d'envergure de l'Armée secrète ne peut être *prévue qu'en liaison avec une action directe d'éléments alliés débarqués sur le sol français*. L'Armée secrète évitera donc de gaspiller ses effectifs dans des opérations incertaines...

La mission de l'Armée secrète consistera à retarder ou à paralyser l'intervention allemande par une action générale déclenchée au moment propice, *pour appuyer le débarquement des Alliés*...

Dans ce cas le plan I sera exécuté qui prévoit :

a) L'attaque des voies ferrées et des moyens de transmissions ;

b) l'attaque d'objectifs fixés et déterminés d'avance ;

c) des coups de mains ;

d) des actions déclenchées par des îlots de résistance.

Les attaques de voies ferrées sont désignées sous le nom d'OPÉRATION « I ». A cet effet, toutes les lignes de chemins de fer sont numérotées, de sorte que l'ordre d'exécution de l'OPÉRATION « I/A 29 » indiquera la destruction de VF 29 tandis que l'ordre d'OPÉRATION I/A signifierait la destruction générale et simultanée de l'ensemble des voies ferrées prévues ;

L'OPÉRATION « 2/A » concerne les moyens de transmissions. A cet effet :

a) des plans de destruction des transmissions de l'armée d'occupation ont été préparés dans le détail et le personnel nécessaire ainsi que le matériel de sabotage ont été prévus ;

b) en ce qui concerne l'administration des PTT et des chemins de fer, l'utilisation des installations au profit de la Résistance est prévue ; dans le cas contraire la destruction de celles-ci sera ordonnée.

L'attaque des objectifs déterminés d'avance comporte les opérations suivantes :

OPÉRATION « 3/A » :

Suppression des agents des troupes d'occupation (en particulier la Gestapo).

OPÉRATION « 4/A » :

Sabotage du matériel auto par la mise en place d'obstacles de toute nature.

OPÉRATION « 5/A » :
Destruction des dépôts d'essence dans la mesure où ils ne peuvent être utilisés par l'Armée secrète.

OPÉRATION « 6/A » :
Attaque des dépôts d'armes et de munitions aux fins de saisie ou de destruction. A ce sujet la désignation des hommes chargés des opérations contre les dépôts bien gardés de munitions ou d'explosifs est prévue pour assurer le succès de ces opérations (concours éventuel de parachutistes).

OPÉRATION « 7/A » :
Neutralisation des Kommandos prévue par le repérage exact de ces postes et la désignation au préalable de groupes de 6 à 30 hommes de l'Armée secrète chargés de l'opération.

Après l'exécution du plan A les combattants de l'Armée secrète devront battre en retraite jusqu'aux emplacements secrets qui constituent des îlots de résistance et qu'ils devront tenir à tout prix jusqu'à l'arrivée des troupes d'invasion.

Pour l'implantation de ces îlots certaines contrées montagneuses (Alpes, Pyrénées, Massif Central) seront choisies de préférence (facilités de défense, intervention de troupes motorisées impossibles). Il importe en outre que l'Armée secrète puisse se ravitailler sur place et qu'en outre le parachutage d'armes et de matériels et éventuellement de personnel soit possible.

IV. – Position de l'Armée secrète vis-à-vis des différents problèmes politiques

1) *Allemagne*

Le capitaine Fresnay définit sa position vis-à-vis de l'Allemagne de la façon suivante :

L'Allemagne mérite un châtiment exemplaire, elle doit être pour longtemps mise hors d'état de nuire. Le châtiment doit être nécessairement « brutal » mais de courte durée. Il ne devra atteindre que les responsables nazis qu'on peut évaluer à quelques dizaines de milliers.

Il serait maladroit de faire supporter par le peuple allemand, comme cela s'est produit en 1918 pour de longues années, l'ensemble des charges résultant de la défaite. On risquerait de provoquer de nouveaux désordres en incitant le peuple allemand à se soulever.

Un morcellement de l'Allemagne est à écarter; l'unité allemande ainsi maintenue doit trouver place dans l'union européenne. L'interdépendance économique du monde a pour conséquence de rendre désirable l'unité politique. La suppression des frontières politiques et l'établissement des conditions économiques garantissant un niveau de vie satisfaisant peuvent seuls permettre d'écarter les causes les plus fréquentes de guerre. Il ne resterait qu'à se prémunir contre les dangers du nationalisme chauvin qu'on rencontre surtout en Allemagne. Par la socialisation de l'industrie lourde et la mise sur pied d'armées internationales le recours à la force devait pouvoir être écarté définitivement.

2) *Gouvernement français de Vichy*

Le Gouvernement de Vichy est rigoureusement écarté par l'Armée secrète et le maréchal Pétain est tenu pour responsable de la débâcle de la France. La politique « collaboration » du Gouvernement constitue un crime et une trahison envers la France. Le prestige du maréchal a permis de faire accepter par un grand nombre de bons Français la « collaboration ». Pour beaucoup de gens sa personnalité garantit une conduite politique conforme aux intérêts de la France.

Si un gouvernement sans maréchal Pétain avait suivi pareille conduite politique il ne se serait trouvé aucun Français pour en adopter les errements. C'est pourquoi Pétain est aux yeux de la Résistance le grand responsable et le principal accusé de demain.

3) *Giraud – De Gaulle*

L'évasion du général Giraud avait tout d'abord suscité de l'enthousiasme au sein de l'Armée secrète. Par la suite il s'avère qu'il n'était pas décidé à faire œuvre commune avec le général de Gaulle. Il représentait la bourgeoisie tandis que de Gaulle doit plutôt être considéré comme le représentant de la grande masse. Un accord des deux généraux aurait permis à toutes les forces de la Résistance de réaliser leur unité, tandis que désormais les éléments hostiles à l'Axe sont partagés en deux camps. L'Armée secrète demande donc au général Giraud de se séparer des milieux bourgeois retranchés derrière lui et d'accepter l'autorité du général de Gaulle.

4) *Le parti communiste français*

L'Armée secrète considère les communistes comme ses alliés et ses camarades dans la lutte contre l'Occupation. Elle adopte vis-à-vis du parti communiste la même position que celle prise par les Alliés vis-à-vis de l'Union soviétique. *Cependant l'Armée secrète sait pertinemment que ses alliés communistes ne sont pas ses amis.* On espère cependant que les communistes reconnaîtront le général de Gaulle et on pense ainsi rendre impossible un « putsch » communiste au moment où il aurait les plus grandes chances de succès. Cette période correspondrait à celle qui suivrait l'expulsion des forces de l'Axe. Les communistes eux aussi ont reconnu pour cette période le général de Gaulle comme chef du gouvernement provisoire. Il semble donc impossible qu'ils se retournent alors contre lui à une époque où doit se réaliser le but immédiat de l'ensemble des organisations de la Résistance française.

D'ailleurs l'Armée secrète ne veut pas renoncer à coopérer avec les groupes communistes qui manifestent une grande activité et qui sont numériquement importants : c'est ainsi que dans la région parisienne seulement le Front National disposerait de plus de 90 000 hommes.

V. – Considérations finales

Au moment où la campagne en Afrique du Nord vient de se terminer par la chute de Tunis et où l'éventualité d'une invasion du continent par les forces anglo-américaines est à envisager, il convient de donner une importance d'autant plus grande à l'Armée secrète. Malgré des divergences de vues dans son mode d'action et certaines difficultés qu'elle rencontre dans ses liaisons et son ravitaillement, malgré la relève qu'elle a combattue et qui l'a amputée de ses plus jeunes éléments enlevés par le travail en Allemagne, l'Armée secrète représente cependant un élément puissant qu'il ne faut pas sous-estimer.

Le commandant en chef de l'Armée secrète avait déconseillé, au début tout au moins, d'opérer des actes de sabotages isolés, cependant depuis le 19.02.43, il a prescrit l'exécution de certaines missions, compte tenu en particulier du degré d'avancement du plan de destruction des liaisons ferrées. C'est ainsi que depuis cette date les objectifs suivants peuvent être pris à partie :

a) trains transportant des troupes ou des permissionnaires;

b) trains de marchandises à destination de l'Allemagne (dans ce cas il faut opérer la destruction du matériel roulant et non des rails – contrairement aux méthodes préconisées en cas d'invasion);

c) usines travaillant pour le compte de l'Allemagne;

d) agents de la Gestapo et surtout agents secrets à l'égard desquels aucune réserve n'est imposée.

Afin d'augmenter sa puissance et ses possibilités d'action, l'Armée secrète a présenté les demandes suivantes :

a) droit d'employer le câble téléphonique et la valise diplomatique des représentants britanniques et américains en Suisse : l'Armée secrète en effet doit faire parvenir quotidiennement du courrier en Suisse et être à même par cette voie d'exploiter une documentation importante, les transmissions radios n'ayant qu'un débit limité;

b) augmentation des envois mensuels de fonds, en particulier en vue de pouvoir combattre la relève, lutte pour laquelle un crédit mensuel de 5 millions semble indispensable (subventions aux familles des ouvriers réfractaires aux départs et volontaires pour le maquis). Si cette demande n'était pas satisfaite il faudrait craindre la mobilisation générale de la main-d'œuvre ce qui donnerait le coup de grâce à toute tentative de résistance en France;

c) ouverture d'un compte dans une banque suisse afin de couvrir les dépenses des agents de liaison auprès des différents représentants diplomatiques;

d) intensification des livraisons de matériel, en particulier par parachutage, afin de pouvoir armer les groupements déjà organisés de l'Armée secrète et de ravitailler les éléments qui se dérobent à la relève et mènent des opérations de guérillas. Il est criminel de pousser à l'insurrection et de ne pas armer les combattants. Si les Alliés trouvent que l'Armée secrète mérite un certain intérêt, ils doivent satisfaire les demandes qu'elle présente avant que le plus grand nombre de ses membres ne soient tombés sous les balles des pelotons d'exécution allemands ou ne soient déportés de force pour le travail en Allemagne.

VI. – Dispositions adoptées

Le chef de la *Sicherheitspolizei* et du SD à Paris, de même que les chefs qui lui sont subordonnés et les détachements d'intervention sont appelés à prêter la plus grande attention à la lutte contre l'Armée secrète. Des dispositions importantes ont été prises, en liaison avec la Wehrmacht en particulier, la *Lutwaffe*, pour pouvoir intervenir sans tarder en cas d'annonce d'envois d'agents ou de matériel par la voie aérienne.

J'ai également envoyé en France un Kommando spécial du Service Central de la sûreté du Reich appelé, en liaison étroite avec l'OKW (*Funkabwehr*), le service de surveillance des ondes courtes « ouest » à Paris et les services locaux de la police du SD, à assurer l'examen effectif des postes émetteurs repérés. Il a en outre à examiner les groupes de personnes qui s'y rattachent pour préciser leurs rapports avec l'Armée secrète et contrôler les messages captés par radiodétection.

Je rendrai compte en temps opportun du résultat obtenu dans l'action contre l'Armée secrète.

Signé : Kaltenbrunner

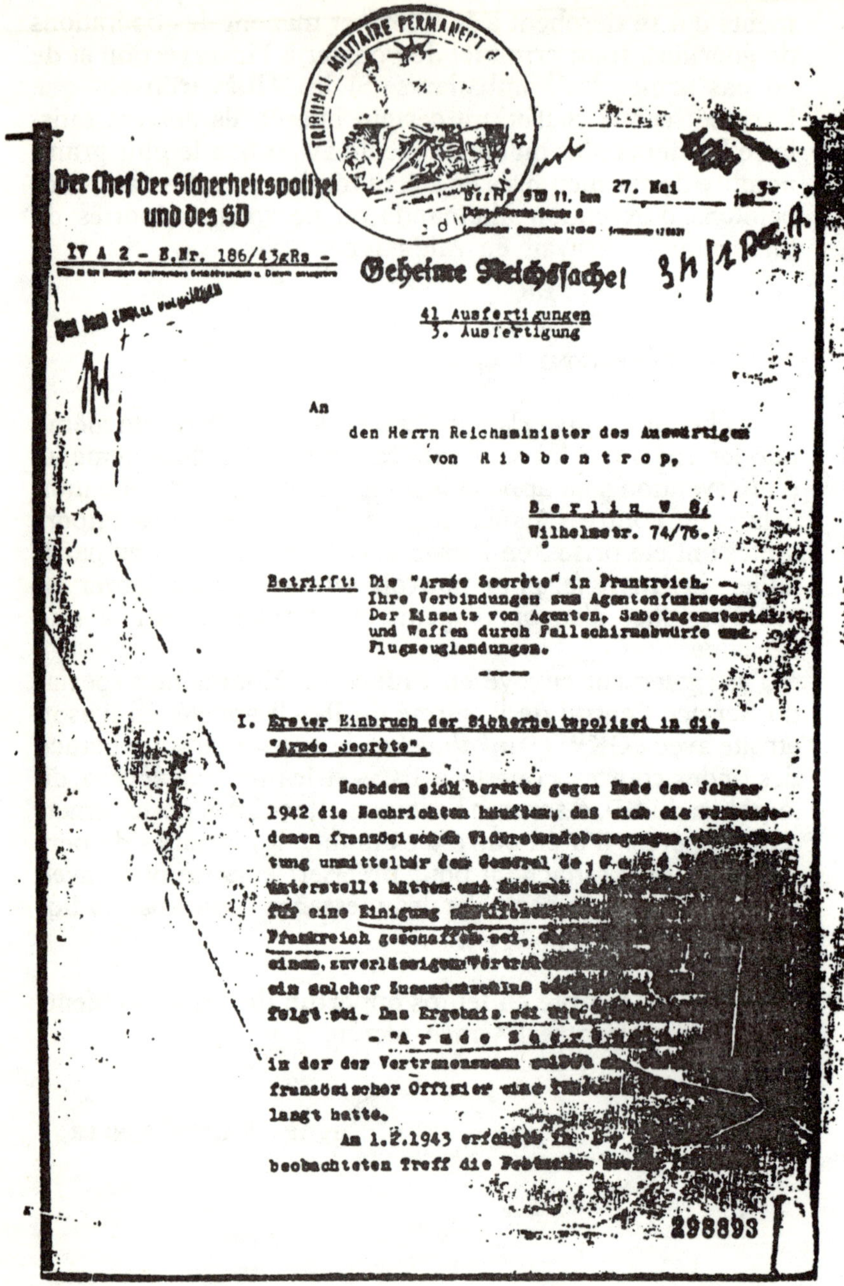

Der Chef der Sicherheitspolizei und des SD

Berlin SW 11, den 27. Mai 194[illegible]

IV A 2 - B.Nr. 186/43gRs -

Geheime Reichssache!

41 Ausfertigungen
3. Ausfertigung

An
den Herrn Reichsminister des Auswärtigen
von R i b b e n t r o p,

B e r l i n W 8,
Wilhelmstr. 74/76.

Betrifft: Die "Armée Secrète" in Frankreich. – Ihre Verbindungen zum Agentenfunkwesen [illegible]
Der Einsatz von Agenten, Sabotagematerial [illegible]
und Waffen durch Fallschirmabwürfe und Flugzeuglandungen.

I. Erster Einbruch der Sicherheitspolizei in die "Armée Secrète".

Nachdem sich bereits gegen Ende des Jahres 1942 die Nachrichten häuften, daß sich die verschiedenen französischen Widerstandsbewegungen [illegible] tung unmittelbar dem General de G[illegible] unterstellt hätten und dadurch [illegible] für eine Einigung [illegible] Frankreich geschaffen sei, [illegible] einem zuverlässigen Vertrau[illegible] ein solcher Zusammenschluß [illegible] folgt sei. Das Ergebnis sei die
- "A r m é e S e c r [illegible]
in der der Vertrauensmann [illegible] französischer Offizier eine [illegible] langt hatte.
Am 1.2.1943 erfolgte [illegible] beobachteten Treff die [illegible]

298893

– Première et dernière pages de l'original du rapport.

MILITAIRE [illegible] de PARIS

Le Juge d'Inst

61/1 Dec. 17.

VI. Getroffene Maßnahmen.

Der Bekämpfung der "Armée Secrète" wird im Rahmen der Tätigkeit des Befehlshabers der Sicherheitspolizei und des SD. in Paris sowie der ihm unterstellten Kommandeure und Einsatzkommandos stärkste Aufmerksamkeit gewidmet. Er hat in Zusammenarbeit mit der Wehrmacht, insbesondere der Luftwaffe, umfangreiche Vorbereitungen getroffen, um bei Bekanntwerden von Agenten- und Materialeinflügen auf dem Luftwege unverzüglich einschreiten zu können.

Ferner wurde ein Sonderkommando des Reichssicherheitshauptamts nach Frankreich abgestellt, die in engster Zusammenarbeit mit dem Oberkommando der Wehrmacht (Funkabwehr), der [illegible] "West" in Paris und den örtlichen Dienststellen der Sicherheitspolizei und SD. in erster Linie die exekutive Bearbeitung der eingesetzten Sender und der damit zusammenhängenden Fallschirmgruppen durchzuführen hat, um ihre Verbindungen zur "Armée Secrète" zu klären und [illegible]

Über den weiteren Fortgang der Bekämpfung der "Armée Secrète" werde ich zu gegebener Zeit berichten.

[illegible]

11

298920

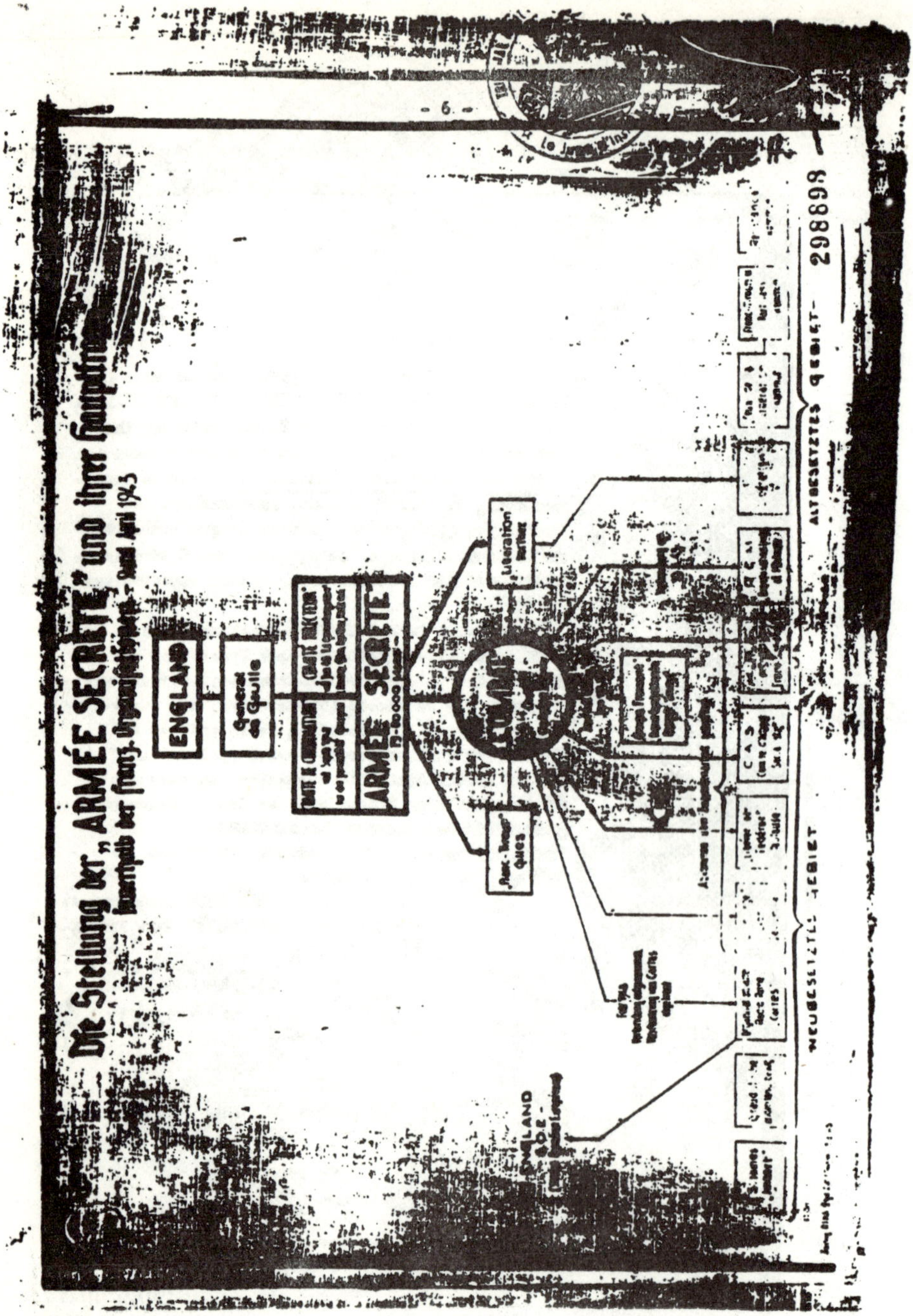

– Deux tableaux dressés sur la Résistance française.

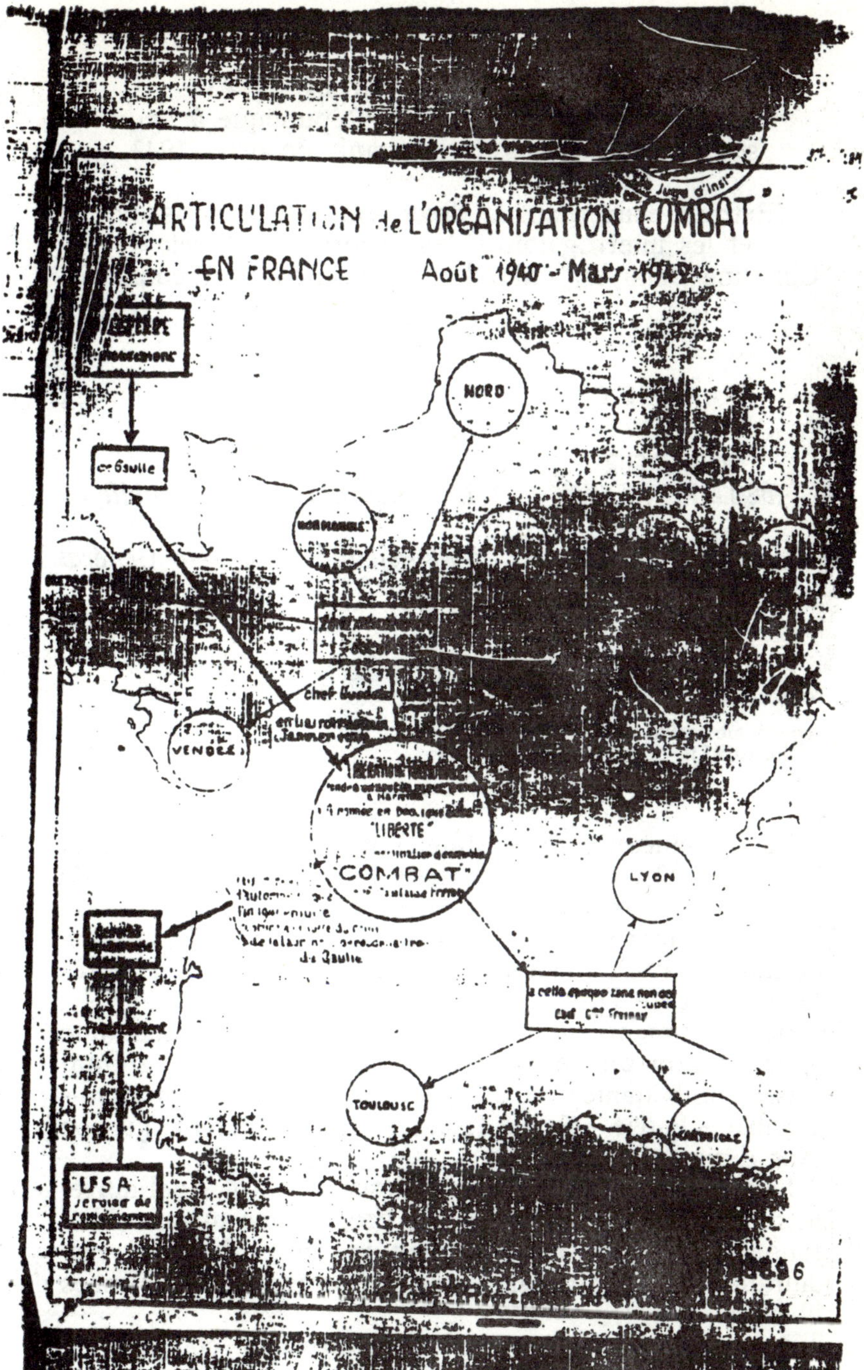

ARTICULATION de L'ORGANISATION COMBAT
EN FRANCE Août 1940 - Mars 1942
NORD
VENDÉE
"LIBERTÉ"
COMBAT
LYON
TOULOUSE
USA

Annexe II

DOCUMENT DU 23 JUILLET 1943
signé par le procureur de la République à Lyon
sur les arrestations de résistants de mars 1943.

(Extraits concernant la description de la Résistance
et les interrogatoires des dénommés « Steele »,
Christine Denoyer, « Marchal », « Vallet » et « Fouquet »).

PARQUET
DU
PROCUREUR
DE LA RÉPUBLIQUE
DE LYON

Lyon, le 23 juillet 1943

Le Procureur de la République
à Lyon
à Monsieur le Procureur Général
à Lyon

N° ....

---

service pénal.................

activité subversive
affaire CURTIL et autres

J'ai l'honneur comme suite à mes rapports des 30 et 31 mars 1943 concernant l'affaire Curtil et autres, inculpés d'actes de nature à nuire à la défense nationale, d'infraction à la loi portant service du travail obligatoire et fabrication de fausse carte d'identité, de vous rendre compte ci-après du résultat de l'information :

Les documents saisis sur ces inculpés établissent que l'organisation dite des Mouvements unis et Forces françaises combattantes est composée du groupe Libération – Combat – Patrie – Franc-Tireur et d'un cinquième groupe sans désignation officielle.

L'unité des mouvements de Résistance a été définitivement établie le 5 mai 1942 sur le programme suivant : libération du territoire, renversement du régime de Vichy, restauration de la République, rétablissement des anciennes libertés.

A sa tête se trouve un Comité directeur composé de

3 membres : Darthez – Gilles – Lefebvre– qui n'ont pas été identifiés. Ils commandent tous les chefs de région.

L'organisation centrale comprend :

1°) un service de recrutement et d'organisation de la propagande.

2°) un service de noyautage administratif et professionnel.

3°) un service social

4°) des groupes francs

5°) un service armé

6°) un service de police

7°) un service de renseignements.

La même organisation se retrouve dans la région et dans le département.

La section dont le rôle est le plus important est celle qui s'occupe du recrutement et de l'organisation de la propagande. C'est celle qui alimente au personnel les autres branches.

Les nouvelles recrues sont généralement incorporées dans cette section et suivant les dispositions qu'elles manifestent elles sont dirigées sur la branche qui convient le mieux à leurs aptitudes.

Dans cette section les membres sont groupés en équipes spécialisées et sont encadrés. Des dizaines, trentaines et groupes sont ainsi formés avec des éléments homogènes et celles qui sont jugées les plus combatives, constituent l'Armée secrète.

Le rôle de cette Armée secrète est de :

1°) aider par les armes un débarquement allié en France. Pour cette mission l'ex-général de Gaulle a seul qualité pour lui donner des ordres.

2°) concourir par une action insurrectionnelle au renversement du régime de Vichy et à l'installation du gouvernement de la Libération.

Elle a donc un double rôle : militaire et insurrectionnel.

Un état-major dirige cette Armée secrète ; il comprend :

1°) un chef d'état-major, chef du 3e bureau, ayant pour adjoints Aubrac et Lebailly. Ils n'ont pas été identifiés.

2°) un chef administratif : Mechin, également non identifié, qui assure le service du courrier, la liaison entre les membres de l'Armée secrète, la tenue à jour de ses effectifs et armement et qui s'occupe des demandes de matériel à parachuter.

3°) un chef de renseignements (2e bureau) qui centralise tous les renseignements et les envoie à Londres.

Au point de vue insurrectionnel l'action de l'Armée secrète sera de s'emparer des principaux leviers de commande du pouvoir, des dépôts d'armes et d'essence, des moyens de transmission et de transport, des administrations publiques, des services concessionnaires et des postes de police et de gendarmerie. En outre, elle devra jouer le rôle de 5e colonne en se livrant à des actes de sabotage et à des attentats de nature à gêner les troupes allemandes.

Pour l'exécution de ce plan l'Armée secrète dispose de camions, voitures, motocyclettes, bicyclettes d'armement, provenant de l'armée dissoute et de parachutages.

D'après ces mêmes documents il existerait dans des dépôts clandestins pour le seul département du Rhône :

442 mitrailleuses
5 000 mitraillettes
2 650 fusils
13 250 pistolets et revolvers
132 500 grenades
132 600 cartouches.

un certain nombre d'appareils radioélectriques d'émission.

Financièrement ce mouvement est alimenté par des fonds provenant soit d'Angleterre, soit de Suisse. Le budget pour le mois de mars s'élèverait à 3 millions.

Sur les inculpés il a été saisi 500 000 frs environ en billets neufs de 5 000 frs et de 10 000 frs.

Des crédits plus importants étaient demandés pour faire face à la situation provoquée par l'afflux de nombreux adhérents au mouvement venant de réfractaires au service du travail obligatoire.

L'information n'a pas permis d'identifier les chefs de cette organisation. Les inculpés ne sont que des agents de liaison chargés de relever le courrier dans des boîtes aux lettres disséminées dans des immeubles de la ville de Lyon et de les porter à une personne déterminée avec laquelle ils se rencontraient en des lieux, convenus, soit dans la rue, soit dans des cafés. Cette personne remettait à son tour à ces agents le courrier qui devait être mis dans les boîtes aux lettres où les destinataires venaient le prendre.

Les inculpés, bien qu'ils n'aient joué qu'un rôle de deuxième plan, font cependant partie d'une association dont le but est de provoquer un état de rébellion contre l'ordre social légalement établi. En conséquence ils tombent au point de vue procédure sous les effets de la loi du 5 juin 1943 dont l'application a été requise par un réquisitoire supplétif. Ceci exposé nous allons examiner les charges à retenir contre chacun des inculpés :

1°) Steele

Arrêté au moment où il relevait le courrier de la boîte « Balzac », 59 rue de l'Hôtel-de-Ville, il fut trouvé à son domicile une valise contenant les documents qui ont été analysés ci-dessus et une somme de 268 000 frs.

Le 10 janvier 1943 il a été recruté pour le mouvement de résistance par un inconnu qu'il avait rencontré dans le tramway. Cet inconnu le présenta à Christine Denoyer qui le chargea de relever 2 fois par jour le courrier dans la boîte « Balzac » et de le lui apporter. Il trouvait des enveloppes portant l'indication KA – KA – KA –.

Mechain non identifié, chef administratif à l'état-major de l'organisation des Mouvements unis avait, d'après les déclarations de Christine Denoyer, présenté Steele à cette dernière en lui disant : « Vous vous arrangerez avec Christine pour les instructions à recevoir. » A ce rendez-vous avait assisté Billon, en fuite.

C'est ainsi que Steele avait été chargé par Christine Denoyer de relever le courrier de la boîte « Balzac ».

Le 14 mars, celle-ci lui remit une valise qu'il devait garder jusqu'au lendemain. Il prétend avoir ignoré le contenu de la valise mais il savait que le courrier qu'il recevait provenait des membres de l'organisation.

2°) Christine Denoyer

Elle était la secrétaire dactylographe de Mechain. Il semble que depuis un certain temps elle menait une certaine activité dans les mouvements de résistance. En effet, en juin 1942, venant de Paris, elle était arrivée à Marseille où un nommé « Carlot », non identifié, lui donna à taper à la machine des lettres de rendez-vous entre des membres de l'organisation. Carlot lui présenta Mechain comme ancien officier. Ce dernier lui fit connaître qu'il s'occupait de centraliser les renseignements pour Combat et il l'engagea comme secrétaire pour rédiger son courrier. Il lui remit les clefs de la boîte « Balzac ».

Le 14 mars, Mechain lui donna une valise contenant des documents concernant le mouvement de résistance, et la somme de 268 000 frs. Elle devait la garder vraisemblablement dans le but de la soustraire à des recherches de la police.

Elle put se rendre compte de la nature de ces documents puisqu'elle les sortit de la valise que lui avait remise Mechain pour les mettre dans une autre valise. Christine remit cette dernière à Steele en lui demandant de la conserver à son domicile jusqu'au lendemain. Elle fut arrêtée au moment où elle se présentait chez lui pour la reprendre.

Elle exécutait les travaux de dactylographie dans une chambre louée à M. Baratin, 6 avenue de l'Hôtel-de-Ville.

Il n'a pas été établi que ce dernier connaissait l'activité subversive de sa locataire.

Christine Denoyer recevait de Mechain un salaire mensuel de 3 500 frs.

3°) Marchal

Il fut arrêté le 15 mars au moment où il se présentait chez Steele en compagnie de Christine Denoyer qui était sa maîtresse.

Il prétend tout ignorer de l'activité de celle-ci, bien qu'il vécut avec elle depuis fin octobre 1942.

Il reconnaît cependant qu'il l'accompagnait aux rendez-vous qu'elle avait avec les membres de l'organisation. Il a refusé d'indiquer son véritable domicile à Lyon, et il s'est dit professeur de mathématiques, venant de Casablanca où habitait sa famille et où il aurait été démobilisé en 1940. Il n'a pas été possible de le vérifier.

Il n'a pu justifier d'aucun travail depuis son arrivée en France en 1940 et cependant il payait un loyer de 1 200 frs par mois.

Dans une valise il fut trouvé des fausses cartes d'identité portant les noms de Meriel et Mediel, la photographie de Marchal qui lui avaient été procurées par Christine Denoyer.
[...]

8°) VALLET

Vallet, ingénieur conseil, demeurant à Lyon, 16 rue Sainte-Clotilde, avait loué chez Biard, 7 rue de l'Hôtel-de-Ville, une pièce dans laquelle se réunissaient les membres des Mouvements unis. Il s'était présenté sous le pseudonyme de Vallet.

Le 15 mars, il arrivait au domicile de Biard lorsqu'il fut arrêté. En même temps que lui se présentaient Asher et Fouquet qui furent également arrêtés.

Une réunion était donc organisée à cette date entre les 3 individus et Vallet avait été chargé d'organiser le local où ceux-ci pourraient se rencontrer.

Il a tenté d'expliquer sa présence chez Biard en prétendant qu'il était venu uniquement pour traiter de l'achat d'un kilo de sucre.

Toujours est-il que profitant d'un moment où les inspecteurs procédaient à une perquisition chez Biard et avaient relâché leur surveillance, il essaya de prendre la fuite, après avoir eu soin d'enfermer les agents dans la pièce où ils opéraient.

Les faits exposés ci-après concernant Asher et Fouquet démontrent le but des réunions qui se tenaient chez Biard.

9°) FOUQUET

Inscrit à la faculté de Droit de Paris, il fut mobilisé, fait prisonnier et rapatrié à Lyon en février 1943. Il avait, dit-il, l'intention de suivre les cours de l'École de sciences politiques, mais il ne put justifier d'aucun emploi depuis cette date et il refusa de donner des renseignements sur son activité.

Il fut arrêté le 15 mars en même temps que Vallet et Asher au moment où il se présentait à la réunion qui devait se tenir chez Biard.

Il fut saisi sur lui une note contenant des renseignements permettant de se rendre en Savoie pour échapper au service du travail obligatoire. C'est un individu prénommé Charles qui lui aurait, dit-il, donné ces renseignements.

Il avait, a-t-il prétendu, fait la connaissance de Vallet à Paris et il l'aurait retrouvé à Lyon.

A la police, il a déclaré qu'il était venu chez Biard pour traiter une question de ravitaillement, puis devant le juge d'instruction il précisa que c'était pour une affaire portant sur un kilo de sucre. Vallet avait donné la même précision mais il faut tenir compte que celle-ci est intervenue seulement après que Vallet et Fouquet écroués dans la même cellule avaient pu se concerter pour faire une déclaration identique.

Cependant il a été obligé de reconnaître qu'en outre de ce motif, il était venu chez Biard pour prendre livraison d'une fausse carte d'identité qui devait lui permettre d'échapper au service du travail obligatoire. Il avait dit-il donné sa photographie à un inconnu pour l'établissement de cette carte.

C'était Asher qui devait la lui remettre chez Biard. Étant donné l'activité que celui-ci menait en faveur des Mouvements unis et dont il sera question ci-après, on peut affirmer que la réunion avait un tout autre but que celui avoué par Vallet et Fouquet.

En outre le document saisi sur Fouquet qui concernait les groupes dissimulés dans la région savoyarde, les cadres militaires, la gendarmerie et la police, établit qu'il jouait un rôle de courrier que sa présence chez Biard avait pour but de remettre ce document à Asher.

Fouquet transféré à l'hôpital de l'Antiquaille avec Marchal et Asher, s'est évadé avec ces deux derniers. Un mandat d'arrêt a été décerné contre lui.

Cette évasion a pu se réaliser grâce à la complicité d'individus appartenant certainement aux mouvements de résistance qui se sont présentés au nom des autorités de police allemande au Directeur de cet hôpital et sous les menaces d'armes ont exigé la remise des 3 inculpés. »

[...]

ANNEXE III

L'AFFAIRE JURA

Les fiches de « Fall Jura » et leur traduction, avec la liste des noms de résistants arrêtés ou démasqués lors de cette opération, qui devait conduire Moog sur la région lyonnaise...
(Dossier René Hardy, tribunal militaire.)

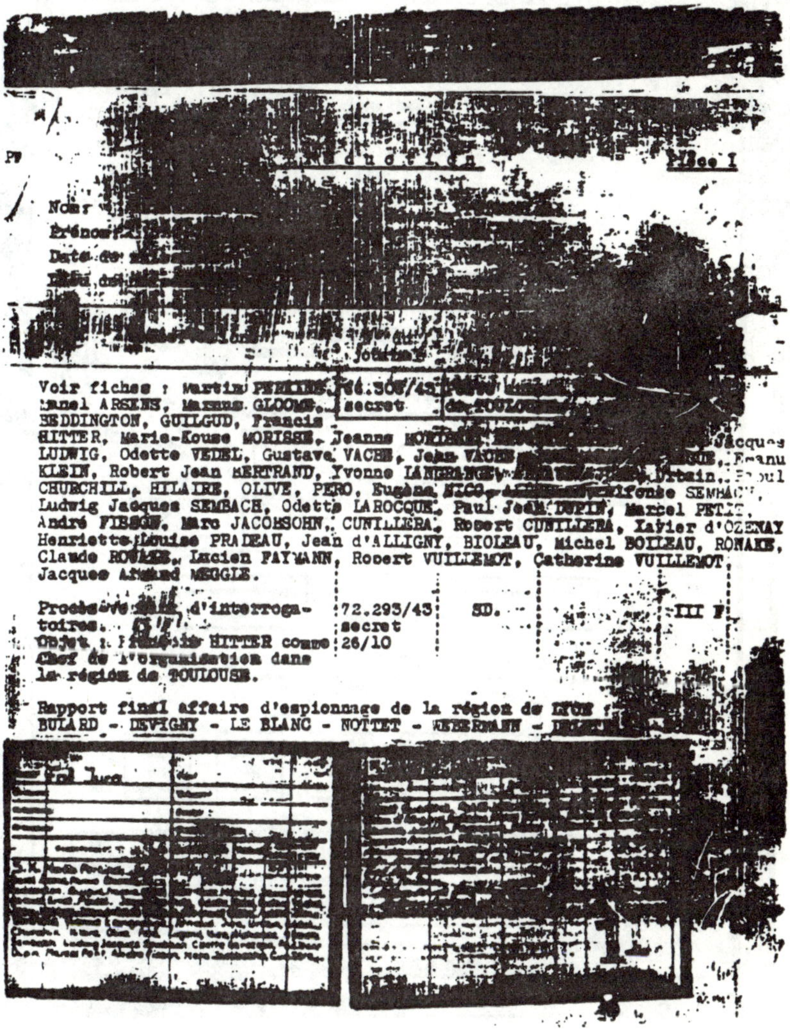

[redacted]

Voir fiches : Martin [redacted]
Lionel ARSENS, Maxime GLOOME, [redacted] secret [redacted]
BEDDINGTON, GUILGUD, Francis
HITTER, Marie-Louise MORISSE, Jeanne [redacted] Jacques
LUDWIG, Odette VEDEL, Gustave VACHE, Jean [redacted], Emanu
KLEIN, Robert Jean BERTRAND, Yvonne [redacted] Urbain, Raoul
CHURCHILL, HILAIRE, OLIVE, PERO, Eugène NICO [redacted] Alfonse SEMBACH,
Ludwig Jacques SEMBACH, Odette LAROCQUE, Paul Jean DUPIN, Marcel PETIT,
André FIBSON, Marc JACOBSOHN, CUNILLERA, Robert CUNILLERA, Xavier d'OZENAY
Henriette Louise PRADEAU, Jean d'ALLIGNY, BIOLEAU, Michel BOILEAU, RONAKE,
Claude ROUAKE, Lucien FAYMANN, Robert VUILLEMOT, Catherine VUILLEMOT,
Jacques Armand MEGGIE.

Procès-verbaux d'interrogatoires. Objet : François HITTER comme chef de l'organisation dans la région de TOULOUSE.	72.293/43 secret 26/10	SD.		III F

Rapport final affaire d'espionnage de la région de LYON
BULARD - DEVIGNY - LE BLANC - NOTTET - [redacted]

[redacted]

ANNEXE IV

L'ARMÉE SECRÈTE
VUE PAR LE RAPPORT KALTENBRUNNER
DU 27 MAI 1943

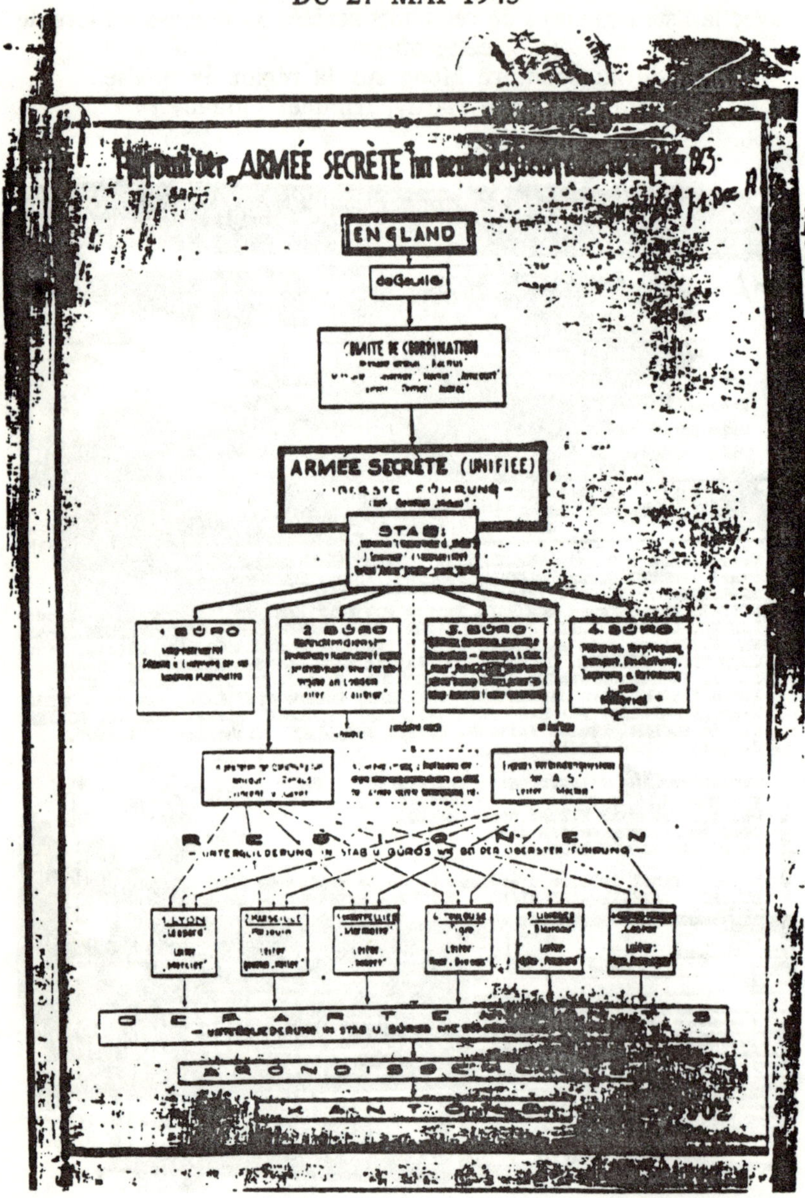

Annexe V

LE RAPPORT KALTENBRUNNER DU 29 JUIN 1943

« Le chef de la Sipo et du SD

Berlin, le 29 juin 1943

A Monsieur le ministre des Affaires étrangères
von Ribbentrop

Concerne : L'Armée secrète en France
Référence : Mon rapport du 27.05.1943

Les mesures prises en vue de détruire l'appareil de direction de l'Armée secrète ont donné jusqu'ici les résultats suivants.

Dans une boîte à lettres dont le Einsatzkommando de la Police de sécurité et du SD de Lyon a eu connaissance, boîte à lettres du chef du département « Sabotage des chemins de fer » du 3e bureau de l'Armée secrète dont les noms de couverture sont :

Didot et Bardot

ont été trouvées plusieurs lettres qui lui étaient adressées par le Bureau Central des Mouvements de résistance unis – « Mouvements unis » –.
S'y trouvait, entre autres, une information en date du 27.05.1943 selon laquelle Didot était attendu le 9.06.1943 à 9 heures près de la station de métro « Muette » à Paris par le « Général ».

Didot a pu, grâce à la participation de Personnes-V du Sipo de Lyon et de l'antenne d'information PARIS du Service *Abwehr* de Dijon, être arrêté. Il s'agit de l'ingénieur français des chemins de fer et lieutenant de réserve :

René Louis HARDY

En nous rendant au rendez-vous fixé près de la station de métro « Muette » à Paris, nous avons pu, après qu'il ait répondu au mot de passe « Didot », procéder à l'arrestation du général de division français de l'armée blindée :

Charles-Georges-Antoine DELESTRAINT
né le 12.3.1879 à Beach-Saint-Vaast, domicilié à Lyon

Ce dernier ayant déclaré avant son arrestation à un homme-V qui participait à l'opération que, trois quarts d'heure plus tard, il était attendu pour un autre rendez-vous près de la station de métro « La Pompe », nous nous sommes rendus également à ce rendez-vous et avons pu procéder à l'arrestation de deux Français qui ont déclaré d'abord être :

le capitaine de réserve Garin et l'étudiant Terrier

Après un interrogatoire ininterrompu de plus de cinquante heures, le général Delestraint a avoué être le chef de l'Armée secrète sous le nom de couverture de Vidal et avoir été promu, par le général de Gaulle, général de corps d'armée et chef de l'ensemble des groupes militaires de résistance en France.

Le prétendu « Garin » a avoué être en réalité :

Josef Lucien Gastaldo, capitaine de cavalerie auprès de l'état-major général et avoir travaillé jusqu'en novembre 1942 comme chef du 2e bureau à l'état-major général de la 7e Division militaire à Bourg-en-Bresse (Ain).

Il était à la fin chef du 2e bureau de l'Armée secrète sous le nom de couverture de « Galibier ».

Au cours de son interrogatoire, le chef du sabotage des chemins de fer Hardy, alias « Didot », a fait une ample déposition et a, entre autres, avoué avoir élaboré un plan d'environ 150 pages sur les opérations de sabotage des chemins de fer à réaliser dans le cadre d'une invasion anglo-américaine et l'avoir remis à son chef pour examen.

Son plus étroit collaborateur et adjoint dans le domaine du sabotage des chemins de fer et en même temps responsable des grèves de cheminots était le juif Heilbronner, alias « Arel » alias « Hennequin » qui, grâce à l'aide de Hardy, a pu être arrêté lors d'un rendez-vous.

Hardy a pu, en raison de ses amples déclarations et de sa volonté de collaborer *Willigkeit zur Mitarbeit* être employé déjà plusieurs fois avec succès pour des rendez-vous et il a en plus reconstitué de mémoire le plan de sabotage des chemins de fer au bénéfice des Services allemands.

Au cours d'un « jeu d'argent » (*Agentenspiel*) réalisé avec lui, le Einsatzkommando de la Sipo et du SD de Lyon, en coopération avec le Sonderkommando mis à sa disposition par le RSHA (Services Centraux de la Sécurité du Reich) afin de combattre l'Armée secrète, a réussi à mettre la main (*andzuheten*) à Lyon sur une réunion de personnes dirigeantes des « Mouvements de résistance unis » et de l'Armée secrète et a arrêté en cette occasion les personnalités suivantes :

1) Le Lieutenant Henri Aubry.
A. était, sous le nom de couverture « Thomas », chef du service du courrier de l'Armée secrète pour l'ensemble de la France et l'homme de liaison de l'Armée secrète avec les Mouvements de résistance unis. Il était placé sous les ordres directs du général « Vidal »;

2) Le Professeur de langues étrangères André Lassang (en fait : Lassagne).
L. était l'adjoint du chef du 2e bureau de l'Armée secrète, le capitaine Gastaldo, précédemment arrêté à Paris. Il était le responsable du service de renseignement et le successeur désigné de Gastaldo (sous-entendu : dans le cas où ce dernier se ferait arrêter);

3) Laurent Pierre Parisot.
P. était, sous les noms de couverture de « Laurent » et de « Xavier », chef-adjoint du Service « COPA » – anciennement « SOAM » – Il s'agit du service central pour l'organisation des parachutages d'agents et de matériel et des contacts radio. Le bureau COPA de Lyon a été démantelé;

4) Le colonel Albert Lacaze.
Le rôle de L. au sein de l'Armée secrète n'a pas encore pu être déterminé.

5) Le lieutenant-colonel de réserve Schwarzfeld.
Sch. était, d'après les déclarations du lieutenant Aubry, chef du groupe de résistance France d'abord qu'il dirigeait sous le nom de couverture de « Claire ». Il était, à ce que l'on prétend, collaborateur de « Vidal » et devait être affecté à l'état-major de ce dernier. Il était éventuellement prévu comme successeur du général Delestraint alias « Vidal » arrêté précédemment le 9.6.43;

6) Le docteur en médecine Dugoujon.
C'est dans sa maison que se déroulait la réunion des responsables de l'Armée secrète.

La réunion avait été convoquée par le chef des Mouvements unis de résistance qui avait été nommé par le général de Gaulle et qui porte le nom de couverture de « Max ». « Max » lui-même n'est pas venu à la réunion. Il avait été probablement retenu par une rafle de la police française. Il voulait, lors de cette réunion, donner de nouvelles directives concernant la coordination de l'activité des Mouvements unis de résistance et celle de l'Armée secrète, directives nouvelles qui, en raison de l'arrestation du général « Vidal », étaient devenues nécessaires.

En poursuivant l'action de police de sécurité, il a été possible, le 23.06.1943, de découvrir le siège du Bureau central de l'Armée secrète placé sous les ordres du général « Vidal » et qui était dirigé par le Lieutenant Aubry alias « Thomas » dont il a déjà été question.

Dans ce bureau, des documents essentiels sur l'activité de l'Armée secrète ont pu être saisis et mis en sécurité. En sus d'un abondant matériel écrit, on a pu saisir également : 2 000 000 de francs français, des machines à écrire, des formulaires en blanc, etc.

En sus, on a pu procéder à l'arrestation de la secrétaire de l'Armée secrète, qui était sous les ordres du général « Vidal » et de son chef d'état-major « Thomas ». Il s'agit de l'épouse du commandant Raisin, vivant lui-même en dissidence.

Le Bureau COPA déjà cité se trouvait placé sous le camouflage de

« LA DURISOL » – Bureau Technique

à Lyon. Là, des documents essentiels sur les terrains d'atterrissage pour avions et les terrains de parachutage ont pu être saisis et mis en sécurité. En sus, se trouvaient là :
- 4 machines à écrire
- un ample matériel écrit
- environ 100 tampons pour fabriquer de fausses cartes d'identité
- des tickets d'alimentation
- des tickets d'habillement
- environ 1 000 000 de francs français
- plusieurs milliers de formulaires en blanc pour fabriquer des certificats de travail et des certificats personnels
- et autres choses...

L'ensemble du matériel avait été acheminé, d'après ce qui a pu être connu jusqu'ici, par voie aérienne depuis l'Angleterre.

Au cours de cette enquête, le bureau d'un agent-radio de Lyon a pu être localisé et perquisitionné. Il a été constaté que, dès le 21.06.1943, des documents et aussi probablement des émetteurs avaient été détruits en raison vraisemblablement de l'action Sipo de ces derniers jours. Sur la porte d'entrée du bureau, une grenade avait été cachée. Il est probable qu'elle devait exploser lors de l'ouverture de la porte. Mais comme nos hommes ont pénétré dans la pièce par la fenêtre, l'explosion a pu être évitée.

L'exploitation de l'ample matériel mis en sécurité n'est pas encore achevée. L'action contre l'Armée secrète sera poursuivie. Mais grâce aux coups qu'elle vient de recevoir, sa capacité d'action pour les prochains temps devrait au moins être sensiblement limitée.

KALTENBRUNNER »

INDEX

REMERCIEMENTS

La réalisation de ce livre doit beaucoup à Jacques Delarue. Qu'il trouve ici toute l'expression de ma gratitude. Sans Dominique Missika, des Éditions Payot, l'auteur, bénéficiant de sa patiente et efficace assistance, n'aurait pu convenablement mener à bien son travail. Grâce à Maurice Picard, qui a su recréer pour moi cette période intense qu'il vécut au sein de la Résistance, mes connaissances se sont précieusement enrichies. Que soient remerciés, pour leur contribution ou leur appui, M. le Substitut général Jean-Olivier Viout, Madeleine Baudoin, Mme Tourtier-Bonazzi, des Archives nationales, Émilienne Eychenne et Daniel Latapie, Max Heilbronn, Yves Pichon, Alain Guérin et Claude Rochat. Et tous ceux que je ne peux nommer ici, qui ne m'en voudront pas, je l'espère, de les associer anonymement à ces remerciements.

Enfin, que Christine, Manuel, Lucile et Frédéric ne me tiennent pas trop rigueur de les avoir souvent tenus à l'écart pour pouvoir accomplir ce long travail. C'est à eux que je dédie cet ouvrage.

Table des matières

Cet ouvrage a été réalisé par la
SOCIÉTÉ NOUVELLE FIRMIN-DIDOT
Mesnil-sur-l'Estrée
pour le compte des Éditions Payot
en janvier 1991

Imprimé en France
Dépôt légal : janvier 1991
N° d'impression : 16681
ISBN : 2-228-88329-8